Kubieziel: Anonym im Netz

Jens Kubieziel

Anonym im Netz

Wie Sie sich und Ihre Daten schützen

3. Auflage

Bibliografische Information Der Deutschen Nationalbibliothek

Die Deutsche Nationalbibliothek verzeichnet diese Publikation in der Deutschen Nationalbibliografie; detaillierte bibliografische Daten sind im Internet über http://dnb.d-nb.de abrufbar.

Gesamtlektorat: Dr. Markus Wirtz
Satz: Open Source Press (LaTeX)
Umschlaggestaltung: Olga Saborov, Open Source Press
Gesamtherstellung: Kösel, Krugzell

ISBN 978-3-941841-67-3 http://www.opensourcepress.de

Inhaltsverzeichnis

Einleitung

Warum dieses Buch?

„Warum sollte ich mich über anonyme Kommunikation im Internet informieren? Ich habe weder Kriminelles vor noch habe ich etwas zu verbergen." So oder ähnlich werden Ihre ersten Gedanken zur Anonymität im Internet sein. Denn das Thema klingt nach Geheimnissen oder vielleicht sogar ein bisschen nach Illegalität. Das liegt wohl vor allem daran, dass wir uns im Normalfall keine Gedanken über die Wahrung der Anonymität machen. Wir betrachten sie als gegeben.

Doch gerade bei der Kommunikation im Internet herrscht per se keine Anonymität. Sobald Sie eine Verbindung aufgebaut haben, erhält Ihr Rechner eine IP-Adresse. Diese nutzt der Rechner, um mit anderen Rechnern, insbesondere mit Servern, im Netzwerk in Kontakt zu treten. Der Server „sieht" die IP-Adresse und kann speichern, wann der Zugriff erfolgte und welche seiner Ressourcen (Webseiten, Downloads etc.) benutzt wurden. Beim Surfen im Web speichern Anbieter kleine Informationshäppchen, sogenannte Cookies, auf Ihrem Rechner und finden gegebenenfalls heraus, wer wann und von welchem Ort auf welche Seiten zugegriffen hat. Viel weiter gehen die sogenannten sozialen Netzwerke. Hier ist davon auszugehen, dass sie jeden Klick, den der Nutzer macht, jeden Chat, ob privat oder öffentlich, jeden „Like" speichern und – etwa zu Werbezwecken – auswerten. Das Buch „Die Datenfresser" von Constanze Kurz und Frank Rieger erklärt die Möglichkeiten der Datenverwertung sehr anschaulich.[1]

Ganz anders sieht dies außerhalb des Internet aus. Wenn Sie dieses Buch in einem Buchladen gekauft und mit Bargeld bezahlt haben, ging das wahrscheinlich anonym vor sich. Falls der Buchhändler Sie nicht persönlich kennt, wird er keine Rückschlüsse auf Ihre Identität ziehen können. Hätte er von Ihnen verlangt, sich vorzustellen oder gar sich anhand des Personalausweises zu identifizieren, wäre Ihnen das sicher sehr befremdlich vorgekommen. Auch einer neuen Bekanntschaft, die man im Café macht,

[1] Constanze Kurz, Frank Rieger: „Die Datenfresser", 2011, S. Fischer Verlag, ISBN 978-3-10-048518-2.

wird man zu Anfang nur so viel über sich verraten, wie man selbst möchte; die Entscheidung, wann man sich „identifizierbar" macht, liegt ganz bei einem selbst.

Der oben beschriebene Standardfall ändert sich jedoch auch in der Offline-Welt zusehends. Ein beliebtes Angebot sind Kunden- oder Bonuskarten. Händler gewähren dem Kunden einen in der Regel geringen Rabatt oder machen ein kleines Geschenk, wenn bei jedem Einkauf die Karte vorgelegt wird. Im Gegenzug offenbart der Kunde seine Einkaufsgewohnheiten und wird so zum Ziel diverser Werbemaßnahmen. Weiterhin finden sich in vielen Geschäften Kameras. Vorgeblich erfolgt der Einsatz zum Schutz gegen Diebstahl. Moderne Kameras beherrschen aber durchaus Gesichtserkennung und heben so Anonymität potentiell auf. Ein aufmerksamer Blick in Geschäfte bzw. Gespräche mit den Inhabern offenbaren meist einen Strauß an Maßnahmen, die die Anonymität des Einzelnen schwächen oder gar aufheben.

Jeder kann selbst bestimmen, was er mit seinen persönlichen Daten macht und wem er diese preisgibt. Das Bundesverfassungsgericht hat das als Grundrecht erkannt; man spricht in diesem Zusammenhang auch von *informationeller Selbstbestimmung*. Daraus hat sich unser Datenschutzrecht und -verständnis entwickelt. Heute ist es uns so in Fleisch und Blut übergegangen, dass wir im Alltag kaum darüber nachdenken. Falls Nutzer dennoch von der mangelnden Anonymität im Internet erfahren, sind Optimismus und Bagatellisierung häufige Reaktionen: „Mir wird schon nichts passieren. Die Firmen werden schon verantwortungsvoll mit meinen Daten umgehen." Selbst der Wert der eignen persönlichen Daten wird oft bewusst negiert: „Ich habe doch nichts zu verbergen." Erst wenn der Arbeitgeber im Rahmen einer Bewerbung im StudiVZ-Profil stöbert oder die Polizei das Bild vom Blitzer mit einem auf Facebook vergleicht, um den Halter zu ermitteln, wird klar, dass eigene Daten wertvoll sind. Doch zu diesem Zeitpunkt ist das Kind bereits in den Brunnen gefallen. Jemand hat ebenso drastisch wie anschaulich formuliert, dass das Löschen von Daten aus dem Netz dem Versuch vergleichbar sei, Urin aus einem Swimming Pool zu entfernen ...

Zum Aufbau des Buches

Dieses Buch zeigt Ihnen Möglichkeiten, wie Sie wieder die Kontrolle über Ihre persönlichen Daten übernehmen. Dazu lernen Sie verschiedene Programme kennen – von einfach zu bedienenden Web-Formularen bis hin zu komplex einzurichtender Software. Kapitel 1 gibt Ihnen als Einstieg eine Installations- und Benutzungsanleitung für die Anonymisierungssoftware Tor; Tor-Browser ist eine benutzerfreundliche Software für die meisten aktuellen Betriebssysteme. In Kapitel 2 lernen Sie Software zum Schutz Ihrer

Privatsphäre kennen. Diese bietet per se keine Anonymität, schützt Sie jedoch vor der Preisgabe überflüssiger Informationen beim Besuch von Webseiten. Diese Programme sind einerseits Erweiterungen für den Browser Firefox und vervollständigen dessen Funktionalität. Darüber hinaus finden Sie eine detaillierte Beschreibung zur Einrichtung des Proxyservers Privoxy. Er verfügt über starke Filtermöglichkeiten, um Webseiten von Werbung, Cookies und anderem zu befreien.

Kapitel 3 gibt einen Einblick in Geschichte und Theorie anonymer E-Mail-Systeme. Sie erfahren, wie Johan Helsingius mit einem pseudonymen Remailer erste Schritte machte und wie die modernen Remailer Mixmaster und Mixminion funktionieren. Der Theorie folgt die Praxis, und so lernen Sie, selbst über Remailer E-Mails zu versenden oder die Anonymität anderer durch den Betrieb eines Servers zu stärken.

Die Zeitspanne zwischen Versand und Empfang von Nachrichten ist bei Remailern sehr lang. Für das Surfen, Chatten und weitere Anwendungen sind aber kurze Antwortzeiten notwendig. Diese stehen im Zentrum der Kapitel zu Tor (Kapitel 4), JonDonym (Kapitel 5) und I2P (Kapitel 6). Allen Kapiteln ist gemein, dass es zu Beginn eine ausführliche Beschreibung der Funktionsweise und möglicher Angriffe gibt, der sich detailreiche Anleitungen anschließen, wie Sie Programme zum Besuchen von Webseiten, zum Senden und Empfangen von E-Mails, zum Chatten sowie zur Verwaltung entfernter Rechner einstellen und nutzen. Gleichzeitig weisen die einzelnen Abschnitte auch auf Fallstricke bei der Benutzung hin. Eine Diskussion möglicher Fehlerquellen und Lösungsansätze rundet die Beschreibung ab.

Der Betrieb von Tor als Server oder als versteckter Service ist ebenfalls Thema von Kapitel 4. Es zeigt Ihnen, wie Sie anderen Nutzern Bandbreite zur Verfügung stellen können. Viele Beispielkonfigurationen belegen die Flexibilität und bieten den unterschiedlichen Betreibern passende Lösungsansätze. Der letzte Teil des Kapitels geht auf die Einrichtung eines versteckten Service ein, der es erlaubt, unerkannt Informationen zu veröffentlichen. Am Beispiel einer Webseite wird vorgeführt, welche Schritte zur Einrichtung eines versteckten Service durchzuführen sind.

Kapitel 5 widmet sich einer Alternative zu Tor, der in Deutschland entwickelten Anonymisierungssoftware JonDo, früher auch als JAP bekannt. Es erklärt, wie Sie die Software installieren und benutzen.

Den Abschluss des Buches bildet ein Kapitel 6 zu I2P, das einen anderen Ansatz als die zuvor behandelten Programme verfolgt. Es stellt seine Dienste in einem internen, nach dem Peer-to-Peer-Prinzip aufgebauten Netzwerk zur Verfügung. Verbindungen lassen sich durchgängig verschlüsseln, und das Risiko der letzten Meile entfällt. Sie erfahren in Grundzügen, wie I2P funktioniert und wo Sie mit Schwachpunkten rechnen müssen. Schließlich bekommen Sie wertvolle Hinweise zur Nutzung verschiedener Software sowie zum anonymen Publizieren auf Webseiten.

Rechtliche Aspekte

Die Benutzung von Anonymisierungsdiensten ist in Deutschland wie auch anderen Ländern erlaubt. Jeder kann die entsprechende Software nutzen, ohne Strafen fürchten zu müssen. Unter Umständen kann aber die Installation oder Verwendung im Rahmen betrieblicher Vorschriften verboten sein.

Im Allgemeinen gilt sowohl bei der Verwendung von anonymen als auch von nicht anonymen Diensten, dass diese in Übereinstimmung mit der geltenden Rechtsordnung zu verwenden sind. Das bedeutet, Sie sollten sich nicht verleiten lassen, unter dem Mantel der Anonymität Mitmenschen zu beleidigen, Rechner anzugreifen oder Straftaten zu begehen. Insbesondere Betreibern anonymer Dienste schlägt immer wieder das Vorurteil entgegen, dass sie diese Dienste nur betreiben, um der Kriminalität Vorschub zu leisten oder eigenes kriminelles Handeln zu verstecken. Der Autor betreibt selbst mehrere Anonymisierungsdienste. Nach seinen Erfahrungen, die auch von anderen Betreibern bestätigt werden, ist der Missbrauch über die Dienste sehr gering. Unabhängig davon, welches Maß zugrunde gelegt wird, bewegt sich die Quote im schlimmsten Fall im einstelligen Promillebereich.

Die Benutzung von P2P-Anwendungen (Kazaa, Bittorrent etc.) ist bei den meisten Anbietern von Anonymisierungslösungen aus technischen Gründen nicht erwünscht. Meist erzeugen diese Dienste ein hohes Volumen des Internetverkehrs und beanspruchen die Rechenkapazität der Server überproportional. Weiterhin hat sich durch Forschungsarbeiten gezeigt, dass Nutzer durch bestimmte Eigenschaften von Bittorrent unter Umständen sogar einfacher zu identifizieren sind.[2]

Auf Anbieter anonymer Dienstleistungen kommen unter Umständen weitergehende Pflichten zu, vor allem dann, wenn Ermittlungsbehörden an den Betreiber herantreten und Zugriff auf Informationen verlangen. Insbesondere die Betreiber von Austrittsservern von Tor oder Mixmaster (siehe die Abschnitte 3.6.8 und 4.4) sollten sich über die Bestimmungen zum Telekommunikationsgeheimnis und zum Datenschutz informieren, die im Telekommunikationsgesetz geregelt sind.

In früheren Versionen dieses Buches stand ein Verweis auf die Vorratsdatenspeicherung. Diese wurde durch das Bundesverfassungsgericht in einem Urteil vom 2. März 2010 gekippt.[3] Somit bestehen von dieser Seite derzeit keine Speicherpflichten. Dennoch ist in Deutschland wie in ganz Europa eine intensive Diskussion über die Neuregelung in vollem Gange. Betreiber von Anonymisierungslösungen sollten sich daher kundig machen, ob es eine Neuregelung gibt und inwieweit sie diese betrifft. Für Anwender

[2] https://blog.torproject.org/blog/bittorrent-over-tor-isnt-good-idea
http://hal.inria.fr/docs/00/47/15/56/PDF/TorBT.pdf

[3] http://www.bverfg.de/entscheidungen/rs20100302_1bvr025608.html

von Anonymisierungssoftware ändert sich jedoch auch mit einer eventuellen Wiedereinführung der Vorratsdatenspeicherung wahrscheinlich nichts.

So wünschenswert es auch sein mag, dass anonyme Netze wachsen und die Zahl der Server zunimmt, sollte sich also jeder, der einen Tor-Austrittsserver betreiben möchte, mit den gesetzlichen Grundlagen auseinandersetzen, auch wenn außer Zweifel steht, dass ein solcher Betrieb legal ist.

Das betrifft vor allem das Telemediengesetz (TMG), das Telekommunikationsgesetz (TKG) und die Telekommunikations-Überwachungsverordung (TKÜV). Das ist um so wichtiger, da es bereits in der Vergangenheit zu Auskunftsersuchen und Beschlagnahmungen von Tor-Servern gekommen ist. Eine gute Informationsquelle für (potentielle) Betreiber von Tor-Servern ist die Website von Kai Raven.[4]

Einige Worte zur Neuauflage

Ich bin sehr erfreut, dass das Buch Leserinnen und Leser offenkundig anspricht und sie unterstützt, ihre Privatsphäre ein wenig mehr zu schützen. Daher bin ich dem Vorschlag des Verlags, das Buch für die nunmehr 3. Auflage zu bearbeiten, sehr gern nachgekommen.

Dabei stellte ich fest, dass einige Annahmen, von denen ich in den vorherigen Auflagen ausgegangen war, nicht mehr uneingeschränkt zutreffen. Das Leben außerhalb des Internet mag zu einem großen Teil immer noch anonym vonstatten gehen, doch die Planungen zur Vorratsdatenspeicherung, die zunehmende Videoüberwachung oder die Verdatung der Zahlungsströme sorgen dafür, dass Bürger auch offline besser kontrollierbar sind. Darum halte ich das Buch für umso wichtiger, denn ich hoffe, dass es die Augen öffnet und dazu anregt, sich Gedanken über seine Privatsphäre und den Erhalt von Anonymität zu machen.

Von der Überarbeitung blieb kein Kapitel verschont. Sofern Leser Unklarheiten oder Fehler berichtet haben, wurden diese verbessert. Das Kapitel zu Anwendungen, die Ihre Privatsphäre schützen (Kapitel 2), enthält nun einen Verweis auf die Firefox-Erweiterung Stealthy. Sie stellt, korrekt angewendet, eine Liste mit offenen Proxys zur Verfügung. Weiterhin wurde die Liste der nützlichen Erweiterungen um Ghostery (Abschnitt 2.2.7) und HTTPS Everywhere (Abschnitt 2.2.8) ergänzt. Die Beschreibung zu den bestehenden Erweiterungen wurden umfassend aktualisiert.

Sehr viele Änderungen hatte die Software rund um das Tor-Projekt zu verzeichnen. Nach wie vor ist Tor eine der am aktivsten gepflegten Programme zur Anonymisierung, und es entstehen immer wieder nützliche Zusatzprogramme im Umfeld. Ich habe versucht, allen Änderungen im Protokoll

[4] `http://hp.kairaven.de/`

Rechnung zu tragen und vielversprechende neue Software in das Buch aufzunehmen.

Eine große Änderung erfolgte bei der Kurzanleitung (Kapitel 1). In den Vorversionen waren detaillierte Beschreibungen zur Installation von Tor bei einzelnen Linuxdistributionen zu finden. Das Tor-Browser-Paket sorgt jedoch dafür, dass dem Nutzer von verschiedenen Betriebssystemen eine sichere und einfach zu nutzende Alternative zur Verfügung steht. Daher wird in dem Kapitel nur die Benutzung dieses Paketes beschrieben. Die Installationsanleitung bleibt Ihnen dennoch erhalten. Sie ist nun im Kapitel zu Tor zu finden.

In den anderen Kapiteln gab es meist kleinere Änderungen und Anpassungen. So änderten sich URLs oder Pfade in der Installation. Bei JonDonym finden Sie ein Kapitel zur angebotenen Live-CD. I2P bietet vorgefertigte Pakete für Debian und darauf basierende Distributionen, wie Ubuntu oder Linux Mint, an.

Ich hoffe, das Buch hilft Ihnen auch in dieser neuen Form, Ihre Anonymität im Internet zu stärken. Sollten Sie Fehler finden oder Ergänzungsvorschläge haben, so freue ich mich über eine E-Mail an `jens@kubieziel.de`.

Dank

Meine Frau Heidi sowie meine Söhne Florian Amadeus und Jakob Immanuel gaben mir beim Schreiben viel Unterstützung und Aufmunterung, nicht nur moralischer Art: Die Überprüfung der Texte durch Heidi half mir, die Inhalte wesentlich besser und verständlicher darzustellen. Dafür gebührt meiner Familie großer Dank.

Mein Dank geht auch an alle Mitarbeiter von Open Source Press für die langjährige gute Zusammenarbeit.

Ebenso möchte ich mich bei Michael Poprat, Kai Raven, Anne Schneider, Karin Printing, Frank Lanitz, Friedbert Fischer sowie Sven Guckes bedanken. Sie alle haben das Manuskript ganz oder teilweise gelesen und mit ihren Kommentaren einen großen Beitrag zur Verbesserung geleistet. Einige Leser der ersten Auflagen haben mir ebenfalls zahlreiche Hinweise zur Verbesserung geschickt; besonders erwähnen möchte ich Dr. Konrad Schöbel und Jörg Sommer.

George Danezis und Steven J. Murdoch überließen mir die Abbildung auf Seite 135 aus ihrer Promotionsarbeit, die Olga Saborov von Open Source Press – ebenso wie die anderen Grafiken im Buch – für den Druck aufbereitet hat. Karsten Loesing vom Tor-Projekt stellte mir die Rohdaten für die Abbildung auf Seite 119 zur Verfügung. Weiterhin bekam ich zahlreiche Hinweise zu den Einzelheiten der Protokolle und der Software von Steve Crook, Roger Dingledine, Nick Mathewson, Lasse Øverlier, Peter Palfrader,

Len Sassaman, Paul Syverson und Colin Tuckley. Rolf Wendolsky stellte mir einen Gutschein für JonDo zur Verfügung. Allen sei herzlich gedankt, nicht zuletzt aber auch den Entwicklern der Protokolle und der hier besprochenen Software und allen Menschen im Netz, die sich für die Bewahrung der digitalen Bewegungsfreiheit engagieren. Ohne sie wäre dieses Buch nicht möglich gewesen.

Jens Kubieziel Jena, April 2012

Kapitel 1

Anonymität mit Firefox und Tor – ein praktischer Einstieg

Wie fühlt sich anonymes Surfen an? Ist es viel langsamer als die bisherige Internetverbindung oder ist kaum ein Unterschied spürbar? Kann ich mich noch bei meinem Webmailer anmelden?

Diese und andere Fragen werden Sie sicher bewegen, wenn Sie bisher noch keine Erfahrungen mit Anonymisierungsdiensten gemacht haben. Das Kapitel bietet Ihnen einen ersten Einstieg und zeigt, wie Sie die Anonymisierungssoftware *Tor* und einige Zusatzprogramme zusammen mit dem Open-Source-Browser *Mozilla Firefox* benutzen. Tor bietet mit dem Tor-Browser-Paket eine einfach einzusetzende Lösung ohne Installationsaufwand. Das Paket steht nach dem Download und dem Entpacken sofort zur Verfügung, und zwar für alle gängigen Betriebssysteme. Daher wollen wir zunächst darauf eingehen. Darüber hinaus wird im Folgenden erklärt, wie Tor als Einzellösung unter verschiedenen Distributionen von GNU/Linux zum Einsatz kommt.

Firefox ist ein Ableger des Browsers von Netscape und wird vom Mozilla-Projekt weiterentwickelt. Neben dem Internet Explorer von Microsoft zählt er zu den meistgenutzten Anwendungen für das WWW. Falls Sie Firefox noch nicht installiert haben, können Sie das über die Webseite des Projekts[1] nachholen. Verwenden Sie eine der verschiedenen Varianten von GNU/Linux, ist es besser, die Software über die Paketverwaltung der jeweiligen Distribution (Apt[2], RPM[3] etc.) zu installieren. Alle Linux-Distributionen bieten hierfür eigene Pakete[4] an.

Neben dem Browser benötigen Sie die Anonymisierungssoftware Tor. Diese sorgt dafür, dass die von Ihrem Rechner versandten Pakete über weltweit verteilte Anonymisierungsserver geleitet werden und deshalb nicht rückverfolgbar sind. Die genaue Funktionsweise ist im Abschnitt 4.2 ab Seite 118 beschrieben.

Tor allein reicht im Grunde aus, um anonym Webseiten zu besuchen. Allerdings versenden manche Browser bestimmte Daten an den Anonymisierungsservern vorbei. Im Speziellen sind das Anfragen zur Auflösung von Rechnernamen in IP-Adressen (Domain Name Service, DNS). Daher ist es empfehlenswert, eine Proxysoftware zu installieren, die alle Anfragen des Browsers entgegennimmt und dann gesammelt an Tor weitergibt. Diese Aufgabe übernehmen die Programme *Privoxy* oder *Polipo*, die als HTTP-Proxy arbeiten. Diese Proxy-Software wird als HTTP-Proxy im Browser eingestellt.

1.1 Das Tor-Browser-Paket

Die Entwickler des Tor-Projekts stellen das Tor-Browser-Paket zur Verfügung, ein fertiges Paket, das nach dem Download sofort einsetzbar ist. Für den Benutzer entfällt damit der Aufwand, die Software zu installieren und zu konfigurieren.

Das Tor-Browser-Paket umfasst aktuell folgende Teile:

- Tor (Software zur Anonymisierung)
- Polipo (HTTP-Proxy)
- Vidalia (grafische Oberfläche zur Steuerung von Tor)
- Mozilla Firefox mit der Erweiterung Torbutton

[1] `http://www.mozilla.org/`
[2] Advanced Package Tool – Paketmanager von Debian
[3] RPM Package Manager – Paketmanager von SUSE, Fedora etc.
[4] Debian hat das Paket aus Gründen des Markenrechts in Iceweasel umbenannt.

Frühere Ausgaben des Buches verwiesen an dieser Stelle auch auf den Tor-IM-Browser. Das Tor-Projekt stellte diesen im August 2011 jedoch vorübergehend ein, da ein Fehler in der Software Pidgin zu einer Deanonymisierung führen konnte. Es ist zu erwarten, dass nach Bereinigung des Fehlers auch Tor-IM-Browser wieder zum Download zur Verfügung stehen wird.

Das Tor-Browser-Paket benötigt keine Installation auf der Festplatte Ihres Rechners und ist vorkonfiguriert. Sie können die Software beispielsweise auf einen USB-Stick laden und auf einem beliebigen Computer ausprobieren.

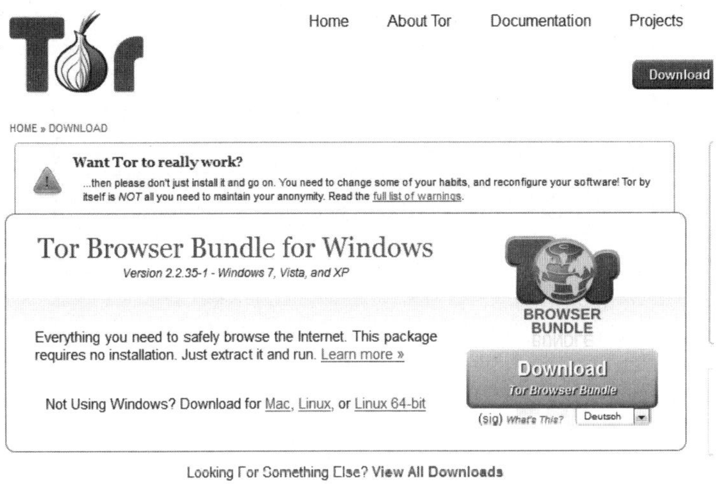

Abbildung 1.1: Ausschnitt der Download-Seite für das Tor-Browser-Paket

Die Download-Seite des Tor-Projekts[5] versucht anhand des verwendeten Browsers das Betriebssystem sowie die Sprache des Benutzers zu erkennen. Die Abbildung 1.1 zeigt am Beispiel von Microsoft Windows, wie der relevante Teil der Webseite aussieht. Als Ergebnis des Erkennungsversuchs wird die Software in einer Sprache für ein bestimmtes Betriebssystem angeboten. Wenn alles korrekt erkannt wurde, können Sie das angebotene Paket herunterladen. Andernfalls bietet die Seite einen Verweis zu Versionen für andere Betriebssysteme und andere Sprachen an. Laden Sie die für Ihr System passende Variante herunter. Zur Drucklegung des Buches ist die Version 2.2.35 des Tor-Browser-Pakets aktuell, die neben Deutsch und Englisch auch in vielen weiteren Sprachen angeboten wird. Unter Umständen warnt nach dem Download Microsoft Windows, dass der Herausgeber der Software nicht verifiziert werden konnte (siehe Abbildung 1.2). Die Entwickler signieren jede Version der Software mit einem kryptografischen Wert. Damit kann jeder Anwender feststellen, ob die Software wirklich vom Tor-Projekt herausgegeben wurde. Auf den Webseiten des Tor-Projekts gibt es

[5] `https://torproject.org/download`

eine Anleitung, wie die Signatur der heruntergeladenen Datei geprüft und damit die Echtheit verifiziert werden kann.

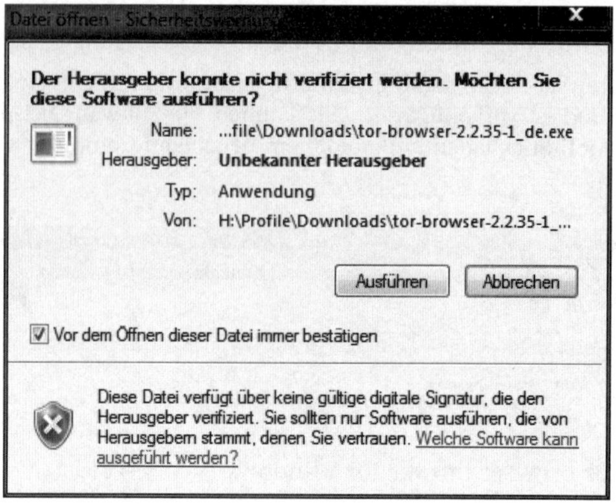

Abbildung 1.2: Sicherheitswarnung von Windows

Nach dem erfolgreichen Download muss die Datei eventuell entpackt werden. Der Weg unterscheidet sich ein wenig in Abhängigkeit vom verwendeten Betriebssystem.

GNU/Linux

Sofern Sie eine der populären Linux-Distributionen – wie Ubuntu, Fedora, Mint o. Ä. – benutzen, enthält die Standardinstallation der Distribution eine Software, die gepackte Dateien verwalten kann. Unter GNOME heißt das Programm `file-roller`[6] und unter KDE ist dies in den Konqueror integriert. Zumeist genügt es, auf die heruntergeladene Datei doppelt zu klicken, und es öffnet sich ein Dialog, in dem der Speicherort für die Dateien angegeben werden muss. Alternativ steht in der Konsole der Befehl `tar` immer bereit. Mittels `tar xvzf pfad/zur/datei` wird die Datei entpackt; dabei ist statt `pfad/zur/datei` der korrekte Speicherort anzugeben, also z. B.:

```
user@linux:~ $ tar xvzf Downloads/tor-browser-gnu-linux-x86_64\
-2.2.35-9-dev-de.tar.gz
```

Microsoft Windows

Das Tor-Browser-Paket für Microsoft Windows kommt als ausführbare Datei. Ein Doppelklick auf die heruntergeladene Datei startet das Entpacken. Unter Umständen erscheint zunächst eine Warnung wie

6 Über das Menü **Anwendungen | Zubehör | Archivmanager** erreichbar.

in Abbildung 1.2. Im Folgenden bietet die Software ein vordefiniertes Verzeichnis an, in das alle Inhalte entpackt werden (siehe Abbildung 1.3).

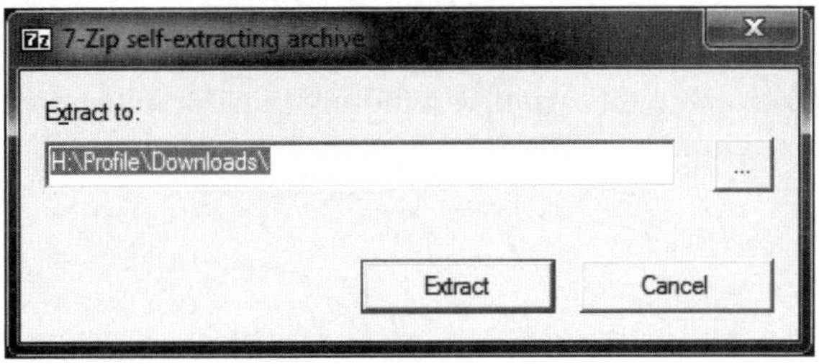

Abbildung 1.3: Anzeige zum Entpacken der Software

Mit einem Klick auf ... ändern Sie die Auswahl, mit einem Klick auf **Extract** starten Sie das Entpacken der Inhalte.

Mac OS X
: Auch unter Mac OS X genügt nach dem Download ein Klick auf das neue Icon, der die Anwendung sofort startet.

Benutzer von GNU/Linux und Microsoft Windows wechseln in das Verzeichnis, in das die Dateiinhalte entpackt wurden. Dort befinden sich mehrere Unterordner sowie eine Datei. Diese trägt unter GNU/Linux den Namen `start-tor-browser` und unter Microsoft Windows den Namen `Start Tor Browser`.[7] Abbildung 1.4 zeigt die Verzeichnisansicht im Datei-Explorer von Windows 7. Die Datei sorgt dafür, dass alle Programme aus dem Paket gestartet werden. Wenn Sie Tor mit der zugehörigen Software nutzen wollen, klicken Sie doppelt auf die Datei.

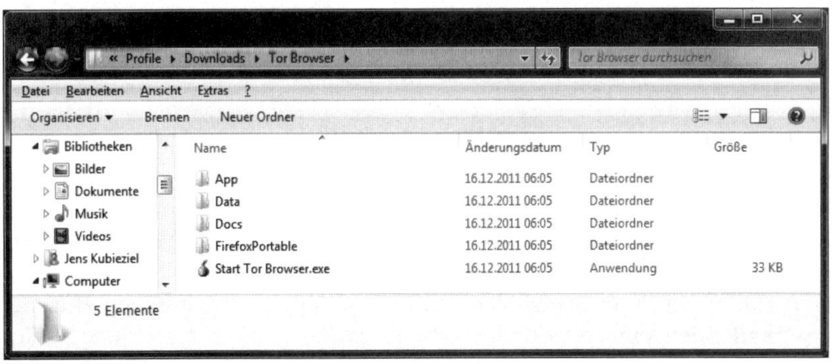

Abbildung 1.4: Ansicht im Datei-Explorer mit entpacktem Tor-Browser

[7] Je nach Einstellungen kann die Datei auch als `Start Tor Browser.exe` angezeigt werden.

Nun öffnet sich zunächst Vidalia, das der Steuerung der Tor-Software dient. Vidalia startet Tor und versucht eine Verbindung zum Tor-Netzwerk aufzunehmen. Nach einiger Wartezeit sollte in der oberen Hälfte des Fensters eine grüne Zwiebel mit der Meldung **Verbindung zum Tor-Netzwerk hergestellt!** erscheinen. Danach öffnet sich der Mozilla Firefox und zeigt die voreingestellte Startseite an.[8] Diese Seite versucht zu erkennen, ob diese mittels einer anonymisierten Verbindung von Tor aufgerufen wurde. Abbildung 1.5 zeigt die Webseite bei erfolgreicher Verbindungsaufnahme.

Abbildung 1.5: Webseite bei aktivierter Tor-Software

Abbildung 1.6 hingegegen zeigt die Webseite bei Misserfolg.

Abbildung 1.6: Webseite bei deaktivierter Tor-Software

Die Verbindungsaufnahme zu dieser wie auch zu anderen Webseiten kann länger dauern. Die Wartezeit hängt von der Geschwindigkeit Ihres Internetzugangs und von der Prozessorleistung ab. In dem Fall ist in der oberen Hälfte ein Fortschrittsbalken mit verschiedenen Meldungen zu sehen. Ist schließlich eine rot durchgekreuzte Zwiebel mit der Meldung „Leider scheint Tor bei dir nicht aktiviert zu sein" zu sehen, so konnte Vidalia die ausführbare Datei von Tor nicht finden oder Tor wurde beendet.

[8] `https://check.torproject.org/`

Falls sich die Zwiebel auch nach mehreren Minuten noch nicht grün gefärbt hat, deutet dies auf Probleme mit der Verbindungsaufnahme hin. Das kann verschiedene Ursachen haben. Sehr häufig verursachen externe Proxyserver oder restriktiv eingestellte Firewalls Probleme mit dem Verbindungsaufbau. Sie müssen Tor so einstellen, dass es sich mit dem Proxyserver verbindet bzw. dass nur bestimmte Ports benutzt werden. Abschnitt 4.3.13 behandelt mögliche Fehler in den Einstellungen und deren Behebung.

Tor ist damit einsatzbereit. Sie werden zwischen der anonymisierten und der nicht anonymisierten Ansicht von Webseiten vermutlich wenige Unterschiede ausmachen. Der spürbarste Unterschied liegt wohl in der Ladezeit der Webseiten. Verschiedene Messungen zeigen, dass sich die Ladezeiten im Durchschnitt etwa verdoppeln. Versuchen Sie sich einfach selbst ein Bild von der Lage zu machen. Die Gründe für die Geschwindigkeitsunterschiede wie auch weitere Details zu Tor finden Sie im Kapitel 4.

Um zu prüfen, ob Sie Tor gerade nutzen, können Sie jederzeit die Startseite des Browsers aufsuchen. Falls ja, besuchen Sie alle weiteren Webseiten anonymisiert. Bitte beachten Sie jedoch, dass Tor keine Anonymisierung auf Basis von Anwendungen vornimmt. Somit können Webseiten weiterhin Cookies bei Ihnen setzen bzw. mittels JavaScript Informationen über Ihren Rechner beziehen. Der Schutz vor diesen „Angriffen“ wird im Kapitel 2 behandelt.

Kapitel 2

Anwendungen zum Schutz Ihrer Privatsphäre

Bevor Sie nun richtig durchstarten, ein Wort der Warnung: Trotz Anonymisierung ist es gegebenenfalls einem Angreifer möglich, Sie bzw. die von Ihnen verwendete Software zu identifizieren. Die Seite Panopticlick[1] der Electronic Frontier Foundation (EFF) gibt hierfür ein Beispiel. Unabhängig von der benutzten Verbindung versucht die Seite den Browser mit all seinen Eigenschaften zu klassifizieren. Als Ergebnis erscheint eine Anzeige, wie einzigartig Ihr Browser ist. Der Autor testete verschiedene Browser unter verschiedenen Betriebssystemen. Die Standardinstallation des Mozilla Firefox beispielsweise war einzigartig unter knapp zwei Millionen Testwerten – mit Anpassungen konnte der Wert auf unterhalb von mehreren Tausend gesenkt werden (Abbildung 2.1).

Das heißt, auch ohne spezielle Tricks kann ein Seitenbetreiber seine Nutzer sehr genau verfolgen – und Panopticlick schaut lediglich auf den verwende-

[1] `http://panopticlick.eff.org/`

ten Browser und dessen Eigenschaften ... Wenn ein Nutzer eine Seite mal mit und mal ohne Anonymisierung besucht, könnte der Betreiber durchaus feststellen, dass es sich in beiden Fällen um denselben Nutzer handelt. Für den Schutz der Privatsphäre müssen Sie also mehr tun als nur eine Software installieren.

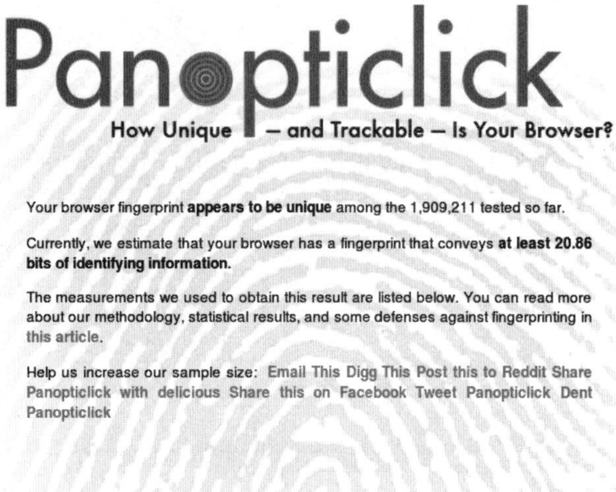

Abbildung 2.1: Screenshot der Panopticlick-Seite mit einem Standardprofil des Mozilla Firefox

Neben der oben beschriebenen passiven Methode gibt es aktive Möglichkeiten der Identifizierung: Verschiedene Webseiten legen sogenannte *Cookies* auf Ihrem Rechner ab, kleine Textdateien mit beliebigem, vom Serverbetreiber vorgegebenem Inhalt. Bei jedem weiteren Besuch werden diese Cookies wieder ausgelesen, und der Betreiber der Website stellt so fest, wie oft und wann seine Seiten besucht wurden. In den Standardeinstellungen der meisten Browser werden Cookies ohne Nachfrage gesetzt und ausgelesen. Daher sind Sie von einigen Webseiten immer noch zu identifizieren. Aber auch sogenannte „aktive Inhalte“, wie Flash-Animationen oder JavaScript-Elemente, können die Anonymität gefährden.

In diesem Kapitel geht es um die Methoden, Anonymität ohne Installation von Software zu erreichen, wobei auch Grad bzw. Verlässlichkeit der Anonymität beurteilt werden. In diesem Zusammenhang kommen auch verschiedene Anwendungen zum Schutz der Privatsphäre zur Sprache.

2.1 Anonyme Proxys

Für das WWW bildeten sich zunächst Lösungen heraus, die, analog zum Penet-Remailer (siehe Abschnitt 3.3), nur Pseudonymität boten. Dies sind die sogenannten *offenen* oder *anonymen Proxys*.

Einen Proxy kann man sich als Vermittler vorstellen. Zur Veranschaulichung wird oft das Beispiel einer Firma genannt, deren Mitarbeiter das gleiche Mittagessen bestellen wollen: Entweder ordert jeder Einzelne beim Bestelldienst, oder eine Person sammelt die Bestellungen und gibt diese weiter. Im letzten Fall entspricht der Besteller dem Proxy. Übertragen auf ein Netzwerk bedeutet das: Entweder greift jeder Rechner einer Firma direkt auf das externe Netzwerk (Internet) zu, oder es gibt einen Zentralrechner, der die Anfragen entgegennimmt und weiterleitet (siehe Abbildung 2.3 auf Seite 31). Gerade in Firmen werden solche Netzwerkproxys häufig eingesetzt, die damit auch Steuerungs- oder Filterfunktion übernehmen: Zum einen kann man festlegen, dass bestimmte Seiten nicht aufgerufen werden dürfen, oder man versucht, Schadinhalte zu entfernen. Darüber hinaus dienen Proxys dazu, Webseiten zwischenzuspeichern. Wenn diese mehrfach aufgerufen werden, so landet nicht jeder Aufruf bei der betreffenden Webseite, sondern es wird die zwischengespeicherte Version ausgeliefert. Damit reduziert die Firma den Datenverkehr nach außen und spart unter Umständen Kosten.

In der Praxis sind zwei Arten von Proxyservern anzutreffen: Webproxys, also Webseiten, die ein Formularfeld bereitstellen, in das man die gewünschte URL einträgt. Im Hintergrund ruft die Proxysoftware die Seite ab und zeigt sie an. Diese Proxys sind sehr einfach zu bedienen, und eine lokale Installation ist nicht notwendig.

Die zweite Variante sind Proxyserver, die auf einem fremden Rechner installiert sind. Um diese zu nutzen, müssen Sie die Proxyeinstellungen im Browser ändern. Danach kann der Browser wie gewohnt benutzt werden, um Seiten abzurufen, aber jeder Abruf erfolgt dann über den Proxyserver. Hier ist ebenfalls keine eigene Installation auf dem lokalen System nötig.

Beiden Varianten ist gemein, dass der Nutzer gegenüber der aufzurufenden Webseite anonymisiert bzw. pseudonymisiert wird, denn diese erkennt nur die IP-Adresse des Proxyservers[2] und kann somit nicht auf die Identität des Nutzers schließen. Allerdings ist es dem Betreiber des Proxyservers möglich, den Nutzer des Proxys der aufgerufenen Seite zuzuordnen. In der Regel ist aber über die Vertrauenswürdigkeit des Betreibers nichts bekannt, und dem Nutzer bleibt nichts anderes als ihm zu vertrauen. Darum sollten Sie vor der Nutzung eines einfachen Proxyservers immer abwägen, ob die übertragenen Daten besonderen Schutz verdienen, und, falls dem so ist, eine andere Lösung bevorzugen.

2 Manche Proxyserver übermitteln allerdings innerhalb der HTTP-Kopfdaten die IP-Adresse des Proxynutzers. Damit ist die Anonymität nicht mehr gewährleistet. Besondere Vorsicht ist beim Surfen mit Mobiltelefonen angebracht: Verschiedene Provider übergeben bei einem Seitenaufruf sogar die Mobilfunknummer!

2.1.1 Webproxys

Die erste wichtige Klasse von Anonymisierungswerkzeugen sind die sogenannten *Webproxys*. Wie oben bereits beschrieben, wird hier eine URL in ein Formular auf einer Webseite eingetragen, und im Hintergrund sorgt eine Software für die korrekte Anzeige.

Einer der bekanntesten Anonymisierungsproxys ist Anonymizer.com.[3] Er wurde 1995 von Lance Cottrell ins Leben gerufen. Bis zum Jahr 2007 konnte jeder Nutzer kostenfrei anonym Webseiten aufrufen. Seither ist das Angebot geschlossen.[4] Eine Vielzahl anderer Proxys sind an dessen Stelle getreten. Das Electronic Privacy Information Center[5] führt einige auf seinen Webseiten auf. In der Vergangenheit war zu beobachten, dass viele der Proxyserver kommentarlos wieder verschwinden. Das macht die Pflege einer aktuellen Liste sehr schwierig, und unter Umständen kann es sein, dass die Einträge auf der obigen Seite nicht mehr aktuell sind. Daher ist bisweilen etwas Geduld beim Test der verschiedenen Proxys gefordert.

Ein Service, der seit über zehn Jahren besteht, ist Anonymouse.[6] Neben dem anonymen Abruf von Webseiten erlaubt der Dienst, E-Mails zu versenden oder im Usenet zu diskutieren. Nach dem Aufruf der Webseite des Dienstes müssen Sie zunächst die Sprache (Deutsch oder Englisch) wählen. Auf der folgenden Seite stehen oben die drei Auswahlpunkte **AnonEmail**, **AnonWWW** sowie **AnonNews** zur Verfügung. Im unteren Bereich der Webseite befindet sich ein Eingabefeld für URLs. Die Abbildung 2.2 zeigt die Bedienoberfläche von Anonymouse. Es reicht dort die aufzusuchende URL einzugeben und auf das Feld **Anonym surfen** zu klicken. Der Browser zeigt danach die gewünschte Seite an. Seitens Anonymouse wurden die Inhalte so verändert, dass jeder Link wiederum mittels des Dienstes abgerufen wird.

Neben Anonymouse gibt es eine Reihe weiterer Webproxys. Dabei kommt sehr häufig die Software CGIProxy[7] zum Einsatz. Diese kann von jedermann installiert und von beliebigen Dritten benutzt werden. Leider gibt es kein zentrales Verzeichnis von Seiten, die diese Software zur Benutzung freigeschaltet haben. In der Regel hilft eine Anfrage bei einer Suchmaschine mit den Begriffen `nph-proxy.cgi` und `CGIProxy`, um solche Proxys zu finden. Seiten, die schon längere Zeit in Betrieb sind und somit wahrscheinlich weiterhin funktionieren, sind Morphium.info[8] und The Cloak[9]. Diese sind ähnlich einfach zu bedienen.

[3] `http://www.anonymizer.com/`
[4] `http://yro.slashdot.org/comments.pl?sid=252821&cid=19922137`
[5] `http://www.epic.org/privacy/tools.html`
[6] `http://anonymouse.org/`
[7] `http://www.jmarshall.com/tools/cgiproxy/`
[8] `https://www.morphium.info/`
[9] `http://www.the-cloak.com/login.html`

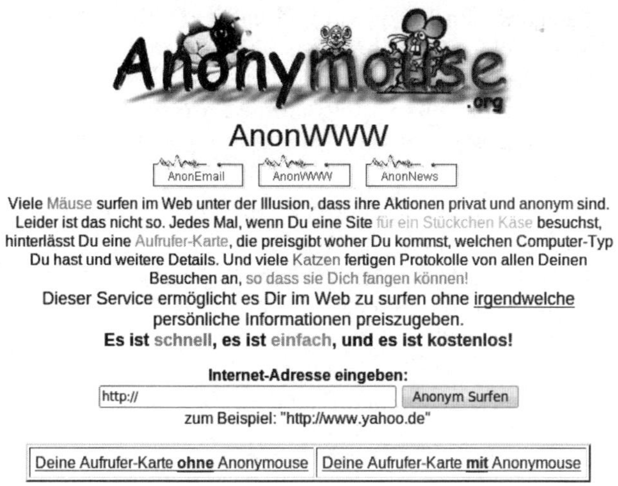

Abbildung 2.2: WWW-Proxyseite von Anonymouse

2.1.2 Picidae

Der Dienst Picidae wurde als Kunstprojekt ins Leben gerufen.[10] Die Künstler wollten auf spielerische Weise zeigen, wie man Zensur umgehen und Benutzern einen gewissen Grad an Anonymität bieten kann. Picidae hat eine ähnlich einfache Oberfläche wie Anonymouse oder andere Proxy-Dienste. Nach der Eingabe der URL ruft der Service im Hintergrund die Webseite auf und wandelt sie in ein Bild um. Es wird also ein Foto der abzurufenden Seite erzeugt. Picidae sorgt dafür, dass alle Links erhalten bleiben und auf dem Bild wieder anklickbar sind. Somit kann der Nutzer wie gewohnt Webseiten besuchen. Weiterhin ist er gegenüber der Webseite nicht ohne Weiteres erkennbar, da er nicht über seinen eigenen Zugang die Seite aufruft.

Dennoch soll an dieser Stelle nicht verschwiegen werden, dass der Benutzer gegenüber dem Betreiber von Picidae keine Anonymität besitzt. Der Betreiber könnte alle Seitenaufrufe mitschneiden und auf diese Weise ein Benutzerprofil erstellen. Des Weiteren könnte er aufgrund gesetzlicher Regelungen gezwungen sein, die Benutzerdaten einer dritten Stelle zu offenbaren.

Eine weitere Einschränkung ergibt sich bei aktiven Inhalten, wie Flash oder JavaScript. Innerhalb eines Bildes lassen sich beispielsweise keine ausklappbaren Menüs oder Eingabefelder simulieren. Daher können verschiedene, aktuell beliebte Webseiten nur eingeschränkt benutzt werden.

[10] `http://www.picidae.net`

2.1.3 Offene Proxys

Die zweite Kategorie von Proxys sind die *offenen Proxys*, die nicht, wie im vorigen Abschnitt diskutiert, über eine Webseite zu erreichen sind. Stattdessen wird der Browser angewiesen, jeden Abruf einer Webseite über den Proxy zu leiten. Hierfür müssen folglich die Proxyeinstellungen des jeweiligen Browsers angepasst werden. Doch wo finden sich die Adressen der Proxyserver?

Eine zentrale Anlaufstelle mit einer Liste aller offenen Proxyserver existiert nicht. Vielmehr gibt es zahlreiche Webseiten, die solche Listen pflegen; allerdings verschwinden viele von ihnen auch bald wieder. Die folgenden Webseiten existieren schon länger, und es ist zu erwarten, dass sie auch weiterhin ihre Dienste anbieten werden:

- `http://xroxy.com` (kann auch als Webproxy benutzt werden)
- `http://www.publicproxyservers.com`
- `http://www.freeproxysite.com/proxy-lists.php`
- `http://www.multiproxy.org`

Sollten diese Seiten nicht mehr zur Verfügung stehen, lassen sich mittels einer Suchmaschine leicht neue Varianten finden. Insbesondere ist eine Suche bei sogenannten Paste-Seiten, wie Pastebin[11], erfolgversprechend. Dort sind recht häufig solche Listen zu finden. Allen oben genannten Webseiten ist gemein, dass sie Listen von Proxyservern anbieten, meist pro Zeile ein Eintrag der Form `<IP-Adresse>:<Port>` oder `<Hostname>:<Port>`. Diese Kombination ist in den Browser zu übertragen.

Die Erweiterung Stealthy[12] für den Mozilla Firefox automatisiert die oben beschriebenen Wege. Stealthy wurde entwickelt, um die länderspezifischen Sperrungen von YouTube-Videos zu umgehen. Dazu rufen die Entwickler der Erweiterung verschiedene Listen von offenen Proxys ab. Diese werden auf einem Server zwischengespeichert. Die Nutzer der Erweiterung stellen ein Land ein und dementsprechend werden die Proxys in dem Land in die Erweiterung geladen. Die verwendeten Mechanismen sorgen dafür, dass die Proxylisten immer auf einem aktuellen Stand sind. Daher ist ein Blick auf diese Erweiterung sehr lohnenswert. Wer sie nicht installieren möchte, kann trotzdem in den Genuss der Proxylisten kommen. Auf der Seite[13] findet sich auch eine Liste von Proyxs mit IP-Adresse und Port. Mittels eines Ländercodes liefert die Seite Proxyadressen aus dem angegebenen

[11] `http://pastebin.com/`

[12] `http://www.stealthy.co/` bzw. `https://addons.mozilla.org/en-us/firefox/addon/stealthy/`

[13] `http://rcp.stealthy.co:8080/PollDealer/GetProxy`

Land. Dazu wird ein zweistelliger Code, wie beispielsweise DE für Deutschland oder AT für Österreich, benötigt. Diese Ländercodes entsprechen dem Standard ISO 3166.[14] Der Ländercode wird dann zusammen mit der Option `countryCode` übergeben. Eine URL mit dem Ländercode für Proxys in Deutschland sieht folgendermaßen aus:

```
http://rcp.stealthy.co:8080/PollDealer/GetProxy?countryCode=de
```

Die hier aufgeführten Adressen können einfach in den Browser übernommen werden.

Für die verschiedenen Betriebssysteme gibt es viele Webbrowser mit unterschiedlichen Konfigurationsmöglichkeiten. Es würde daher den Rahmen dieses Buches sprengen, auf jede Variante einzugehen. Die Proxyeinstellungen für den Microsoft Internet Explorer (siehe Seite 33) sowie den Mozilla Firefox (siehe Seite 32) sind hier aufgeführt. Die Einstellungen zu weiteren Browsern werden auf einer Webseite geführt und dort gepflegt.[15]

Sind die Änderungen abgespeichert, können Sie eine beliebige Webseite abrufen. Der Abruf dauert wahrscheinlich etwas länger als vorher, denn zunächst muss die Anfrage zu dem Proxyserver gesendet werden, der sich an einem beliebigen Punkt der Erde befinden kann.

Hat der Server die Anfrage erhalten, sendet er seinerseits eine Anfrage an die betreffende Webseite, wartet die Antwort ab und schickt diese zurück an den Anfragenden. Im Vergleich zum direkten Abruf, wo die Anfrage direkt zur betreffenden Webseite geleitet und von ihr beantwortet wird, sind somit Zwischenschritte zu absolvieren, wie Abbildung 2.3 zeigt. Diese verlängern die Zeit bis zum Eintreffen einer Antwort.

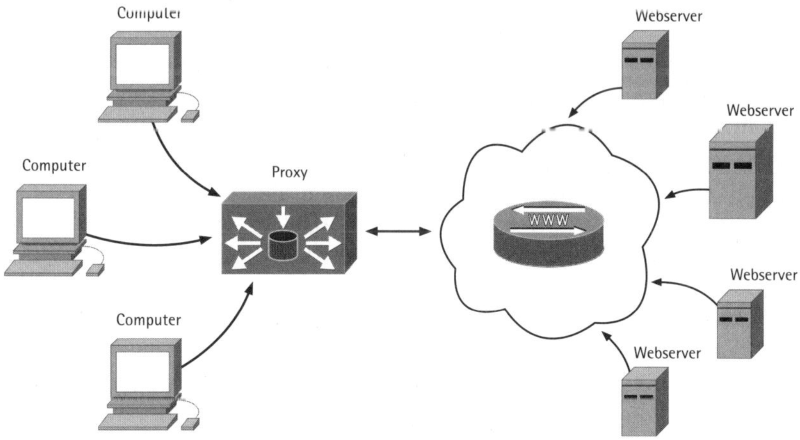

Abbildung 2.3: Abruf von Webseiten über einen Proxy

14 `http://www.iso.org/iso/country_codes`
15 `http://anonymitaet-im-inter.net/wiki/proxyeinstellung`

Sollte der Abruf fehlschlagen, kann das verschiedene Ursachen haben: Erfahrungsgemäß ist der Nutzer selbst eine häufige Fehlerquelle, und darum sind zunächst die Browsereinstellungen zu prüfen. Stimmt die angegebene IP-Adresse oder der Hostname mit dem auf der Webseite eingetragenen überein? Gibt es eventuell Buchstaben- oder Zahlendreher? Es empfiehlt sich, den Eintrag direkt von der Webseite zu kopieren und in die Einstellungen des Browsers einzufügen, denn das vermeidet Schreibfehler. Wenn die Angaben alle korrekt sind, kann es weiterhin sein, dass der Proxyserver kurzfristig seine Dienste eingestellt hat. Der Computer könnte abgeschaltet oder der Proxydienst deaktiviert worden sein. Es gibt viele Gründe, warum ein Proxy von einer Minute auf die nächste keine Antwort sendet. Die Auswahl eines anderen Proxyservers kann rasch Abhilfe schaffen.

Wenn andere Dienste ebenfalls keine Antwort liefern, kann es sein, dass diese Server oder die betreffenden Ports von Ihrem Internet Service Provider (ISP) gesperrt sind. Gerade innerhalb von Firmennetzwerken oder bei Internetcafés ist die Nutzungsmöglichkeit für Internetverbindungen oft eingeschränkt. In der Regel werden die Ports 80 und 443 akzeptiert, denn über diese läuft der Großteil des unverschlüsselten und verschlüsselten WWW-Verkehrs. Daher empfiehlt es sich, speziell Proxyserver zu wählen, die diese beiden Ports nutzen. Schlägt die Verbindung zu einem fremden Server immer noch fehl, sollten Sie das Problem einem Netzwerkexperten vorstellen.

In den meisten Fällen sollten Einstellung und Benutzung eines Proxyservers unproblematisch sein, und sämtliche Webseiten werden nun über den eingestellten Server abgerufen. Detailliertere Konfigurationsmöglichkeiten bietet die Erweiterung FoxyProxy für den Mozilla Firefox, die Kapitel 2.2.6 genauer vorstellt.

Soll der Browser wieder eine direkte Verbindung ins Internet aufnehmen, müssen Sie dies in den Proxyeinstellungen des Browsers entsprechend auswählen. Meist können Sie die Angaben zum Proxyserver dort hinterlegt lassen und später bei Bedarf wieder nutzen.

Offene Proxyserver sind eine Möglichkeit, sich pseudonym im Internet zu bewegen, jedoch sollte sich jeder im Klaren sein, dass der Betreiber eines solchen offenen Proxyservers die Anfragen zuordnen kann. Bei einer Bedarfsanmeldung durch Dritte erfolgt gegebenenfalls eine Weitergabe an diese. Daher ist zu empfehlen, diese Dienste nur mit verschlüsselten Verbindungen zu nutzen oder weitere Schutzmaßnahmen zu aktivieren.

Proxyeinstellung für den Mozilla Firefox

Die Proxyeinstellungen des Mozilla Firefox können Sie auf zwei Wegen anpassen. Der übliche und komfortablere führt über die Menüeinstellungen. Klicken Sie auf **Extras | Einstellungen** (Microsoft Windows) bzw. auf **Bearbei-**

ten | **Einstellungen** (GNU/Linux). Danach wählen Sie **Erweitert | Netzwerk | Einstellungen...**. In den Verbindungseinstellungen lassen sich Angaben zu Proxys ergänzen. In der Regel sind Werte für HTTP(S)- und SOCKS-Proxy zu konfigurieren. Nachdem die neuen Einstellungen bestätigt sind, nutzt der Mozilla Firefox die Proxys.

Der zweite Weg führt über die Eingabe von `about:config` in die Adresszeile des Browsers, auf die zunächst ein Warnhinweis zur Gefahr durch unbedachte Änderungen an den folgenden Einstellungen erscheint. Wenn Sie sich unsicher sind, nutzen Sie die oben beschriebene Variante. Andernfalls zeigt der Browser alle möglichen Einstellungen auf einer Seite an. Wenn Sie in die Filterzeile `network.proxy` eingeben, zeigt der Browser eine Teilmenge, und durch einen Doppelklick auf einen Eintrag lässt sich dieser verändern. Die Werte für `network.proxy.http` bzw. `network.proxy.ssl` nehmen die IP-Adresse des Proxys entgegen. Der Port wird im gleichnamigen Eintrag mit der Ergänzung `_port` gesetzt. Die Änderungen müssen nicht separat gespeichert oder bestätigt werden, sondern sind sofort wirksam.

Proxyeinstellung für den Microsoft Internet Explorer

Die Proxyeinstellungen für den Microsoft Internet Explorer lassen sich im Browser oder über die Systemeinstellungen bearbeiten. Im Browser wählen Sie **Extras | Internetoptionen**, und es öffnet sich ein neues Fenster. Mittels der Systemeinstellungen gelangen Sie durch **Start | Einstellungen | Systemsteuerung | Internetoptionen** zum oben angesprochenen Fenster. Klicken Sie nun auf den Reiter **Verbindungen** und danach auf **LAN-Einstellungen | Proxyserver für LAN verwenden | Erweitert**. Das Fenster zu Proxyeinstellungen hat Einträge für verschiedene Proxys. Setzen Sie dort die entsprechenden Werte ein und bestätigen Sie die Eingaben. Nun nutzt der Internet Explorer die eingestellten Proxyserver. Falls Sie den Browser Google Chrome verwenden, so richtet dieser sich ebenfalls nach dieser Konfiguration.

2.1.4 CoDeeN

Eine Spezialform der oben erklärten offenen Proxyserver ist das CoDeeN-Netzwerk[16] des PlanetLab. Das PlanetLab gehört zur Princeton University und befasst sich mit der Forschung zu Netzwerksystemen. Dazu stellt es über 1 000 Computer an etwa fünfhundert weltweit verteilten Plätzen zu Forschungszwecken zur Verfügung und bildet damit ein sogenanntes *Content Delivery Network* (CDN), also ein Netzwerk zur Verteilung von Inhalten. Auf diese Weise werden die Bandbreite des Netzwerkes erhöht und Engpässe vermeiden.

[16] `http://codeen.cs.princeton.edu/`

Ein Beispiel für ein derartiges Netzwerk, das in großem Maße eingesetzt wird, sind Rechner, die Werbung auf Webseiten schalten. Diese werden beispielsweise von Akamai Technologies oder Level 3 Communications betrieben. Wenn ein deutscher Nutzer eine Webseite aufruft, sorgt das CDN dafür, dass die Inhalte von einem deutschen Server ausgeliefert werden. Dieser steht in geografischer Nähe zum Abrufer der Seite. Wird dieselbe Webseite von einem Benutzer aus Neuseeland abgerufen, so sieht dieser zwar dieselbe Werbung wie der deutsche Nutzer, doch wurden die Inhalte von einem Server in seiner Nähe ausgeliefert.

Internetzugangsanbieter, wie die Deutsche Telekom, Arcor und andere, nutzen ebenfalls CDNs. Wenn beispielsweise ein Video bei YouTube stark nachgefragt wird, speichert es der Anbieter auf eigenen Servern zwischen. Erneute Anfragen werden dadurch schneller an den Endnutzer ausgeliefert, und der Anbieter spart gegebenenfalls auch Kosten für die Datenübertragung.

CoDeeN arbeitet nach einem ähnlichen Prinzip. Statt Werbung oder einzelnen YouTube-Seiten liefern die Server beliebige Webseiten aus. Wie im vorangegangen Abschnitt beschrieben, muss lediglich ein Proxyserver im Browser des Nutzers eingetragen werden. Beim Abruf einer Seite überprüft CoDeeN, ob die gewünschte Webseite bereits schon innerhalb der CoDeeN-Server vorhanden ist. Falls ja, wird diese direkt an den Nutzer übertragen. Andernfalls wird diese, wie im Kapitel zu offenen Proxys beschrieben, an den Nutzer übermittelt (siehe Abbildung auf Seite 31). Im ersten Fall erfolgt die Übertragung sehr schnell, unabhängig von der tatsächlichen Geschwindigkeit der Originalseite. Im zweiten Fall kann die Übertragungsgeschwindigkeit geringer als beim direkten Download sein, denn hier entsteht der Umweg über den Proxyserver.

Es ist sinnvoll, sich einen Proxyserver in geografischer Nähe zu suchen. Eine Liste aller Rechner, die an dem Netzwerk teilnehmen, befindet sich auf den Webseiten des Projekts.[17]

Wie zu Anfang des Abschnitts 2.1 beschrieben, können die Betreiber auf die von den Nutzern abgerufenen Daten zugreifen und diese so identifizieren. In einer Erklärung zur Privatsphäre[18] beschreiben die Projektverantwortlichen, dass sie Aufzeichnungen über die abgerufenen Seiten führen. Eine Auswertung dieser Daten erfolgt einerseits zu wissenschaftlichen Zwecken und andererseits, um Missbrauch von CoDeeN dokumentieren zu können. Darüber hinaus gibt es keine Veröffentlichung von Daten, die einzelne Nutzer identifizieren könnte.

[17] `http://fall.cs.princeton.edu/codeen/`
[18] `http://codeen.cs.princeton.edu/`

2.2 Nützliche Erweiterungen für Mozilla Firefox

Der Browser Mozilla Firefox ist vielfältig erweiterbar.[19] Mit den Hilfsprogrammen können Sie das Aussehen des Browsers ändern, die Kommunikationsfähigkeit mit Diensten zur Online-Verwaltung von Bookmarks verbessern und als Webentwickler bessere Testwerkzeuge nutzen. Natürlich gibt es auch eine Vielzahl von Erweiterungen, die die Privatsphäre der Benutzer besser schützen wollen. Im Folgenden werden einige nützliche vorgestellt. Der Strom an neuen, sinnvollen Erweiterungen reißt jedoch nicht ab. Daher sei empfohlen, in regelmäßigen Abständen die entsprechende Seite[20] zu besuchen und Ausschau nach Neuerungen zu halten.

2.2.1 Adblock Plus

Das Wort „Ad“ stammt aus dem Englischen und ist die Kurzform von „Advertisement“, also Werbung. Adblock hat den Zweck, die meist unerwünschte Werbung zu blockieren. Die Erweiterung Adblock Plus[21] ist aus einer anderen Erweiterung namens Adblock hervorgegangen und hat diese schnell in der Beliebtheit überholt. Die neue Erweiterung setzte auf eine Vielzahl von Verbesserungen, und mittlerweile wird die Originalversion nicht mehr weiterentwickelt.

Adblock Plus steht für die Mozilla-basierten Browser sowie für das E-Mail-Programm Mozilla Thunderbird zur Verfügung. Es kann bequem über die Addons-Seite beim Mozilla-Projekt[22] installiert werden und wird bei Bedarf automatisch aktualisiert.

Eine wesentliche Stärke der Erweiterung ist die Nutzung von Filterlisten. Das sind Textdateien mit Suchmustern, um Werbung auf Webseiten zu identifizieren. Diese Filterlisten werden von den Entwicklern gepflegt und können vom Nutzer der Erweiterung abonniert werden. Direkt nach der Installation und dem damit verbundenen Neustart des Browsers wird der Benutzer gebeten, eine Filterliste zu abonnieren. Für deutsche Nutzer empfiehlt es sich, **EasyList Germany (Deutschland) + EasyList** zu aktivieren (Abbildung 2.4). Diese Liste wird regelmäßig aktualisiert und bei Bedarf automatisch heruntergeladen. Somit bleibt die Erweiterung immer auf dem aktuellen Stand. In der derzeitigen Variante der Erweiterung wird die obige Filterliste automatisch gewählt.

Die zweite Version von Adblock Plus brachte eine kontrovers diskutierte Neuerung. Auf dem Bildschirmfoto in Abbildung 2.4 steht, dass die Erwei-

[19] Zentraler Anlaufpunkt für die Erweiterungen ist die Seite `https://addons.mozilla.org/`.

[20] `https://addons.mozilla.org/en-US/firefox/tag/Anonymity`

[21] `http://adblockplus.org/`

[22] `https://addons.mozilla.org/de/firefox/addon/adblock-plus/`

terung so konfiguriert wurde, dass nicht aufdringliche Werbung zugelassen wird. Anstatt jede Werbung zu blockieren, stuft das Projekt bestimmte Werbung als nicht störend ein. Diese Werbung wird dann angezeigt. Zum Zeitpunkt der Niederschrift gab es in der Liste der Ausnahmen gerade sieben Einträge.[23] Wenn dennoch alle Werbung blockiert werden wollte, so reicht es, [Strg]+[F] zu drücken. Es öffnet sich ein Dialog zu den Filtereinstellungen von Adblock Plus; links unten befindet sich eine Schaltfläche mit der Aufschrift **Einige nicht aufdringliche Werbung zulassen**. Wenn diese deaktiviert wird, wird jegliche Werbung blockiert.

Nach dem Neustart des Firefox zeigt die Oberfläche ein rotes Stoppschild mit der Aufschrift **ABP**. Je nach Version befindet es sich in der Nähe der Navigations-Symbolleiste oder unten in der Add-on-Leiste. Das Schild zeigt an, dass die Erweiterung installiert und aktiviert ist. Bei jedem Besuch einer Webseite entscheidet die Software anhand der Filterliste, ob Inhalte zu blockieren sind oder nicht, und schaltet in der Regel einen Großteil der unerwünschten Werbung ab. Dies stärkt die Privatsphäre des Nutzers, denn viele Werbeelemente sind über viele Webseiten hinweg eingebunden. Das heißt, ein Nutzer, der sich zunächst über das aktuelle Nachrichtengeschehen informiert, später einen Blick in das Fernsehprogramm wirft und schließlich im Webmailer seine neuesten E-Mails liest, könnte an allen Stellen dieselbe Werbung vom selben Anbieter sehen. Der Anbieter wiederum kann auf diese Weise feststellen, welche Seiten der Nutzer oft abruft, und so ein individuelles Surfprofil erstellen. Durch das Abschalten der Werbung entfällt diese Möglichkeit für den Werbeanbieter.

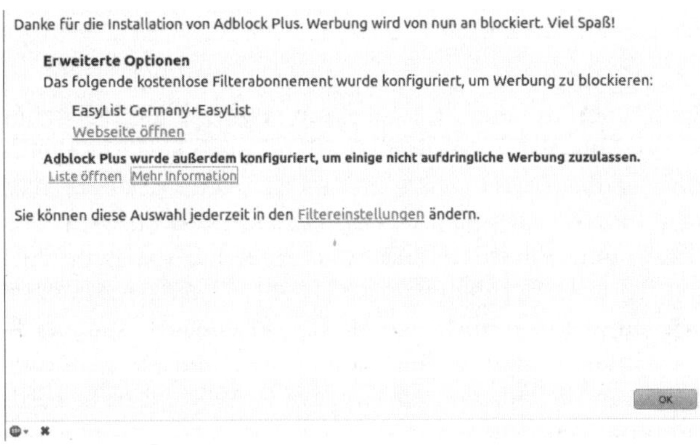

Abbildung 2.4: Ansicht nach der Installation von Adblock Plus

Soll Werbung doch angezeigt werden oder blockiert Adblock Plus zu viel, können Sie die Erweiterung deaktivieren. Ein Klick auf das ABP-Stoppschild zeigt mehrere Menüpunkte. Einer deaktiviert die Erweiterung auf einer Domain, wie beispielsweise `example.org`, und der andere Eintrag

[23] `https://easylist-downloads.adblockplus.org/exceptionrules.txt`

im Menü deaktiviert die Erweiterung nur auf einer bestimmten Seite, wie `example.org/ab.html`. Für eine genauere Steuerung ist der Menüeintrag **Blockierbare Elemente öffnen** zuständig; dieser öffnet ein neues Fenster, in dem alle blockierbaren Elemente der Webseite angezeigt werden. Mit einem Rechtsklick auf einen Eintrag lässt es sich blockieren, oder eine vorhandene Sperre kann aufgehoben werden. Daneben sind Informationen zu dem angeklickten Element erhältlich.

Die Webseite der Software bietet weitere Hinweise zur besseren Einstellung, doch sind die Standardwerte für den Normalbetrieb sehr gut angepasst. Adblock Plus erweist sich als nützlich und ist nicht umsonst eine der meist installierten Erweiterungen für den Mozilla Firefox.

2.2.2 BetterPrivacy

Eine Gefahr für die Privatsphäre sind die sogenannten *Flash-Cookies* oder *Local Shared Objects* (LSO). Im Gegensatz zu den HTTP-Cookies sind diese in der Regel unbekannt, obwohl die Auswirkungen auf die Privatsphäre vergleichbar sind. Ein Flash-Cookie ist eine Datei, die auf die Festplatte geschrieben wird und wieder ausgelesen werden kann. Die Verwaltung dieser Dateien obliegt dem Browser-Plugin für die Anzeige von Flash-Dateien (Adobe Flash Player, Macromedia Flash MX Player etc.). Problematisch ist dabei, dass Flash-Cookies keine Laufzeit haben, d. h. theoretisch werden diese nicht gelöscht. Da der Browser keine Kontrolle über diese Dateien hat, werden sie dort nicht angezeigt, und der Nutzer wiegt sich unter Umständen in falscher Sicherheit.

Die Erweiterung BetterPrivacy[24] legt die Kontrolle über Flash-Cookies sowie andere Arten von Cookies in die Hände der Nutzer. Dazu versucht die Software nach der Installation den Speicherort von Flash-Cookies automatisch zu bestimmen. Eventuell gibt es dadurch beim ersten Neustart des Browsers eine kurze Verzögerung. Danach kann der Firefox wie gewohnt benutzt werden. Erst beim Beenden der Software macht sich die Erweiterung wieder bemerkbar, denn dann prüft sie den LSO-Ordner. Falls sich dort Objekte angesammelt haben, fragt sie über ein Dialogfenster nach, ob diese gelöscht werden sollen. Bei einer Bestätigung des Dialogs mit **OK** werden die Flash-Cookies gelöscht. Andernfalls bleiben sie erhalten.

Eine weitere Konfiguration von BetterPrivacy ist nicht notwendig. Bei jedem Beenden des Browsers wird die Erweiterung nach dem Löschen der Objekte fragen. Diese Nachfrage lässt sich abstellen, so dass die Löschung automatisch passiert. Neben der Erweiterung für den Mozilla Firefox gibt es für Microsoft Windows das Programm CCleaner[25]. Der Name steht für

[24] `http://netticat.ath.cx/BetterPrivacy/BetterPrivacy.htm` oder `https://addons.mozilla.org/de/firefox/addon/betterprivacy/`

[25] `http://www.ccleaner.com/`

„Crap Cleaner“. Die Software löscht eine Vielzahl unbenutzter, temporärer Dateien sowie nicht benötigte Einstellungen. Zu diesen gehören auch Flash-Cookies. Damit bietet die Software einen größeren Nutzen als die Firefox-Erweiterung allein und ist für Windows-Nutzer zu empfehlen.

2.2.3 CookieCuller

Sie haben sich entschieden, keine Cookies im Browser zuzulassen. Im Rahmen von Recherchen besuchen Sie jedoch verschiedene Webseiten, von denen einige das Setzen eines Cookie verlangen. Nach einiger Überlegung entscheiden Sie sich, dies zuzulassen und die Cookies am Tagesende zu löschen. Dies stellt sich als aufwendig heraus, denn für die Löschung müssen verschiedene Menüs geöffnet und dann die betreffenden Cookies gesucht werden.

Die Erweiterung CookieCuller[26] ist eine Verbesserung des eingebauten Cookiemanagers. Er ermöglicht es, Cookies vor dem unbeabsichtigten Löschen zu schützen. Damit können Sie den Firefox so einstellen, dass alle Cookies beim Beenden der Software gelöscht werden. CookieCuller sorgt dafür, dass alle Cookies, die als geschützt markiert wurden, nicht gelöscht werden. So können Sie Cookies akzeptieren und stellen trotzdem sicher, dass diese nicht dauerhaft zur Kontrolle Ihres Surfverhaltens benutzt werden.

Abbildung 2.5: Dialog von CookieCuller mit Einstellungen zu einzelnen Cookies

Nach der Installation fügt CookieCuller im Browser dem Menüpunkt **Extras** einen Eintrag hinzu. Zum Öffnen des Cookiemanagers wählen Sie **Extras | CookieCuller**. Die Software listet alle gespeicherten Cookies auf. Falls

[26] `https://addons.mozilla.org/de/firefox/addon/cookieculler/`

sich in der Liste Cookies befinden, die nicht gelöscht werden sollen, klicken Sie diese an und wählen die Schaltfläche **Protect Cookie**. In der ersten Spalte wird bei dem betreffenden Eintrag **yes** angezeigt. Zum Abschluss können Sie im Firefox einstellen, dass private Daten beim Beenden gelöscht werden. Wenn Sie Windows nutzen, finden Sie den Eintrag unter **Extras | Einstellungen | Datenschutz | Private Daten löschen, wenn Firefox beendet wird**. Linux-Nutzer klicken statt **Extras** auf den Menüpunkt **Bearbeiten** und folgen dem weiteren Pfad.

2.2.4 Cookie Monster

Die Erweiterung Cookie Monster[27] verfolgt einen anderen Ansatz als CookieCuller. Die Bedienung ist an die der Erweiterung NoScript (siehe Abschnitt 2.2.9) angelehnt. Nach der Installation[28] finden sich auf der rechten Seite der Statusleiste die stilisierten Buchstaben „C" und „M". Ältere Versionen zeigten das Bild eines lachenden Affen.

Wurde eine Seite aufgerufen, öffnet sich mit einem Linksklick auf das Symbol ein Menü. Dieses bietet Ihnen an, Cookies allgemein oder kurzzeitig (temporär) zu erlauben bzw. zu verweigern. Nachdem Sie Ihre Wahl getroffen haben, wird die Seite neu geladen. Weiterhin können Sie über den Menüeintrag **Aktuelle Cookieautorisierung** die Cookie-Einstellungen der geladenen Seite anzeigen oder mittels **Cookies anzeigen** auf die Inhalte der Cookies zugreifen.

Cookie Monster erlaubt damit eine sehr detaillierte Steuerung der Cookies und ergänzt sich gut mit dem oben vorgestellten CookieCuller.

2.2.5 Flashblock

Interaktive und Multimedia-Inhalte werden oftmals als Flashfilm präsentiert. Ursprünglich kam dabei die von Macromedia entwickelte Technologie zum Einsatz, um Animationen auf der ersten Seite einer Webpräsenz („Intros") zu zeigen. Später wandelte sich der Einsatzzweck hin zur Präsentation kompletter Filme in Kinolänge oder für Spiele innerhalb des Browsers. Mittlerweile befindet sich diese Technik zugunsten anderer auf dem Rückzug.

Flash wird ähnlich wie JavaScript innerhalb des Browsers ausgeführt. Dies ermöglicht es einem Angreifer, mit einer manipulierten Flashdatei die reale

27 `https://addons.mozilla.org/de/firefox/addon/cookie-monster/`

28 Falls Sie die Erweiterung direkt auf der Add-On-Seite von Mozilla suchen, seien Sie vorgewarnt. Es existieren zwei namensgleiche Erweiterungen. Die hier genannte hatte zur Niederschrift die Version 1.1.0 und die Beschreibung auf der Seite macht klar, dass es sich um die umfassende Cookieverwaltung handelt. Die gleichnamige Erweiterung hat derzeit die Version 2.1 und eine große Warnung auf der Add-On-Seite.

IP-Adresse eines Besuchers herauszufinden. Daher ist es empfehlenswert, die Ausführung von Flash zu verbieten. Eine Möglichkeit bietet die Nutzung der Erweiterung NoScript (Abschnitt 2.2.9). Die Anwendung verbietet u. a. Flash auf nicht vertrauenswürdigen Webseiten.

Eine zweite mögliche Erweiterung heißt Flashblock.[29] Diese ist darauf ausgelegt, zunächst sämtliche Flash-Inhalte zu blockieren und stattdessen ein Symbol anzuzeigen. Möchten Sie die Flash-Anwendung starten, klicken Sie einfach mit der linken Maustaste auf das Symbol, und die Inhalte werden geladen und ausgeführt. Wenn Sie mit der rechten Maustaste auf das Symbol klicken, präsentiert die Erweiterung ein Kontextmenü, in dem Sie einstellen können, dass Flash-Inhalte der betreffenden Webseite in Zukunft immer geladen werden. Das sollten Sie nur in seltenen Fällen aktivieren. Weiterhin können Sie das Flash-Element von der Seite löschen oder die Einstellungen von Flashblock aufrufen. Die Einstellungen bestehen aus der Liste der zugelassen Webseiten sowie einer Checkbox, die die Erweiterung aktiviert oder deaktiviert.

Flashblock konkurriert eventuell mit der Erweiterung NoScript. Sind beide Anwendungen installiert, verbietet NoScript Flash, bevor Flashblock ins Spiel kommt. Lediglich wenn die Seite in NoScript als vertrauenswürdig markiert ist und Flash enthält, verbietet Flashblock die Ausführung von Flash. Daher ist es unter Umständen sinnvoll, nur eine der beiden Anwendungen zu nutzen.

2.2.6 FoxyProxy

Die Erweiterung FoxyProxy[30] wechselt Proxyserver nach bestimmten Regeln. Damit ähnelt es auf dem ersten Blick SwitchProxy (siehe 2.2.10). Auch dieses dient dem Wechsel von voreingestellten Proxyservern. FoxyProxy ist nützlich, wenn Sie mit verschiedenen Proxys arbeiten. Beispielsweise könnten Sie Tor, JonDo und I2P einsetzen wollen. Dabei sollen Adressen mit der Top-Level-Domain `.onion` über Tor, Seiten mit der Endung `.i2p` über I2P, Wikipedia-Seiten über JonDo und alle übrigen Seiten über die herkömmliche Internetverbindung besucht werden.

Zuerst installieren Sie die Erweiterung. Der Entwickler der Erweiterung bietet mittlerweile mehrere Varianten seiner Software an. Die Downloadseite[31] unterscheidet zwischen Standard-, Basic- und Plus-Version. Die Basic-Variante lässt die Definition verschiedener Proxys zu. Die Umschaltung zwischen den eigestellten Werten erfolgt, wie bei Switchproxy, manuell. Einen Schritt weiter geht die Standard-Variante. Hier lässt sich das oben beschriebene Vorhaben, Aktivierung von Proxys je nach URL, umsetzen. Die letzt-

[29] `http://flashblock.mozdev.org/`
[30] `http://getfoxyproxy.org/`
[31] `http://getfoxyproxy.org/downloads.html`

genannte Version erlaubt die Speicherung von Zugangsdaten zu den Proxys und ist, im Gegensatz zu den vorgenannten beiden, keine Freie Software. Für die vorgestellte Anwendung ist FoxyProxy Standard am besten geeignet. Die Installation hinterlässt keinen Eintrag auf der Oberfläche des Browsers. Stattdessen finden Sie über **Extras | FoxyProxy Standard** einen neuen Eintrag. Wenn Sie den Menüpunkt **Optionen** wählen, öffnet sich ein Dialog mit Einstellmöglichkeiten.

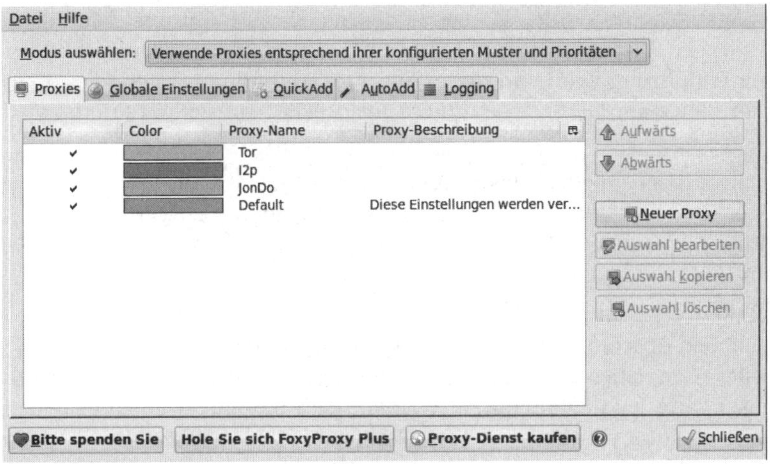

Abbildung 2.6: Screenshot der Einstellungen von FoxyProxy mit eingestellten Proxyservern

Die Schaltfläche **Neuer Proxy** öffnet ein Fenster mit drei Reitern. Dort können Sie einen Namen und eine Beschreibung für den Proxy hinterlegen (Reiter **Allgemein**). Weiterhin lässt sich dort eine Farbe festlegen. Wenn später eine Seite über diesen Proxy geladen wird, ändert sich die Farbe des Schriftzuges rechts unten in den eingestellten Wert. Über den Reiter **Proxy-Details** lassen sich Hostname und Port des Proxys eingeben. Alternativ bietet der Dialog auch die Angabe einer automatischen Steuerungsdatei (PAC-Datei) an. Der Reiter **URL-Muster** steuert, welche Webseiten über den jeweiligen Proxy aufgerufen werden.

Die Muster für die Feinsteuerung sind sehr vielseitig. Für die ersten Versuche reichen Wildcards. Die Werte `*` und `?` stehen für beliebig viele Zeichen bzw. genau eines. Das heißt, der Filter `http://???.example.org` würde beim Aufruf von `http://www.example.org` aktiv werden und bei `http://de.example.org` nicht. Der Filter `http://*.example.org` wird bei beiden Webseiten aktiv. Im obigen Beispiel sollten alle Abrufe von Seiten mit der Endung `.i2p` über I2P abgerufen werden. Tragen Sie daher als URL-Muster `http*://*.i2p/*` ein. Dieses Muster greift bei Aufrufen von HTTP- wie HTTPS-Seiten und beliebigen Domainnamen oder Unterseiten. Dabei handelt es sich um einen Whitelist-Eintrag. Das bedeutet, dass eine URL von diesem Muster über den betreffenden Proxy geladen wird. Foxy-

Proxy erlaubt Blacklisten. Dabei wird ein URL-Muster *nicht* über den Proxy geladen. Im Beispiel der Wikipedia-Seiten lautet das Muster `http*://*.wikipedia.org/*`. Wenn Sie dieses Muster praktisch nutzen, stellen Sie fest, dass bei einigen Wikipedia-Seiten nicht der eingestellte Proxy respektiert wird, denn Bilder und andere Multimedia-Inhalte lädt die Wikipedia von einer anderen Domain. Es ist unter Umständen sinnvoll, diese Domainnamen zu der Proxyregel hinzuzufügen.

Neben den Wildcards stehen Ihnen reguläre Ausdrücke zur Verfügung. Diese bieten eine wesentlich feinere Steuerung des URL-Musters. Allerdings ist die Syntax wesentlich komplexer als bei den oben erwähnten Wildcards. Eine Einführung würde an dieser Stelle zu weit führen. Interessierte Leser seien daher an das Buch „Reguläre Ausdrücke" von Jeffrey Friedl verwiesen.[32]

Anfangs ist es möglich, dass die Proxys nicht nach Ihren Erwartungen gewählt werden. Der Dialog mit den Einstellungen von FoxyProxy (siehe Abbildung 2.6) bietet über den Reiter **Logging** an, die Aktivitäten der Software aufzuzeichnen. So sehen Sie, wo sich Fehler eingeschlichen haben, und können diese beheben.

Nach dem Abschluss der Proxyeinstellungen kehren Sie in die Hauptansicht zurück. Ganz oben befindet sich eine Auswahlliste zur Auswahl des Modus. Dieser kann jetzt so eingestellt werden, dass die Proxys entsprechend ihrer Einstellung verwendet werden. Beim Abruf der entsprechenden Seiten zeigt FoxyProxy in der Add-On-Leiste den aktuell verwendeten Proxy an. Über den Rechtsklick lassen sich die eingestellten Proxys separat selektieren. Nach der Auswahl werden alle Verbindungen über den gewählten Proxy geleitet. Damit lässt sich das Verhalten von SwitchProxy nachstellen.

FoxyProxy ist eine gute Alternative zum Wechseln von Proxys. Jedoch bietet er neben dem Wechsel keinen weiteren Schutz vor anderen Gefahren beim Surfen.

2.2.7 Ghostery

Werbetreibende sind recht kreativ, wenn es darum geht, den Nutzern hinterherzuforschen (oder sollte man besser sagen: zu spionieren?). Als Cookies eine größere Bekanntheit erlangten und von den Benutzern in zunehmendem Ausmaß gesperrt wurden, betraten die so genannten *Webbugs* die Bühne. Ein Webbug ist ein meist 1 × 1 Pixel großes „Bild". Dieses Bild liegt auf Servern von Werbetreibenden und wird auf den Seiten ihrer Kunden eingebunden. Ruft ein Nutzer die Webseite des Kunden auf, so wird der Webbug gleichzeitig vom Werbeserver abgerufen. Dieser erkennt die IP-Adresse und Browserversion und kann sich diese merken. Wechselt der Kunde nun zu einer anderen Seite, so könnte dort ebenso ein Webbug ein-

[32] Jeffrey E. F. Friedl, „Reguläre Ausdrücke", 3. Auflage, 2007, O'Reilly, ISBN 9783897217201.

gebunden sein. Für den Werbetreibenden wird damit klar, welche Schritte der Kunde gemacht hat. Das heißt, welche Seite wurde zuerst besucht, wie lange verweilte der Kunde auf einzelnen Seiten etc. Damit lassen sich Schlüsse auf die Interessen ziehen.

Die Erweiterung Ghostery[33] verspricht hier Abhilfe. Nach der Installation erscheint ein Assistent, der durch die initiale Einrichtung führt. Zu Anfang fordern die Entwickler dazu auf, GhostRank zu aktivieren. Dabei handelt es sich um eine Sammlung statistischer Daten, die an die Server der Entwickler übermittelt werden. Im Allgemeinen sind derartige Sammlungen kritisch zu sehen, und jeder Nutzer sollte sich überlegen, ob er dem Punkt zustimmt. Dennoch ist hier positiv anzumerken, dass die Entwickler dem Benutzer die Wahl lassen. Auf derselben Seite steht die Aktivierung der Zählpixelliste zur Auswahl. Es ist sinnvoll, diesen Punkt auszuwählen. Ghostery wird in regelmäßigen Abständen die Daten zu Werbenetzwerken aktivieren und damit guten Schutz bieten. Mit einem Klick auf **Weiter** erscheint der nächste Konfigurationspunkt. Hier können Sie wählen, welche Zählpixel und Cookies gesperrt werden. Zu Anfang ist es empfehlenswert, alle auszuwählen. Falls es Probleme geben sollte, können einzelne Sperren später aufgehoben werden. Ein Klick auf **Weiter** beendet die Einstellungen nach der Installation der Software.

Die Erweiterung macht sich im Browser zunächst durch ein kleines blaues Symbol eines Geistes bemerkbar. Beim Besuch von Webseiten mit eingebundenen Webbugs oder anderen Techniken zeigt Ghostery eine Liste der erkannten Werbenetzwerke an. Meist sind diese Namen durchgestrichen, d. h. sie wurden blockiert. Namen, die nicht durchgestrichen sind, wurden geladen.

Ein Klick auf das Symbol der Erweiterung zeigt eine Auflistung der erkannten Werbenetzwerke sowie andere Einstellmöglichkeiten. Im erstgenannten Fall werden bei **Was ist...?** genauere Informationen angezeigt. Weiterhin zeigt Ghostery die URLs an, die aufgerufen werden sollen.

Bei dem täglichen Surfen ist Ghostery weitgehend unauffällig. Die Erweiterung erledigt die Arbeit im Hintergrund und weitere Einstellungen sind meist nicht nötig.

2.2.8 HTTPS Everywhere

Im Allgemeinen werden Webseiten per HTTP aufgerufen. Das heißt, es wird eine unverschlüsselte Verbindung aufgenommen und alle Stellen, an denen diese Daten vorbeikommen, können die Inhalte nachvollziehen. Während das beim heimischen Internetanschluss in der Regel unproblematisch ist, ändert sich die Lage bei der Nutzung öffentlicher WLANs, bei Zugängen auf Konferenzen oder in Hotels und anderen Umgebungen. Zum Teil ist

[33] `https://addons.mozilla.org/de/firefox/addon/ghostery/`

die Absicherung gegen Mitlauschen nicht ausgeprägt, oder die Betreiber infiltrieren selbst Verbindungen. Der Entwickler Eric Butler hat mit der Erweiterung Firesheep[34] eindrucksvoll gezeigt, wie sich diese Schwachstellen ausnutzen lassen. Die Software wertet die Datenströme aus und sucht insbesondere nach Coookies diverser Webseiten, wie beispielsweise Facebook. Im weiteren übernimmt Firesheep die Sitzung eines fremden Nutzers und erlaubt es, in dessen Namen die Webseite zu benutzen.

Daher sollte, wann immer es möglich ist, verschlüsselt kommuniziert werden. Google hat das Problem seit einiger Zeit erkannt und bietet Dienste, wie Google Mail oder Google+, standardmäßig verschlüsselt an. Die Google-Suche wird ebenfalls verschlüsselt angeboten.[35] Diese muss allerdings explizit aufgerufen werden. Die Suchmaschine Duck Duck Go[36] geht sogar noch einen Schritt weiter. Wenn diese per HTTPS aufgerufen wurde, verlinken die Suchergebnisse wieder auf verschlüsselte Seiten, sofern eine Verschlüsselung angeboten wird. Andere Seiten, wie das erwähnte Facebook, tun sich hier schwer. Bei Facebook wird nur der Loginvorgang verschlüsselt. Die weiteren Seitenaufrufe erfolgen über unverschlüsselte Verbindungen, was eben den obigen Angriff mit Firesheep erleichtert.

Die Erweiterung HTTPS Everywhere[37] versucht möglichst umfassend Verschlüsselung zu nutzen. Dazu bringt sie eine Liste von Regeln für Webseiten mit. So ist dort beispielsweise verzeichnet, dass die Seiten der AOK[38] per SSL erreichbar sind. Sobald die Erweiterung installiert ist, wird nur noch die verschlüsselte Variante aufgerufen. Bei manchen Seiten kommen komplexere Regeln zum Einsatz. So bietet die Bahn die Webseiten per SSL an.[39] Die Unterseiten zu baubedingten Fahrplanänderungen[40] ist nur unverschlüsselt zu erreichen. HTTPS Everywhere kann mit derartigen Ausnahmen umgehen und ruft dann nur die entsprechenden Unterseiten unverschlüsselt ab.

Die Erweiterung arbeitet zuverlässig im Hintergrund, und nach der Installation sind keine weiteren Einstellungen nötig. Lediglich falls bei Ihnen Probleme beim Seitenaufruf auftreten sollten, können Sie Regeln für einzelne Seiten aktivieren oder deaktivieren. Sollten Sie weitere Seiten kennen, die Verschlüsselung nutzen und die der Erweiterung nicht bekannt sind, so melden Sie das an die Entwickler.[41] Sie werden eine entsprechende neue Regel einbauen.

[34] http://codebutler.github.com/firesheep/
[35] https://www.google.de/
[36] https://duckduckgo.com/
[37] https://www.eff.org/https-everywhere
[38] https://www.aok.de/
[39] https://bahn.de/
[40] http://bauarbeiten.bahn.de/
[41] https-everywhere-rules@eff.org

2.2.9 NoScript

Besuchen Sie gelegentlich Webseiten mit Videos oder Spielen zur Entspannung? Was wäre, wenn diese Webseite trotz Verwendung eines Anonymisierungsdienstes Ihre reale IP-Adresse anzeigen würde? Bisher haben Sie sich sicher gefühlt und glaubten, Ihren Rechner korrekt eingestellt zu haben. Ein Irrtum, denn JavaScript, Flash oder auch andere aktive Inhalte können dazu benutzt werden, die IP-Adresse zu entschleiern. Auch setzen Flash-Inhalte die im Abschnitt 2.2.2 angesprochenen Flash-Cookies.

Aktive Inhalte stellen eine Gefahr für Ihre Anonymität dar. Ein Angreifer kann persönliche Daten, wie die IP-Adresse oder das Surfverhalten, ermitteln. Eine Lösung wäre, JavaScript, Java und weitere Plugins abzuschalten bzw. zu deaktivieren, doch gibt es Seiten, die vertrauenswürdig sind und diese Technologien nutzen. Mit der Erweiterung NoScript entscheiden Sie, ob Ihr Browser aktive Inhalte interpretieren soll. Diese Entscheidung wird auf Basis des Domainnamens gefällt. Sie legen fest, ob die Entscheidung nur für eine Sitzung oder bis auf weiteres gilt. NoScript schützt somit Ihre Privatsphäre, lässt aber für bestimmte Seiten den Zugriff auf aktive Inhalte zu.

NoScript steht auf den Seiten des Mozilla-Projekts zum Download bereit.[42] Die Entwickler betreiben eine Webseite mit Anleitung, Bildschirmfotos und einem Forum.[43] Wenn Sie die Erweiterung installiert haben, sehen Sie ein neues Symbol, das einem rot durchgestrichenen „S" ähnelt.

NoScript prüft bei jedem Besuch einer Webseite, ob aktive Inhalte genutzt werden. In der Standardeinstellung werden Java, JavaScript sowie andere aktive Inhalte blockiert. Die Erweiterung zeigt bei blockierten Inhalten eine Informationsleiste an. Darin ist die Anzahl der gefundenen JavaScript-Aufrufe (`<SCRIPT>`) sowie die Zahl der erforderlichen Plugins aufgeführt. Am rechten Rand der Leiste können Sie durch einen Klick auf den Button **Einstellungen** weitere Anpassungen vornehmen. Der Button öffnet ein Kontextmenü. Damit lassen sich die Informationsleiste abschalten oder verlagern, JavaScript für die blockierte Seite aktivieren oder detaillierte Einstellungen vornehmen. Zu Anfang ist es sinnvoll, das Programm an die eigenen Bedürfnisse anzupassen. Daher sollten Sie in dem Kontextmenü den Eintrag **Einstellungen** wählen.

Das Menü wird in einem eigenen Fenster geöffnet und ist in mehrere Reiter unterteilt. Der Reiter **Allgemein** enthält u. a. ein Konfigurationsmenü zur Steuerung der Anzeige der Domainnamen. Im mittleren Dialogfeld stellen Sie ein, ob NoScript die komplette Adresse, den vollständigen Domainnamen oder nur die Second-Level-Domain blockieren soll. Standardmäßig werden die Second-Level-Domain und alle weiteren untergeordneten Do-

[42] `https://addons.mozilla.org/de/firefox/addon/noscript/`
[43] `http://noscript.net/`

mainnamen blockiert. Das Blockieren der Inhalte von `example.org` hat also zur Folge, dass auch aktive Inhalte etwa von `www.example.org` oder `abc.example.org` nicht ausgeführt werden. Wenn Sie Ihre Entscheidung auf Basis des Domainnamens treffen wollen, wählen Sie die Einstellung **Vollständige Domains (www.noscript.net)**. Die Vorauswahl des Entwicklers zu den Einträgen in diesem Menü ist sinnvoll und sollte anfangs beibehalten werden.

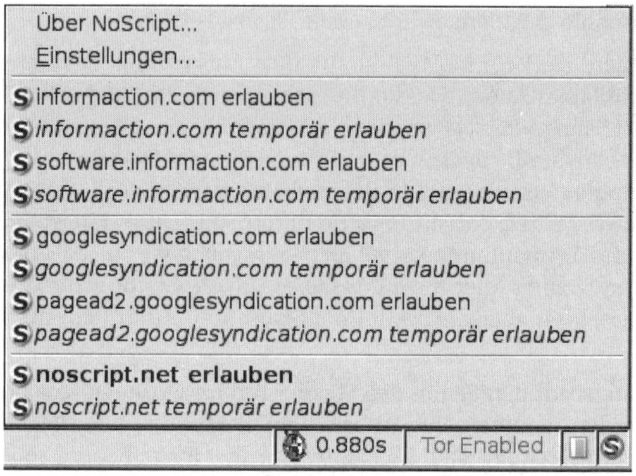

Abbildung 2.7: Kontextmenü von NoScript

Der zweite Reiter enthält eine Positivliste. Darin sind Domainnamen aufgeführt, denen es erlaubt ist, aktive Inhalte zu präsentieren. Sie können zu der Liste weitere Domainnamen hinzufügen oder die bereits bestehenden entfernen. Wenn Sie Domainnamen in der Liste nicht kennen oder nutzen, markieren Sie die Einträge und klicken auf das Feld **Ausgewählte Websites entfernen**. Die Politik des Entwicklers, die eigenen Seiten sowie Seiten wie die von Google, YouTube oder MSN standardmäßig freizuschalten, ist häufig Gegenstand von Kritik, denn die meisten Nutzer erwarten anfangs ein Liste mit nur den nötigsten Einträgen. Wenn sich dann „große“ Webseiten darunter befinden, widerspricht das den Erwartungen. Daher sollten die meisten Einträge in der Liste zunächst gelöscht werden. Firefox nutzt jedoch interne URLs, um bestimmte Eigenschaften des Browsers anzuzeigen. Diese beginnen mit `about` und sind ebenfalls in der Positivliste enthalten. Sie sollten diese URLs weiterhin in der Liste belassen.

Die Reiter **Aussehen** und **Benachrichtigungen** passen Einträge im Kontextmenü, das Verhalten der Informationsleiste und akustische Rückmeldungen der Erweiterung an. Versuchen Sie selbst herauszufinden, welche Konfiguration für Ihre Bedürfnisse am besten geeignet ist.

Im Reiter **Erweitert** legen Sie fest, wie sich die Erweiterung bei nicht vertrauenswürdigen und vertrauenswürdigen Seiten sowie bei bestimmten Angriffen verhalten soll. Die Voreinstellungen verbieten Java und JavaScript für nicht vertrauenswürdige Seiten, erlauben aber Flash wie auch andere Plugins. Es ist sinnvoll, die Ausführung von Flash ebenfalls zu verbieten. Die weiteren Voreinstellungen sind nicht unbedingt anzupassen.

NoScript versucht sogenannte Cross-Site-Scripting-Angriffe (XSS) zu erkennen, bei denen ein Angreifer eine Sicherheitslücke in einer Webanwendung auszunutzen sucht. Die Lücke wird dazu benutzt, eine Webseite des Angreifers auf der Originalseite einzubinden. Wenn beispielsweise die Webseite einer Bank eine derartige Schwachstelle besitzt, kann der Angreifer ein Formular platzieren und die Besucher zur Eingabe von Kundennummer, PIN und TAN auffordern. Es ist dabei nicht offensichtlich, dass das Eingabefeld vom Angreifer stammt. NoScript versucht die Seite von dem schadhaften Code zu reinigen und informiert den Benutzer darüber.

Bestätigen Sie nun die Änderungen. Jetzt schützt Sie NoScript vor Eingriffen in Ihre Privatsphäre; manche Seiten werden aber nicht oder nicht vollständig angezeigt. Dann hat der Betreiber der Seite in hohem Maße aktive Inhalte eingesetzt. Falls diese Seite Ihrer Einschätzung nach vertrauenswürdig ist, klicken Sie auf das **S** in der Statusleiste. Es öffnet sich ein Kontextmenü, das den Domainnamen der Seite mit aktiven Inhalten aufführt. Sie können die betreffende Seite permanent oder temporär freischalten. Klicken Sie hierzu den Namen der Domain an. NoScript lädt die Seite neu und führt diesmal aktive Inhalte aus.

Die Erweiterung wird von den Entwicklern intensiv gepflegt und verbessert. Sobald neue Schwachstellen in Browsern oder in relevanten Anwendungen entdeckt werden, versuchen sie, Gegenmaßnahmen in NoScript einzubauen. Daher wird NoScript oft aktualisiert. Andererseits können Sie dadurch sicher sein, dass die Entwickler mit den aktuellen Entwicklungen Schritt halten.

2.2.10 SwitchProxy

Sie haben auf Ihrem Rechner Tor und JonDo (siehe Kapitel 5) installiert. Außerdem nutzen Sie manchmal andere anonymisierende Proxys. Für jede Änderung müssen Sie die Einstellungen des Browsers öffnen, dort die Netzwerkeinstellungen anklicken und Änderungen vornehmen. Sie suchen einen einfacheren Weg, die Einstellungen für den Proxyserver zu verwalten. Die Benutzung des Torbutton hilft nicht weiter, da diese Anwendung nur einen oder keinen Proxy nutzen kann.

Die Erweiterung SwitchProxy[44] ist eine Lösung. Es installiert eine neue Ansichtsleiste mit einer Auswahlliste, die alle eingestellten Proxys enthält. Über diese Leiste lässt sich der Proxy mit wenigen Klicks wechseln.

[44] `https://addons.mozilla.org/de/firefox/addon/125`

In der Voreinstellung wird kein Proxy definiert. Sie können einen Proxy einstellen, indem Sie auf **Add** klicken. Es erscheint ein neues Fenster mit den Wahlmöglichkeiten **Standard** (voreingestellt) oder **Anonymous**. Der erste Button öffnet ein Fenster mit den bekannten Proxyeinstellungen des Firefox. Wenn Sie einen einzigen Proxy, wie beispielsweise Tor oder JonDo, nutzen möchten, behalten Sie die Auswahl **Standard** bei und klicken auf **Next**.

Am Anfang des folgenden Dialogs geben Sie zunächst der Einstellung einen Namen und stellen den Proxy ein. Mit **OK** wird die Einstellung gespeichert. Auf der linken Seite der Ansichtsleiste befindet sich eine Liste mit den Namen der Proxys. Wählen Sie einen Eintrag in der Liste aus und bestätigen Sie die Auswahl durch einen Klick auf **Apply**. SwitchProxy lädt die Seite neu und verwendet hierfür den eingestellten Proxy. Damit sehen Sie gleich, ob die Einstellungen korrekt waren.

Abbildung 2.8: Ansichtsleiste von SwitchProxy

Das Auswahlmenü **Anonymous** dient dazu, verschiedene Proxys einzugeben und diese nach einer fest vorgegebenen Zeit zu wechseln. Es gibt Webseiten mit Listen von Proxys, die keine Zugangsbeschränkungen haben (siehe Abschnitt 2.1). Bei diesen ist entweder die Software fehlkonfiguriert oder die Betreiber haben sich entschieden, Nutzern außerhalb ihrer Organisation oder Firma den Zugriff auf ihre Software zu erlauben. Durch die Verwendung dieser offenen Proxys können Benutzer einen schwachen Grad an Anonymität erreichen.

Innerhalb des Menüs können Sie entweder eine Datei oder eine URL mit Proxydaten laden bzw. die entsprechenden Proxys per Hand eingeben. Zuletzt geben Sie im Feld **Change proxy every** eine Anzahl von Sekunden ein, nach denen der Proxy gewechselt werden soll. Bestätigen Sie nun die Angaben mit **OK**. Jetzt finden Sie den neuen Eintrag in der Liste auf der linken Seite der Ansichtsleiste. Wenn Sie diesen Eintrag auswählen, zeigt Ihnen eine Statusmeldung in der Mitte der Ansichtsleiste an, welche IP-Adresse Sie gerade nutzen und wie viele Sekunden noch verbleiben.

Abbildung 2.9: SwitchProxy mit offenen Proxyservern

SwitchProxy ist für Anwender, die verschiedene Proxys betreiben oder nutzen wollen, ein sehr praktisches Werkzeug. Sie können auf einfache Weise neue Proxys hinzufügen und zwischen den bestehenden wechseln.[45]

45 Anfang des Jahres 2010 gab es Probleme im Zusammenspiel mit dem Mozilla Firefox 3.5 und höher. Derzeit ist nicht klar, wann dies gelöst wird.

2.2.11 Torbutton

Die Erweiterung Torbutton[46] ist vielen Lesern schon aus der ersten Auflage des Buches bekannt. Damals war die Software so konzipiert, dass sie die Proxyeinstellungen umschaltete. Wie bereits beschrieben, existieren vielfältige Gefahren für die Anonymität. Daher entschlossen sich die Entwickler, die Software auszubauen und Schutz gegen eine Vielzahl von Angriffen zu implementieren. Während die Bedienung der Erweiterung gleich blieb, hat sich das Verhalten im Hintergrund grundlegend geändert.

Mike Perry, der Hauptentwickler von Torbutton, entwarf zunächst einen Designvorschlag.[47] Darin entwarf er ein Angreifermodell und richtete das Design der Erweiterung daran aus. Das Modell geht von einem Angreifer aus, der es auf die Anonymität eines Benutzers abgesehen hat. Dazu versucht er, die Proxyeinstellungen des Nutzers zu umgehen, eine Korrelation des Nutzerverhaltens mit und ohne Tor herzustellen, Informationen zum Standort des Nutzers zu bekommen oder den Verlauf des Browsers zu rekonstruieren. Um sein Ziel zu erreichen, kann der Angreifer beliebig in den Datenstrom eingreifen und aktive Inhalte, Cookies oder andere Plugins verwenden. Weiterhin könnte er versuchen, Informationen anhand spezifischer Eigenschaften des Browsers (Version, Bildschirmauflösung, verwendetes Betriebssystem, eingestellte Sprachen etc.) zu gewinnen.

Torbutton versucht Schutz gegen die verschiedenen Angriffe zu bieten. Dazu erlaubt es dem Browser unter keinen Umständen, die Proxyeinstellungen zu umgehen. Falls eine Webseite Netzwerkaktivitäten (Inhalt neu laden, JavaScript-Funktionen ausführen etc.) durchführen will, prüft die Erweiterung, ob es einen Wechsel der Proxyeinstellungen gab. Die Aktivitäten werden nur erlaubt, wenn kein Wechsel stattfand. Wundern Sie sich daher nicht, wenn ein Link nicht mehr anklickbar ist oder sich eine Seite nicht neu laden lässt. Torbutton versucht Sie vor einem eventuellen Angriff zu schützen. Ein erneuter Aufruf der Seite behebt dies.

Eine Trennung von Statusinformationen, wie Cookies, Zwischenspeicher des Browsers oder Verlauf, schützt Sie vor einer weiteren Klasse von Angriffen. Ein Angreifer kann somit nicht erkennen, welche Webseiten Sie mit deaktiviertem Proxy besucht haben. Auch sind Informationen zu Spracheinstellungen, Browserversion und ähnlichem angeglichen. Das heißt, Mozilla Firefox mit aktiviertem Torbutton gibt sich als Firefox einer festgelegten Version mit englischen Spracheinstellungen und fester Fenstergröße aus. Dies geschieht zum Teil unabhängig von den korrekten Werten im Firefox.

Dieser hohe Schutzgrad bringt einige Einschränkungen mit sich: So deaktiviert Torbutton JavaScript vollständig. Damit funktionieren einige Seiten nicht mehr oder nur eingeschränkt. Videos oder Browserspiele werden

[46] `https://www.torproject.org/torbutton/`
[47] `https://www.torproject.org/torbutton/design/`

nicht angezeigt. Sollten Sie häufig solche Seiten nutzen, fahren Sie mit einem eigenen Browserprofil besser.

Torbutton bietet zahlreiche Konfigurationsoptionen. Damit können Sie das Verhalten individuell festlegen. Viele der Optionen haben eine Bewertung hinsichtlich der Wichtigkeit. Das hilft Ihnen, die Konsequenzen der Änderung besser einzuschätzen.

Die Erweiterung bietet Nutzern ein hohes Schutzniveau. Die Risiken, durch Fehlverhalten beim Browser identifiziert zu werden, sind damit minimal gehalten.

Neben den genannten Erweiterungen existieren eine Reihe weiterer sehr nützlicher Plugins für den Firefox.[48] Insbesondere die Kategorie „Datenschutz und Sicherheit" listet Plugins auf, die Ihre Privatsphäre schützen.

2.3 Privoxy

Im ersten Kapitel sowie im Abschnitt 4.3.3 haben Sie Privoxy als eine mögliche Schnittstelle zwischen Tor und dem Browser kennengelernt. Die Software leistet jedoch wesentlich mehr. Privoxy wurde entwickelt, um Inhalte auf Webseiten zu filtern. Durch die Filterung werden Cookies oder bestimmte Inhalte von Webseiten entfernt oder geändert. Dadurch stärkt Privoxy die Privatsphäre der Benutzer. Der Name der Software steht für „Privacy Enhancing Proxy", also einen Proxy, der die Privatsphäre erweitert.

Privoxy wird als HTTP(S)-Proxy im Browser eingestellt und bearbeitet jede Anfrage des Browsers. Beim Abruf einer Webseite will diese beispielsweise einen Cookie speichern; Privoxy ist so eingestellt, dass es das verhindert und den Cookie löscht, bevor es die Antwort an den Browser weitersendet. Ähnlich verfährt Privoxy mit Kopfdaten und Inhalten von Webseiten, die es löschen oder verändern kann. Standardmäßig werden bestimmte Cookies gelöscht und Webseiten gesperrt, die ausschließlich Werbung ausliefern. Der folgende Abschnitt zeigt Ihnen, wie Privoxy funktioniert und wie Sie die Software an Ihre Bedürfnisse anpassen.

2.3.1 Installation von Privoxy

Die Entwickler von Privoxy stellen die Software für GNU/Linux, Mac OS, Windows und einige andere Betriebssysteme bereit.[49] Die meisten Linux-Distributionen liefern vorgefertigte Pakete mit. Daher sollten Sie zuerst versuchen, Privoxy mit Hilfe Ihrer Distribution zu installieren. Windows-Nutzer können sich die Installationsdatei herunterladen und ausführen. Die

48 `https://addons.mozilla.org/de/firefox/`
49 `http://sourceforge.net/project/showfiles.php?group_id=11118`

Installation folgt dem vertrauten Schema unter Windows. Sie müssen eventuell nur das Zielverzeichnis anpassen und können Privoxy installieren. Versionen ab 3.0.5 beta können als Dienst betrieben werden. Hierzu wird Privoxy mit der Option `--install` gestartet.[50] Die Windows Servicekonsole öffnet sich und erwartet eine Angabe, wann Privoxy gestartet und mit welchen Nutzerrechten die Software betrieben werden soll.

Wenn Sie als Nutzer einer RPM-basierten Distribution Privoxy bei jedem Systemstart nutzen wollen, ist es empfehlenswert, den Dienst in den entsprechenden Runlevels zu aktivieren. Nutzer debianbasierter Distributionen sind hier im Vorteil. Dort sind diese Voreinstellungen schon getroffen. Die Aktivierung des Dienstes können Sie mit dem Runlevel-Editor von YaST oder mit dem Befehl `chkconfig` vornehmen. Klicken Sie auf **System | Runlevel-Editor**. Dort befindet sich eine Liste mit den installierten Diensten. Markieren Sie jeweils den Eintrag für Tor und Privoxy und klicken Sie auf **Aktivieren**. Damit werden die Programme bei Systemstart gestartet. Die Alternative ist das Programm `chkconfig`. Mit der Option `-a` und dem Namen des Dienstes aktivieren Sie die Ausführung bei jedem Systemstart:

```
linux:~ # chkconfig -a privoxy
```

Damit wird der Privoxy beim nächsten Hochfahren automatisch gestartet und ist einsatzbereit. Unter Windows müssen Sie eventuell den entsprechenden Menüpunkt zum Start der Software anklicken.

Privoxy öffnet nach dem Start den Port 8118 an der lokalen Schnittstelle. Jetzt muss im Browser der HTTP-Proxy auf `localhost` und Port `8118` eingestellt werden. Öffnen Sie anschließend die Seite `http://config.privoxy.org/` oder `http://p.p/`. Im Browser erscheint die Meldung „This is Privoxy 3.0.19 on localhost (127.0.0.1), port 8118, enabled“. Diese bestätigt Ihnen, dass Privoxy korrekt eingestellt ist und schon genutzt wird. Wenn die Konfiguration fehlgeschlagen ist, werden Sie auf eine andere Seite weitergeleitet: „Privoxy is not being used“. Sehr wahrscheinlich wurden dann im Browser die Einstellungen nicht korrekt gespeichert. Prüfen Sie die Konfiguration und nehmen Sie gegebenenfalls Änderungen vor.

Wenn Sie jetzt eine Webseite besuchen, die normalerweise viele Werbebanner enthält, stellen Sie fest, dass ein Großteil oder sogar alle verschwunden sind. Dies betrifft Popups, Bilder und auch Werbung in Textblöcken. Privoxy hat die Bestandteile der Seite als Werbung erkannt und gefiltert.

2.3.2 Anpassung von Privoxy

Privoxy arbeitet zur Steuerung seiner Fähigkeiten mit Filter- und Aktionsdateien. Diese bestimmen das Verhalten des Proxys in Abhängigkeit von

50 Dazu muss die Installation über ein Kommandofenster gestartet werden.

der aufgerufenen Seite und ändern deren Inhalte. Aktionsdateien definieren, welche Operationen durchgeführt werden, etwa das Blockieren nicht erwünschter Inhalte, das Verstecken bestimmter HTTP-Kopfdaten, die Anwendung der Filter aus der Filterdatei und anderes.

Filterdateien

Die Filterdateien legen fest, nach welchen Regeln Inhalte von Webseiten verändert werden. Eine Filterdatei ist in Blöcke mit Regeln aufgeteilt; jede Regel besteht aus einem Namen, einer Beschreibung und der Definition der Aktion.

Die Datei `default.filter` enthält die mitgelieferten Standardregeln. Nutzer speichern eigene Regeln in der Datei `user.filter`, die allerdings erst angelegt und aktiviert werden muss. Hierzu bearbeiten Sie die Datei `config` unter GNU/Linux oder `config.txt` unter Windows und entfernen das Kommentarzeichen # vor `filterfile`:

```
# Nutzereigene Filterdatei aktivieren
filterfile user.filter
```

Jetzt können Sie die Datei `user.filter` anlegen und beginnen, mit Filtern zu experimentieren. Privoxy kann beispielsweise nach dem Vorkommen des Bildes `werbung.gif` suchen und dieses durch `smiley.png` ersetzen.

```
FILTER: werbebild-ersetzen Ersetzt ein Werbebild durch einen Smiley

s,werbung.gif,smiley.png,
```

Im Beispiel wird eine Regel namens `werbebild-ersetzen` erzeugt. Die Beschreibung teilt dem Anwender mit, dass sie ein Werbebild durch einen Smiley ersetzt. Die letzte Zeile enthält dann die eigentliche Anweisung für Privoxy. Die Software nutzt die regulären Ausdrücke der Programmiersprache Perl zum Suchen und Ersetzen. Die Syntax der regulären Ausdrücke wird in den Handbuchseiten `perlre`[51] und `perlop`[52] erklärt. Eine detaillierte Einführung liefert das bereits erwähnte Buch „Reguläre Ausdrücke" von Jeffrey Friedl.

Der Ausdruck im Beispiel wird durch den Buchstaben s eingeleitet. Er steht für „substitute" (ersetzen). Danach folgt ein beliebiges Begrenzerzeichen, im Beispiel ein Komma. Zwischen dem ersten und dem zweiten Komma steht der Ausdruck, nach dem gesucht wird, und zwischen dem zweiten und dritten Komma die Ersetzung.

Im nächsten Abschnitt werden Sie sehen, wie Sie Privoxy dazu bringen, diese Filter gezielt auf Webseiten anzuwenden. Bei jedem Seitenaufruf un-

[51] http://perldoc.perl.org/perlre.html
[52] http://perldoc.perl.org/perlop.html

tersucht die Software dann den HTML-Quelltext. Trifft sie auf die Zeichenkette `werbung.gif`, so wird diese durch `smiley.png` ersetzt. Diese sehr einfache Regel ersetzt allerdings sowohl Bilder wie auch Textpassagen, die den Suchtext enthalten. Damit wird unter Umständen mehr gelöscht als erwünscht. Also ist der Filter weiter anzupassen.

```
FILTER: werbebild-ersetzen Ersetzt ein Werbebild durch einen Smiley

s, src="([^/]+/)?werbung.gif" , src="smiley.png" ,g
```

Bilder werden durch den HTML-Tag `<img src="pfad/zum/bild" />` eingebunden. Das Beispiel macht sich dies zunutze, indem nach `src=` gesucht wird. Optional kann vor dem Text `werbung.gif` eine beliebige Zeichenkette stehen, die mit einem Slash abgeschlossen ist. Damit wird das Bild auch dann erkannt, wenn es sich in einem anderen Verzeichnis oder auf einer anderen Webseite befindet. Privoxy ersetzt dann den kompletten Suchstring durch den Ausdruck zwischen dem zweiten und dritten Komma. Der Buchstabe `g` am Ende der Zeile gibt an, dass auch mehrere Vorkommen innerhalb einer Zeile ersetzt werden sollen.

Ein Filter kann mehrere Ersetzungsregeln enthalten. Diese werden zeilenweise untereinander geschrieben. Es ist ratsam, die Filter mit Kommentaren zu versehen. Ein Kommentar wird mit einem # eingeleitet. Am besten notieren Sie sich, welchen Zweck die Regel verfolgt und auf welchen Seiten sie Treffer erzeugt. Damit erleichtern Sie sich später die Bearbeitung der Filter.

Aktionsdateien

In Aktionsdateien erfolgt die eigentliche Konfiguration des Privoxy. Hier finden sich definierte, Domainnamen zugeordnete Aktionen, die Privoxy tätig werden lassen. Eine Aktionsdatei ist in Abschnitte gegliedert, von denen jeder eine oder mehrere Aktionen enthält. Am Ende des Abschnitts steht der Domainname oder eine Gruppe von Domainnamen, auf die die Aktion angewendet wird.

Privoxy bringt zwei wichtige Aktionsdateien mit: `standard.action` legt eine Abstufung fest, nach der Webseiten gefiltert werden. Standardmäßig können Sie zwischen den Stufen `Cautious` (vorsichtig), `Medium` (mittel) und `Advanced` (fortgeschritten) wählen. Anfangs sollten Sie `Cautious` wählen, denn hier wird am wenigsten gefiltert, und die Struktur der Webseiten bleibt weitgehend erhalten. Je weiter Sie die Stufen erhöhen, desto mehr wird gefiltert, und es kann passieren, dass aufgrund der Filterung Seiten nicht mehr korrekt angezeigt werden.

Die Datei `default.action` enthalt die Konfiguration, anhand derer Privoxy die Aktionen vornimmt. Diese Datei ist in der Regel die größte der Aktionsdateien. Zudem existiert manchmal noch die Datei `user.action` mir benutzerspezifischen Einstellungen. Privoxy erlaubt es, die Aktionen in verschiedene Dateien auszulagern. Daher kann es sein, dass die Aktionsdateien je nach Installationsquelle und Distribution andere Namen haben.

Im oberen Abschnitt zu den Filterdateien wurde ein benutzereigener Filter angelegt. Dieser soll auf alle Unterseiten der Domain `example.org` angewendet werden. Legen Sie dazu in der Datei `user.action` einen Eintrag an:

```
{ +filter{werbebild-ersetzen} }
.example.org
```

Das Beispiel weist Privoxy an, den Filter `werbebild-ersetzen` einzusetzen. Aktionen stehen innerhalb geschweifter Klammern, hier ist es nur eine. Das Plus aktiviert den Filter – Privoxy liest also die Definition für den Filter aus einer der Filterdateien aus. Schließlich steht am Ende ein Muster eines Domainnamens. Das Muster im Beispiel wird auf alle Subdomains der Seite `example.org` angewendet.

Sie können den Domainnamen auch mittels regulärer Ausdrücke angeben, beispielsweise um alle Seiten, die den Bestandteil `ad` oder `banner` im Domainnamen tragen, zu blockieren. Am Ende einer Aktion können auch mehrere Domainnamen stehen, so dass Privoxy die definierte Aktion auf alle diese anwendet.

Aktionen

Neben `filter` kann Privoxy eine große Zahl weiterer Aktionen durchführen. Diese sind standardmäßig alle ausgeschaltet und bei Bedarf in einer Aktionsdatei zu aktivieren, und zwar über ein vorangestelltes Pluszeichen; die Deaktivierung erfolgt entsprechend über ein vorangestelltes Minuszeichen. Manchen Aktionen können Sie Argumente in geschweiften Klammern übergeben. Nachfolgend sind alle verfügbaren Aktionen beschrieben.

`add-header`
: Das Argument definiert HTTP-Kopfdaten, die zum Webserver gesendet werden. In der Praxis ist das meist wenig sinnvoll und führt eher zur Verwirrung des Webservers bzw. dessen Betreibers.
Beispiel: `+add-header{X-Privoxy: 3.0.19}`

`block`
: Inhalte werden nicht abgerufen (blockiert). Stattdessen erscheint ein Text, dass die Seite blockiert wurde. In Verbindung mit den Aktionen `handle-as-image` oder `handle-as-empty-document` kann ein Bild oder eine leere Seite angezeigt werden.
Beispiel: `+block`

`change-x-forwarded-for`
: Der HTTP-Header `X-Forwarded-For` wird gelöscht oder ein neuer Eintrag mit der aktuellen IP-Adresse hinzugefügt. Verschiedene Proxyserver fügen einen Eintrag zu den HTTP-Kopfdaten hinzu und geben die originale IP-Adresse an. Mit der Aktion lässt sich dies rückgängig machen. Die Entwickler von Privoxy empfehlen, statt dieser Aktion besser `block` zu verwenden.
Beispiel: `+change-x-forwarded-for{block}`

`client-header-filter`
: HTTP-Kopfdaten, die der Client sendet, werden geändert oder entfernt. Dafür muss ein spezieller Filter, wie der oben definierte `werbebild-ersetzen`, angelegt und als Parameter übergeben werden.
Beispiel: `+client-header-filter{werbebild-ersetzen}`

`client-header-tagger`
: Anfragen von Clientprogrammen werden anhand ihrer HTTP-Kopfdaten ausgewertet. Es findet keine Änderung der Kopfdaten statt. Die Tags können später ausgewertet werden.
Beispiel: `+client-header-tagger{user-agent}`

`content-type-overwrite`
: Manche fehlkonfigurierten Webserver liefern binäre Dateien, wie Bilder oder ausführbare Dateien, als Text aus. Statt eines Downloads sehen die Nutzer Unmengen wirrer Zeichen im Browser. Die Aktion berichtigt die Fehleinstellung.
Beispiel:
`+content-type-overwrite{application/octet-stream}`

`crunch-client-header`
: HTTP-Kopfdaten des Browsers werden gelöscht. Mit der Aktion sollten Sie vorsichtig umgehen; auch die Entwickler empfehlen, stattdessen eher `filter-client-headers` einzusetzen, da Sie hier detailliertere Einstellungen zum Löschen vornehmen können.

`crunch-if-none-match`
: Die Aktion bezieht sich auf den Eintrag `If-None-Match` in den HTTP-Kopfdaten. In dem Eintrag wird eine Prüfsumme der angefragten Datei vom Browser zum Server übertragen. Falls der Server dieselbe Prüfsumme für die Datei errechnet, antwortet er, dass es keine Änderungen gab (Statuscode 304). Der Browser muss somit die Seite nicht abrufen, sondern kann sie dem Benutzer aus seinem lokalen Zwischenspeicher präsentieren. Die Benutzung der Aktion führt dazu, dass Privoxy den Eintrag löscht und somit die Seite bei jedem Aufruf neu übertragen wird.
Beispiel: `-crunch-if-none-match`

`crunch-incoming-cookies` und `crunch-outgoing-cookies`
: Die Aktionen verhindern, dass ein Webserver einen Cookie setzt bzw. ausliest.
Beispiel: `+crunch-incoming-cookies`

`crunch-server-header`
: Hiermit ist es auf einfache Weise möglich, Kopfdaten des Webservers zu blockieren. Privoxy entfernt jeden Header, der die angegebene Zeichenkette enthält. Die Entwickler empfehlen diese Aktion nur für Tests, andernfalls `filter-server-headers`.
Beispiel: `+crunch-server-header{no-cache}`

`deanimate-gifs`
: Animierte Bilder werden im GIF-Format ausgeliefert. Die Animation ist aus verschiedenen Einzelbildern zusammengesetzt. Bei der Benutzung dieser Aktion stoppt Privoxy die Animation. Sie können entscheiden, ob das erste oder das letzte Einzelbild erscheint.
Beispiel: `+deanimate-gifs{first}`

`downgrade-http-version`
: Einige wenige Webserver haben Probleme mit der Version 1.1 von HTTP. Diese Aktion übersetzt Anfragen des Browsers in die Version 1.0, wird aber sehr selten benutzt.
Beispiel: `+downgrade-http-version`

`fast-redirects`
: Privoxy versucht hier, Umleitungen zu anderen Webseiten zu erkennen und die Seite, zu der umgeleitet wird, sofort aufzurufen. Derartige Umleitungen werden insbesondere von Suchmaschinen eingesetzt, um zu erkennen, welche Seiten bei einer Suche angeklickt wurden. Sie können der Aktion die Parameter `simple-check` oder `check-decoded-url` mitgeben. Im ersten Fall wird nach dem Vorkommen von `http://` gesucht, im zweiten Fall werden auch kodierte Werte wie `http%3a//` erkannt.
Beispiel: `+fast-redirects{simple-check}`

`filter`
: Die in der Filterdatei festgelegten Filter werden mit dieser Aktion angewendet.
Beispiel: `+filter{werbebild-ersetzen}`

`force-text-mode`
: Diese Aktion behandelt den Inhalt der Webseite *immer* als Text.
Beispiel: `++force-text-mode`

`forward-override`
: Bei der Einrichtung von Privoxy (Abschnitt 4.3.3) wurde er so eingestellt, dass alle Verbindungen an Tor weitergeleitet werden. Eventuell

sollen aber bestimmte Seiten über andere Proxys oder mit direkter Verbindung aufgerufen werden. Das lässt sich mit dieser Aktion festlegen.
Beispiel: `+forward-override{forward .}`

`handle-as-empty-document`
: Diese Aktion ist in Verbindung mit `block` sinnvoll. Wenn die Aktion benutzt und eine zu blockierende Seite aufgerufen wird, zeigt Privoxy eine leere Seite an.
Beispiel: `+block +handle-as-empty-document`

`handle-as-image`
: Diese Aktion ist in Verbindung mit `block` sinnvoll. Wenn die Aktion benutzt und eine zu blockierende Seite aufgerufen wird, zeigt Privoxy ein Bild an. Mit der Aktion `set-image-blocker` können Sie festlegen, welches Bild statt der blockierten Seite erscheint.
Beispiel: `+block +handle-as-image`

`hide-accept-language`
: Ein Browser verschickt den Eintrag `Accept-Language` in den HTTP-Kopfdaten und gibt damit an, welche Spracheinstellungen im Browser getroffen sind. Der Webserver liefert daraufhin das Dokument in der entsprechenden Sprache aus. Mit der Aktion können Sie den HTTP-Header ändern oder löschen.
Beispiel: `+hide-accept-language{ru-ru}` setzt die Einstellung auf Russisch.

`hide-content-disposition`
: Webserver senden manchmal den Eintrag `Content-Disposition` in den HTTP-Kopfdaten. Dies weist den Browser an, die entsprechende Datei zu speichern statt sie anzuzeigen. Wenn Sie die Inhalte im Browser betrachten wollen, können Sie diese Kopfdaten löschen. Einige Browser prüfen die Einstellung im Header `Content-Type`. Daher muss das eventuell auch uberschrieben werden.
Beispiel: `+content-type-overwrite{text/plain}`
`+hide-content-disposition{block}`

`hide-if-modified-since`
: Diese Aktion ist beim Testen neuer Einstellungen nützlich. Sie löscht oder ändert den Eintrag `If-Modified-Since` in den HTTP-Kopfdaten. Somit wird die Webseite bei jedem Abruf wieder neu geladen.
Beispiel: `+hide-if-modified-since{block}`

`hide-from-header`
: Ältere Browser senden die E-Mail-Adresse in dem `From`-Eintrag. Mit der Aktion können Sie diese Kopfdaten blockieren oder eine andere Adresse vorgeben.
Beispiel: `+hide-from-header{adresse@example.org}`

`hide-referrer`
: Wenn Sie einem Link folgen, überträgt der Browser die Ursprungsseite. Dies wird in den `Referrer`-Kopfdaten erfasst. Mit der Aktion lassen sich Parameter festlegen, die bestimmen, wie sich Privoxy verhält. Der Parameter `conditional-block` löscht die Referrer, wenn sich der angefragte Hostname ändert. Der Parameter `block` löscht die Referrer in jedem Fall, und im Fall von `forge` werden die Referrer mit dem Hostnamen einer beliebigen Webseite ersetzt. Des Weiteren kann auch ein beliebiger Text eingegeben werden.
Beispiel: `+hide-referrer{http://www.example.com/}`

`hide-user-agent`
: Der Browser sendet üblicherweise seine Bezeichnung und Versionsnummer in einer Anfrage. Mit der Aktion wird der Wert durch einen anderen überschrieben. Dies ist bei Webseiten sinnvoll, die nur bestimmten Browsern den Zugang gewähren.
Beispiel: `+hide-user-agent{Browser 1.2}`

`limit-connect`
: Diese Aktion legt fest, zu welchen HTTP-Ports eine Verbindung erlaubt ist.
Beispiel: `+limit-connect{80,443}`

`prevent-compression`
: Der Server sendet unter Umständen die Inhalte einer Webseite in komprimierter Form. Der Browser entpackt die Datei und zeigt die Inhalte an. Dies spart Bandbreite. Jedoch kann Privoxy keine Filter auf die Datei anwenden. Bei Benutzung der Aktion werden die Seiteninhalte nicht komprimiert. Das erlaubt es, Filter auf die Inhalte anzuwenden.
Beispiel: `-prevent-compression`

`overwrite-last-modified`
: Der Webserver kann mit einem Dokument Informationen senden, wann eine Seite das letzte Mal geändert wurde. Das lässt sich nutzen, um die Klicks eines Nutzers auf einer Webseite zu verfolgen. Sie können Privoxy mit der Aktion anweisen, das Merkmal vollständig zu blockieren (`block`), einen zufälligen Wert einzutragen (`randomize`) oder den Zeitpunkt der Anfrage zu senden (`reset-to-request-time`).
Beispiel: `+overwrite-last-modified{randomize}`

`redirect`
: Diese Aktion leitet Anfragen zu einer anderen Webseite um. Damit können Sie Seiteninhalte auf einem internen Zwischenspeicher vorhalten. Wenn Ihre Nutzer auf die externe Quelle zugreifen wollen, sorgt Privoxy dafür, dass der Nutzer auf den internen Speicher umgeleitet wird.
Beispiel: `redirect{http://example.org/mirror/}`

`server-header-filter`
: HTTP-Kopfdaten, die vom Webserver kommen, werden gelöscht. Dazu muss ein Filter, wie beispielsweise `werbebild-ersetzen` definiert und als Parameter übergeben werden.
Beispiel: `+server-header-filter{werbebild-ersetzen}`

`server-header-tagger`
: Damit werden Filter, die auf dem `Content-Type` Kopfdaten basieren, aktiviert oder deaktiviert.
Beispiel: `+server-header-tagger{content-type}`

`session-cookies-only`
: Diese Aktion ändert die Cookies so, dass sie vom Browser nur für die aktuelle Sitzung gespeichert werden.
Beispiel: `+session-cookies-only`

`set-image-blocker`
: Wenn die Aktion `handle-as-image` zutrifft, wird der betreffende Inhalt durch ein Bild ersetzt. Mit dieser Aktion legen Sie das Bild fest. Sie können als Parameter `pattern` für ein schachbrettartiges Muster bzw. `blank` für ein transparentes Bild wählen. Des Weiteren können Sie mit einer URL ein Bild auf der Festplatte bzw. im WWW vorgeben.
Beispiel: `+set-image-blocker{pattern}`

Eigene Aktionen definieren

Wollen Sie eigene Regeln definieren, tun Sie das in der Datei `user.action`. Bestehende Aktionen werden in der entsprechenden Datei geändert.[53] Neben der herkömmlichen Bearbeitung in einem Texteditor können Sie die Dateien im Browser bearbeiten. Dann müssen Sie die Aktionen nicht von Hand eingeben, was Schreibfehler und die damit verbundene Fehlersuche vermeidet.

Geben Sie im Browser die Adresse `http://p.p` ein, öffnet sich das Menü von Privoxy. Klicken Sie auf **View & change the current configuration**. Privoxy listet nun die verschiedenen Dateien auf und bietet an, diese anzuzeigen oder zu bearbeiten. Der Menüpunkt **View** wechselt zur Anzeige der Datei. Dabei wird die Datei im Browser so dargestellt, wie sie auf der Festplatte gespeichert ist. Wenn Sie dem Menüpunkt **Edit** folgen, erhalten Sie eine Liste aller Aktionen. Sie können diese bearbeiten, verschieben oder neue hinzufügen.

[53] Derzeit sind das die drei Dateien `standard.action`, `default.action` und `match-all.action`.

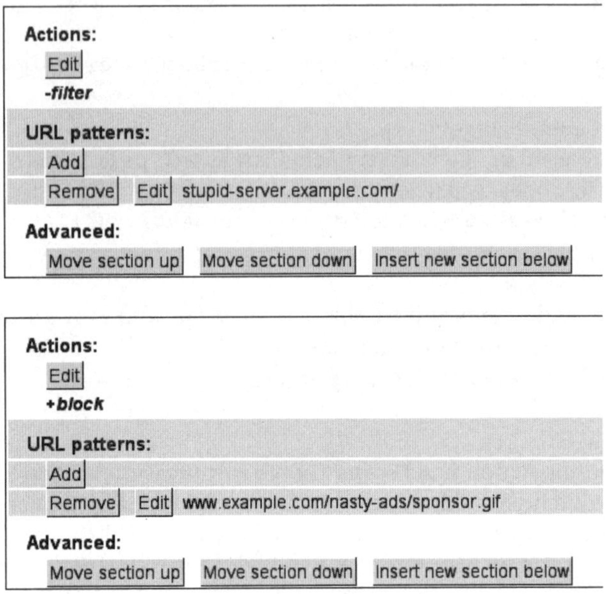

Abbildung 2.10: Beispiel zweier Einträge im Bearbeitungsmenü

Oft wissen Sie schon aus der Vergangenheit, dass bestimmte Webseiten nur Werbung ausliefern. Wenn zum Beispiel von `promote.example.org` nur Werbung kommt, können Sie beschließen, die Seite künftig zu blockieren. Über das Menü im Browser wählen Sie das Menü zum Bearbeiten der Datei `user.action`. Dort wird die Aktion am Beginn der Seite eingefügt. Klicken Sie dazu auf die Schaltfläche **Insert new section at top**. Privoxy fügt ein leeres Aktionsfeld ein. Zum Festlegen einer Aktion klicken Sie auf die Schaltfläche **Edit**. Es öffnet sich eine Unterseite mit allen möglichen Aktionen und definierten Filtern. Da eine Seite blockiert werden soll, genügt es, in der zweiten Zeile (Eintrag `block`) die Box **Enable** anzuklicken.

Danach klicken Sie auf den **Submit**-Button am Beginn oder am Ende der Seite. In dem neu angelegten Abschnitt sehen Sie nun den Eintrag `+block`. Jetzt muss ein Muster für Domainnamen eingegeben werden. Wählen Sie die Schaltfläche **Add** und geben Sie das Muster in die folgende Eingabezeile ein. Für das Beispiel wird in die Zeile `promote.example.com` eingegeben. Nachdem Sie **Submit** gewählt haben, ist der Eintrag vollständig. Privoxy legt aus den Eingaben im Menü einen Konfigurationseintrag an. In der Datei `user.action` befindet sich jetzt der Eintrag:

```
{+block \
}
promote.example.com
```

Wenn Sie versuchen, die Webseite zu öffnen, präsentiert Ihnen Privoxy eine Meldung, dass die betreffende Seite blockiert wurde.

Vor allem bei komplizierteren Regeln kommt es vor, dass sich Privoxy nicht wie gewünscht verhält, also die erwünschte Aktion nicht durchführt. Zur Diagnose bietet die Software eine spezielle Webseite an. Sie zeigt an, welche Regeln für eine bestimmte Seite angewendet werden.[54] Auf der Seite geben Sie die betreffende URL ein. Es werden alle Aktionen getrennt nach Datei aufgelistet, die auf diese URL zutreffen. Sie sehen dann meist schnell, wo der Fehler liegt. Wenn Sie den Fehler gefunden haben, präsentiert Ihnen die Seite eine Schaltfläche, und Sie können die betreffende Datei sofort bearbeiten.

Beispiele für Aktionen

Die folgenden Beispiele verdeutlichen die Anwendung von Aktionen und Filtern und liefern Hinweise für die weitere Benutzung von Privoxy.

Das Beispiel des vorigen Abschnitts demonstrierte, wie ein Filter für einen Domainnamen angelegt wird. Wenn jemand diese Seite abruft, erhält er eine Information, dass die Seite gesperrt wurde. Privoxy bietet an, den Grund für die Sperre anzuzeigen oder trotzdem die Seite zu besuchen. Sie möchten statt dieser Information eine leere Seite oder ein eigenes Bild anzeigen. Im ersten Fall können Sie die bisher getroffenen Einstellungen um die Aktion `handle-as-empty-document` ergänzen.

```
{+block \
+handle-as-empty-document \
}
promote.example.com
```

Die Verwendung der leeren Seite bietet sich auch beim Sperren von JavaScript an. Wenn stattdessen eine Webseite oder ein Bild ausgeliefert wird, kommt es unter Umständen zu Fehlermeldungen im Browser.

Zur Anzeige eines eigenen Bildes statt der gesperrten Webseite sind zwei zusätzliche Aktionen notwendig. Privoxy wird so eingestellt, dass das Programm die blockierte Seite wie ein Bild behandelt. Der Speicherort des Bildes ist über `set-image-blocker` festzulegen.

```
{+block \
+handle-as-image \
+set-image-blocker{http://example.org/pfad/zum/bild.png} \
}
promote.example.com
```

Jetzt zeigt Privoxy für alle Webseiten der Domain `promote.example.com` die Datei `bild.png` an.

[54] `http://config.privoxy.org/show-url-info`

Angenommen Sie nutzen Privoxy innerhalb Ihres Netzwerks. Die Nutzer haben unter anderem die Möglichkeit, ihre E-Mails über eine spezielle Webseite (Webmail) abzurufen. Seit kurzem bieten Sie auch eine verschlüsselte Verbindung zu dem Dienst an und möchten alle Benutzer automatisch zu der neuen Seite umleiten.

```
{+redirect{https://securemail.example.org/} \
}
webmail.example.org
```

Diese Einstellung leitet alle Benutzer von der Unterdomain `webmail` zu der verschlüsselten, neuen Seite um.

Sie wollen Cookies mit Ausnahme der Webmail-Seite vollständig verbieten. Die Benutzer Ihres Netzwerkes erhalten eine Nachricht über das Verbot von Cookies. Die Benachrichtigung der Nutzer übernimmt ein Filter. Der Inhalt einer Webseite beginnt mit dem Element `<body>`. Die Nachricht folgt direkt auf dieses Element.

```
FILTER: nutzer-nachricht Information fuer Benutzer

s+<body>+<body><p>Cookies werden von jeder Webseite geloescht. \
Falls diese Seite nicht das erwartete Verhalten zeigt, \
lesen Sie sich auf unserer \
<a href="http://example.org/cookies/">Informationsseite</a> \
was Sie tun koennen.</p>+
```

Das Plus-Zeichen ist im Beispiel der Trenner zwischen dem Ausdruck zum Suchen und Ersetzen. Der ersetzte Text steht am Beginn einer Webseite und verweist auf weitere Informationen. Dort können Sie beispielsweise den Nutzern ein Formular bereitstellen, mit dem sie eine spezielle Webseite freischalten. Der Filter und die weiteren Aktionen werden in der Aktionsdatei gespeichert.

```
{+crunch-incoming-cookies \
+crunch-outgoing-cookies \
+filter{nutzer-nachricht} \
+filter{content-cookies} \
-session-cookies-only \
}
/
{-crunch-incoming-cookies \
-crunch-outgoing-cookies \
-filter{nutzer-nachricht} \
-filter{content-cookies} \
+session-cookies-only \
}
securemail.example.org
webmail.example.org
```

Der erste Block im Beispiel löscht alle ein- und ausgehenden Cookies und wendet den Filter an. Der Schrägstrich als Suchmuster trifft auf jeden Domainnamen zu. Somit wird die Aktion auf jede aufgerufene Webseite angewendet. Der zweite Block deaktiviert die Maßnahmen des ersten Blocks. Er wendet die Einstellungen auf die Unterdomains `securemail` und `webmail` an. Somit dürfen beide Seiten Cookies setzen.

Die Filter und Aktionen von Privoxy geben dem Programm eine sehr hohe Flexibilität. Sie haben damit Einfluss darauf, wie die Webseiten zum Browser ausgeliefert und welche Inhalte angezeigt werden. Privoxy ist also selbst dann eine gute Ergänzung zum Browser, wenn Ihre Anonymität nicht im Vordergrund steht und Sie lediglich Werbeeinblendungen vermeiden wollen. In Zusammenarbeit mit Anonymisierungssoftware stellt es hingegen ein wichtiges Mittel dar, um durch das gezielte Blockieren von Inhalten auch dort Ihre Privatsphäre zu schützen, wo Anon-Proxys prinzipbedingt nichts ausrichten können.

Kapitel 3

Anonyme Kommunikation mit Remailern

Dieses und die folgenden Kapitel erklären die Grundlagen anonymer Kommunikation im Internet und stellen verschiedene Lösungsansätze und Protokolle vor. Sie verzichten auf zu viel Theorie und erläutern aus der historischen Entwicklung sowie dem praktischen Kontext heraus. Dass zunächst das Versenden anonymer E-Mails und nicht das Browsen im Vordergrund steht, hat – neben besagten historischen Gründen – damit zu tun, dass die Prinzipien von Mail- und Web-Anonymisierung zwar ähnlich sind, sich aber anhand vom E-Mail oft besser darstellen lassen.

Es geht zunächst um Lösungsansätze, die in jüngerer Zeit entwickelt wurden, wobei sich der Fokus von der Kommunikation mit langen Antwortzeiten immer mehr auf kurze Antwortzeiten verschoben hat. Tor (Kapitel 4), JonDo (Kapitel 5) und I2P (Kapitel 6) zielen auf Anwendungen wie Websurfen, Chatten oder Dateiaustausch, bei denen die Nutzer üblicherweise nicht mehrere Stunden oder Tage auf eine Antwort warten wollen.

Im Gegensatz zur Kryptografie, deren Anfänge schon vor Beginn unserer Zeitrechnung liegen, ist die Beschäftigung mit anonymisierter Kommunikation ein relativ junges Gebiet. Ernsthafte Ergebnisse wurden erst gegen Ende des 20. Jahrhunderts erzielt. Wie bereits in der Einleitung erwähnt, ist Anonymität die „Standardeinstellung" im täglichen Leben. Daher war es für Privatpersonen nicht wichtig, sich explizit mit diesem Thema auseinanderzusetzen. Geheimdienste oder andere Organisationen mit Notwendigkeit zum geheimen Austausch von Daten machten sich mehr Gedanken über die Wahrung der Anonymität. Die ersten Ergebnisse solcher Denkprozesse muten wie Geschichten aus einem Kriminalroman an.

Zunächst dienten tote Briefkästen der anonymen Kommunikation. Absender und Empfänger nutzen für den Austausch geheimer Nachrichten einen Ort, der nicht als Briefkasten zu erkennen ist: ein Astloch, der Spülkasten einer Toilette oder Ähnliches. Der Absender hinterlegt dort seine Nachricht und bringt eine Markierung an, um dem Empfänger anzuzeigen, dass eine Nachricht bereitliegt. Dieser holt das Schreiben ab und hinterlässt seinerseits ein Zeichen, das den Empfang bestätigt. Werden beide Parteien überwacht, ist ein solches Versteck rasch zu enttarnen. Zudem bietet das Verfahren sowohl Sender als auch Empfänger keine hinreichende Anonymität, da beide das Versteck kennen und sich dort gegenseitig auflauern könnten.

Zur Wahrung der Anonymität des Empfängers ging man darum dazu über, Zeitungen oder andere, allgemein zugängliche Medien für den Nachrichtenaustausch zu nutzen: Der Sender gibt eine Annonce mit für Außenstehende harmlosem Inhalt auf, der nur vom Empfänger zu „entschlüsseln" ist. Die Sicherheit der Kommunikation hängt von der Sicherheit des im Vorfeld vereinbarten Codes ab. Der Empfänger des (Massen)Mediums ist nicht auszumachen. Diese Technik kommt auch heute noch zum Einsatz, seien es Zeitungen, die als Verteiler genutzt werden, oder etwa das Usenet.[1] Das Usenet stellt unterhalb von `alt.anonymous.*` Diskussionsgruppen zur Verfügung, in denen ausschließlich anonyme Nachrichten gepostet werden.

Vor allem in der Gruppe `alt.anonymous.messages` finden sich zahllose Nachrichten, die verschlüsselt und über ein anonymes Mailsystem, sogenannte Remailer, verschickt wurden. Für Außenstehende ist nicht herauszufinden, wer die Absender dieser Nachrichten sind, denn die Verschlüsselung sorgt dafür, dass nur der vorgesehene Empfänger diese Mitteilung lesen kann. Für alle anderen Nutzer findet sich hier nur Datenmüll.

[1] Das Usenet ist ein Netzwerk von Diskussionsgruppen, die hierarchisch nach Themengebieten sortiert sind. Man kann sie mit „schwarzen Brettern" vergleichen: Ein Nutzer schreibt eine Nachricht (ein sog. Posting), und jeder Interessierte kann diese lesen und auch darauf antworten. Bis auf den Zugriff ist das Usenet den Webforen recht ähnlich.

3.1 Wer sind Alice, Bob und Mallory?

In der Kryptografie hat es sich mittlerweile eingebürgert, für Rollen in der Kommunikation bestimmte Personennamen zu verwenden. Einige der folgenden Namen wurden im Jahr 1978 erstmals von Ron Rivest[2] in einem Artikel für das Journal „Communications of the ACM“ vorgeschlagen, in dem er den Verschlüsselungsalgorithmus RSA vorstellte:

Alice und Bob
: Diese beiden Personen wollen miteinander kommunizieren. In der Regel möchte Alice eine Nachricht an Bob senden. Diese Nachricht soll bestimmte Anforderungen (anonym, nicht für andere lesbar etc.) erfüllen. Beide Personen wird man sehr häufig in der Literatur finden.

Carol (oder Charlie) und Dave
: Diese Personen tauchen als weitere Empfänger von Nachrichten auf, treten jedoch eher selten in Erscheinung.

Eve
: Ihr Name spielt auf das englischen Wort „eavesdropper“ (Lauscher) an. Sie hat also die Rolle des Angreifers, der die Nachrichten zwischen Alice und Bob belauschen kann. Eves Rolle ist rein passiv, d. h. sie kann nicht in die Kommunikation eingreifen.

Mallory
: Er ist der aktive Angreifer. Die Rolle von Mallory ist es, eigene Nachrichten in die Kommunikation einzuschleusen, andere zu verändern oder auch abgehörte Nachrichten wieder in das Netz einzuspeisen. Sein Angriffspotential ist viel größer als das von Eve.

Des Weiteren existieren auch Figuren für die Rollen des Notars (Trent), des Polizisten (Plod), des Einbrechers (Trudy) etc. Diese Rollen benötigt man in Spezialgebieten der Kryptografie bzw. Steganografie.

3.2 Mix-Netze nach David Chaum

Mit der stärkeren Verbreitung und kommerziellen Nutzung des Internet wurden sich auch dessen Nutzer mehr und mehr bewusst, dass sie in diesem neuen Medium Spuren hinterlassen, die sich jederzeit zurückverfolgen und zur Erstellung von Persönlichkeitsprofilen missbrauchen lassen. Daher wurde es immer wichtiger, sich mit Techniken zur Aufrechterhaltung der Privatsphäre auseinanderzusetzen. Ein Mittel ist der Einsatz von Anonymisierungsdiensten.

[2] Amerikanischer Kryptologe und Miterfinder des Verschlüsselungsalgorithmus RSA.

Der Informatiker David Chaum veröffentlichte im Jahr 1981 den Artikel „Untraceable electronic mail, return addresses, and digital pseudonyms".[3] Darin beschreibt er, wie unter Einsatz von Kryptografie Anonymität in der Kommunikation erreicht wird. Seine Arbeit enthält nach wie vor fundamentale Erkenntnisse für die Forschung über Anonymität bzw. deren Anwendung. Chaum stellt in dem Artikel das Prinzip der Mixe vor.

Mixe kann man sich als Postämter vorstellen, die von verschiedenen Personen bzw. Organisationen betrieben werden. Wenn Alice eine Nachricht an Bob schicken will, schreibt sie wie gewohnt ihre Nachricht und verpackt sie in einen Briefumschlag. Der Brief wird an Bob adressiert. Jetzt wählt Alice Postämter (Mixe) aus und steckt den verschlossenen Brief in einen neuen Briefumschlag. Der Umschlag bekommt die Adresse des ersten Postamtes und wird seinerseits wieder in einen Briefumschlag gesteckt. Auf diesen schreibt Alice die Adresse des zweiten Postamtes und nimmt sich einen neuen Umschlag. Dieses Prozedere wiederholt sie für alle gewählten Postämter. Am Ende schickt Alice ihren Brief an das zuletzt gewählte Postamt. Dort wird der Brief geöffnet und der äußere Umschlag entfernt. Für den nächsten Empfänger in der Kette ist der ursprüngliche Absender nicht mehr ersichtlich.

Das Postamt sammelt eine Reihe von Briefen verschiedener Absender und sendet diese in zufälliger Reihenfolge weiter. Von dem Mischen der hereinkommenden Post leitet sich auch der Name „Mix" ab. Eve, die die ein- und ausgehenden Briefe sieht, kann so nicht schlussfolgern, welcher Brief zu Alice gehört. Alice' Brief wird solange von den Postämtern weitergeschickt, bis der Brief im letzten Amt ankommt. Von dort wird er an Bob geleitet.

Bob sieht als Absender das letzte Postamt, und jedes der vorhergehenden Postämter kann im besten Fall[4] nur das vorhergehende und das folgende Amt ermitteln. Das bedeutet, dass Alice mindestens zwei Mixe verwenden muss, um Anonymität zu erlangen. Protokolle, die auf der Veröffentlichung von Chaum aufbauen, verwenden in der Regel mehr als zwei Mixe. Es ist wichtig, dass mindestens einer der Mixe vertrauenswürdig ist und dass die verwendeten Mixe nicht alle von derselben Institution betrieben werden, um Missbrauch zu vermeiden.

Wesentlich an Chaums Prinzip ist das Fehlen einer zentralen Instanz, der alle Parteien vertrauen müssen. Das System ist nur zu kompromittieren, wenn alle Betreiber von Mixen miteinander kooperieren bzw. es nur einen einzigen Betreiber gibt. Gleichzeitig ging Chaum vom Vorhandensein eines starken globalen Angreifers aus, der die Möglichkeit hat, das komplette Netz zu überwachen und Nachrichten beliebig zu ändern oder zurückzuhalten. Das Konzept der Mixe bietet auch gegen diesen Angreifer Schutz.

[3] In: „Communications of the ACM" 4(2), February 1981; `http://freehaven.net/anonbib/cache/chaum-mix.pdf`.

[4] Im Beispiel sei vorausgesetzt, dass jedes Postamt nur den äußeren Umschlag öffnen kann. In der Praxis wird dies durch den Einsatz von Kryptografie erreicht.

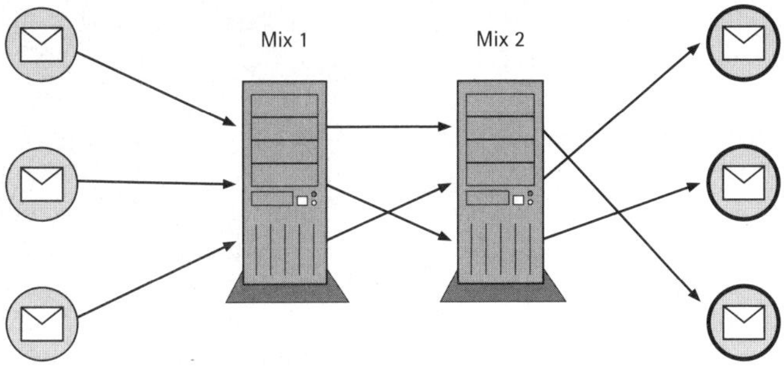

Abbildung 3.1: Prinzip der Mixe nach Chaum

David Chaum hat in den folgenden Jahren weitere viel beachtete Publikationen veröffentlicht, die Firma DigiCash gegründet sowie auch die International Association of Cryptographic Research (IACR). Seine Ideen sind Grundlage vieler Systeme, die den Datenaustausch sichern. Das oben vorgestellte Konzept der Mixe wird uns später bei den Remailern wieder begegnen.

3.3 Der Remailer anon.penet.fi

Die erste öffentlich nutzbare Anwendung entstand Ende der achtziger Jahre. Der finnische Netzwerkadministrator Johan „Julf" Helsingius baute in Finnland verschiedene Netzwerke auf und betrieb einen Usenetserver. Zu dieser Zeit begann eine Diskussion, dass jeder Teilnehmer im Usenet seinen wirklichen Namen an Nachrichten anhängen und dass jeder für seine Nachrichten verantwortlich sein sollte. Helsingius argumentierte, dass Teilnehmer immer einen Weg finden, solche Beschränkungen zu umgehen. Um dies zu beweisen, schrieb und veröffentlichte er ein kleines Programm, das Nachrichten pseudonymisiert. Das Programm ließ er auf seinem Server mit dem Namen `anon.penet.fi` laufen, und schon bald wurde es von vielen genutzt.

Aufgrund des großen Zuspruchs der Nutzer entschied er, den Dienst permanent anzubieten und die Software weiter zu verbessern. Gleichzeitig bewies er damit auch sein Argument, dass sich Nutzer nicht durch technische Verfahren beschränken lassen, denn es wird immer technische Lösungen geben, die diese Beschränkungen umgehen.

In diesen Zusammenhang passt ein Zitat des Cypherpunks John Gilmore (vgl. Abschnitt 3.5) aus dem Jahr 1993: „The Net treats censorship as damage and routes around it."[5] Diese Worte haben sich als wahr erwiesen, denn wann immer es Versuche von Zensur im Internet gab oder gibt, keimt sofort Widerstand unter den Nutzern auf, und es werden Anleitungen oder Programme angeboten, mit denen diese Zensur umgangen werden kann.

3.3.1 Funktionsweise

Der Server anon.penet.fi gewährte seinen Benutzern lediglich Pseudonymität. Nach der Anmeldung erhielt man eine Nutzerkennung, die in einer Datenbank abgelegt wurde. Die Datenbank ermöglicht allerdings eine Zuordnung von Nutzerkennung und E-Mail-Adresse durch das Programm oder den Systembetreuer, aber eben auch durch einen eventuellen Angreifer.

Wer eine Nutzerkennung erhalten wollte, musste eine E-Mail an die Adresse `anon@anon.penet.fi` schreiben. Helsingius vergab dann die Nutzerkennnung in der Form `anXXXXX`, wobei jedes X für eine Zahl zwischen 0 und 9 steht. Danach konnte man den Server für den Versand von Nachrichten nutzen. Dazu schrieb man seine Nachricht und adressierte sie an `anon@anon.penet.fi`. Das Programm auf dem Server ordnete die E-Mail-Adresse der richtigen Kennung zu, entfernte Einträge aus dem Kopf der E-Mail und ersetzte die E-Mail-Adresse durch die Nutzerkennung. Im Anschluss sendete der Server die E-Mail an die in der Originalmail angegebene Adresse.

Der Empfänger sah somit nur die Nutzerkennung des Absenders sowie diverse Informationen, die der versendende Server mitlieferte. Im Allgemeinen war es nicht möglich, aufgrund der Daten auf den ursprünglichen Versender zu schließen. Der Empfänger der E-Mail hatte jedoch die Möglichkeit, auf die pseudonyme Nachricht zu antworten. Die Antwort wurde wieder an den Server anon.penet.fi geschickt, der aus seiner Datenbank die pseudonyme Kennung durch die reale E-Mail-Adresse ersetzte.

Der Server ließ sich sehr einfach bedienen, was ihn unter den Nutzern sehr beliebt machte. Gegen Endes des Jahres 1996 hatte der Dienst eine halbe Million Nutzer und verschickte täglich mehr als 10 000 Nachrichten.

3.3.2 Angriffe auf den Server

Helsingius erhielt von Beginn an viel Zuspruch für seinen Dienst. Doch immer wieder versuchten Firmen, Organisationen oder einzelne Personen, die Identitäten der pseudonymen Nutzer herauszubekommen. Diese Anfragen wurden vom Betreiber stets abgewehrt – bis zum Jahr 1995.

[5] Philip Elmer-Dewitt: First Nation in Cyberspace. TIME International, No. 49. 6. Dezember 1993. `http://www.chemie.fu-berlin.de/outerspace/internet-article.html`

Ein Nutzer mit der Kennung `an144108` nutzte anon.penet.fi in dieser Zeit, um Interna von Scientology zu veröffentlichen. Scientology setzte daraufhin Anwälte ein, um Helsingius' Server abzuschalten und den Namen des Kritikers zu erhalten. Im Februar 1995 wurden dann Interpol und finnische Behörden eingeschaltet. Da die Polizei damit drohte, den kompletten Server zu beschlagnahmen, stand Helsingius vor der Wahl, die Identität einer einzelnen Person zu enthüllen oder durch die Beschlagnahmung alle Nutzer ihrer Anonymität zu berauben. Er entschied sich für die erste Alternative.

Auch in der folgenden Zeit gab es immer wieder Versuche, Zugriff auf die Kennungen der Nutzer zu erhalten. Beispielsweise versuchte die Regierung von Singapur, die Daten eines Nutzers zu bekommen, der sich in der Newsgroup `soc.culture.singapore` kritisch über die Regierung geäußert hatte. Helsingius musste die Daten des Nutzers nicht herausgeben, da es sich hierbei nicht um eine Straftat nach finnischem Recht handelte. Auch Scientology versuchte noch mehrmals – dann aber erfolglos – Daten der Nutzer zu gewinnen.

Doch ein Jahr später eskalierte die Situation erneut. 1996 beschuldigte die englische Zeitung „The Observer" Helsingius, für 90 % aller Kinderpornographie im Internet verantwortlich zu sein. Das Blatt behauptete, dass Bilder mit pornographischen Inhalten über seinen Dienst verschickt wurden. Infolgedessen nahm die finnische Polizei Ermittlungen gegen ihn auf und stellte später fest, dass es zu dem Zeitpunkt technisch unmöglich war, Bilder und andere E-Mail-Anhänge über anon.penet.fi zu versenden. Gleichzeitig begann die amerikanische Bürgerrechtsorganisation Electronic Frontier Foundation Spenden für mögliche Gerichtsverfahren gegen Julf zu sammeln, denn es stand immer noch die Möglichkeit im Raum, im Rahmen von Gerichtsverfahren die Nutzerkennungen zu ermitteln.

Nachdem die Attacken weiter anhielten und auch keine Rechtssicherheit bestand, entschied sich Helsingius am 30. August 1996 anon.penet.fi abzuschalten, was er in einer öffentlichen Erklärung bekanntgab:[6]

> Ich werde den Remailer bis auf weiteres schließen, da die das Internet betreffenden Rechtsfragen in Finnland noch ungeklärt sind. Der rechtliche Schutz der Nutzer Bedarf der Klärung. Derzeit ist der Datenschutz von Internet-Nachrichten rechtlich unklar [...] Ich wurde auch wegen des Remailers persönlich zum Angriffsziel. Die ungerechtfertigten Vorwürfe beeinträchtigen sowohl meinen Job als auch mein Privatleben.

Die Abschaltung führte zu einem Aufschrei in der Netzgemeinde, die den Vorfall als Angriff auf das Grundrecht der freien Rede verstand. Doch trotz

[6] `http://www.eff.org/Censorship/Foreign_and_local/Finland/960830_penet_closure.announce`

aller Proteste und Sympathiebekundungen blieb der Dienst abgeschaltet. Helsingius wurde später mit dem EFF Pioneer Award ausgezeichnet.[7]

Server, die Internetnachrichten pseudonymisieren oder anonymisieren, bezeichnet man als *Remailer*. Der Remailer anon.penet.fi wird heute als sogenannter Typ-0-Remailer klassifiziert. Insgesamt existieren Remailer vom Typ 0 bis Typ III. Diese sind aufsteigend nach ihrer Leistungsfähigkeit geordnet.

Schon während des Betriebes von Helsingius' Remailer gingen zahlreiche ähnliche Server ans Netz. Doch aufgrund der Vorfälle in Finnland erkannten einige Betreiber die Datenbank mit den Nutzerkennungen als größte Schwachstelle des Systems und versuchten, diese auszumerzen.

3.4 Nymremailer

Nymremailer (auch „Nymserver" genannt) gehört ebenfalls zur Gruppe der Typ-0-Remailer. Die Software ermöglicht es Benutzern, E-Mails oder Usenetnachrichten pseudonym zu versenden und auch wieder eine Antwort zu empfangen. Einer der bekanntesten Nymserver war `nym.alias.net`. Das folgende Beispiel bezieht sich auf diesen Server. Die Bedienung anderer Nymserver ist meist sehr ähnlich.

Nymserver sind nicht darauf ausgelegt, Anonymität zu bieten, sondern die reale E-Mail-Adresse auf ein Pseudonym abzubilden. Dieses wählt der Benutzer anfangs selbst und erstellt sich ein dafür gültiges PGP-Schlüsselpaar.

Die E-Mail-Adresse ergibt sich aus dem Pseudonym und dem Domainnamen `nym.alias.net`. Wählen Sie als Pseudonym `neuername`, ist die E-Mail-Adresse `neuername@nym.alias.net` bei der Schlüsselerzeugung anzugeben. Nun ist für das Pseudonym ein Antwortblock (Reply Block) anzulegen. Dieser gibt dem Nymserver Anweisung, wie eine Antwort durch das Netzwerk zu leiten ist.

Üblicherweise werden anonyme Remailer zum Versand der Antwort benutzt. Dabei wird der Block schichtweise verschlüsselt und mit Routinginformationen versehen. Beim Anlegen des Antwortblocks beginnt man mit dem innersten Teil. Dieser enthält die Anweisung, an welche reale Adresse die E-Mail zu leiten ist und mit welchem Passwort die Nachricht verschlüsselt wird. Weiterhin können Informationen zur Konfiguration eingefügt werden.

```
::
Anon-To: mustermann@example.org
Encrypt-Key: meingeheimespasswort1

 (<Leerzeichen>)
```

[7] `http://www.eff.org/awards/pioneer/1997.php`

Diese Zeilen werden in einer Datei gespeichert. Nun wählt der Nutzer einen oder mehrere Remailer aus und verschlüsselt die Datei mit dem öffentlichen Schlüssel eines Remailers. Die dabei entstehende verschlüsselte Datei wird wiederum um Routinginformationen ergänzt.

```
::
Anon-To: remailer@anon.example.com
Encrypt-Key: meingeheimespasswort2

::
Encrypted: PGP

-----BEGIN PGP MESSAGE-----
Version: GnuPG v1.4.6 (GNU/Linux)

jA0EAwMC2x0BUFZ7hFtgyVdOVWsCLr+hHMvgt4wNisWFN8/Sx8+bu0t+YZkfvlyF
kAxE/BPGaiKr/HCtP4AP5mI04eqHH4Psd1LOgI2GcNdCtT7cBDclIRwr6/tgUnD0
K48ZVI7esJA=
=yzTi
-----END PGP MESSAGE-----
  **
```

Diese Informationen werden mit dem öffentlichen Schlüssel des zweiten Remailers verschlüsselt. Jetzt können wieder Routinginformationen angehängt und ein weiterer Remailer ausgewählt werden. Am Ende ist so der komplette Antwortblock entstanden.

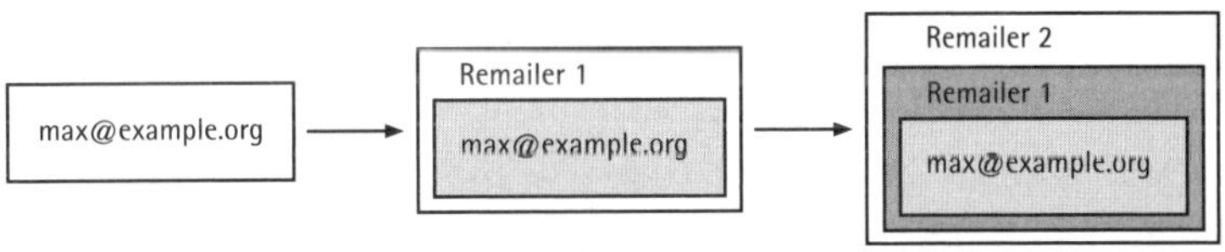

Abbildung 3.2: Vorgehensweise beim Anlegen eines Antwortblocks

Aus dem erzeugten PGP-Schlüsselpaar und dem Antwortblock wird nun eine Nachricht zusammengestellt, die auf dem Nymserver das Pseudonym erzeugt. Zu Beginn der E-Mail an den Nymserver stehen Informationen zur Konfiguration. Diese Informationen bestehen aus dem Pseudonym und Nymkommandos. Das Nymkommando legt fest, ob ein neues Konto angelegt (create) oder gelöscht (delete) wird.

Weiterhin werden bestimmte Optionen mit +<Optionsname> aktiviert oder mit -<Optionsname> deaktiviert. Die einzelnen Optionsnamen können vom Nymserver unter der Adresse help@nym.alias.net bezogen werden. Der Server antwortet daraufhin mit einem Hilfetext, in dem die Benutzung des Programms und die Optionen beschrieben sind.[8]

[8] Eine Kopie des Textes finden Sie auf http://quicksilvermail.net/help@nym.alias.net.html und die deutsche Übersetzung auf http://www.iks-jena.de/mitarb/lutz/anon/n.a.n.help.html.

Auf die Anweisungen zur Konfiguration folgt der öffentliche Schlüssel, der für das Pseudonym angelegt wurde; der dritte Teil ist der Antwortblock (siehe Abbildung 3.3).

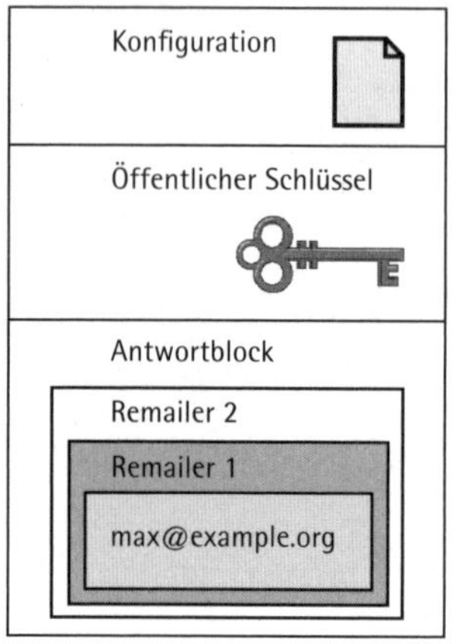

Abbildung 3.3: Struktur der Nachricht zum Anlegen eines Pseudonyms

Der Empfänger ist `config@nym.alias.net`. Die erste Zeile in der E-Mail muss `Config:` lauten, andernfalls wird die E-Mail vom Server verworfen.

```
Config:
From: neuername
Nym-Commands: create +acksend +fingerkey +fixedsize
Nym-Commands: name="Hans Mustermann"
Public-Key:
-----BEGIN PGP PUBLIC KEY BLOCK-----
Version: GnuPG v1.4.6 (GNU/Linux)

gWvOCHAKStHCeCOK0yY670au+2NExhYfUEQvQhwhs4+x3kilu8jJSX6QT9GLqpQc
[...]
NizuCXfo8NYAoLTxhaPDr0UBo1EZ07tdOemhvxqQAJ4nYrl+0GO4RZFICJY90z2B
orX3+Q==
=xcIg
-----END PGP PUBLIC KEY BLOCK-----
Reply-Block:
::
-----BEGIN PGP MESSAGE-----
Version: GnuPG v1.4.6 (GNU/Linux)

jA0EAwMC2x0BUFZ7hFtgyVdOVWsCLr+hHMvgt4wNisWFN8/Sx8+bu0t+YZkfvlyF
kAxE/BPGaiKr/HCtP4AP5mI04eqHH4Psd1LOgI2GcNdCtT7cBDclIRwr6/tgUnD0
K48ZVI7esJA=
=yzTi
-----END PGP MESSAGE-----

**
```

Der Nymserver sendet eine Bestätigungsnachricht an den Absender. Es kann unter Umständen länger als 24 Stunden dauern, bis diese eintrifft. Nach dem Erhalt der Nachricht steht das Pseudonym zur Verfügung.

```
From: neuername@nym.alias.net
To: bob@empfang.example.org
Subject: Testnachricht

Hallo Bob,
du erhältst hier meine erste pseudonyme Nachricht.
```

Haben Sie die E-Mail verfasst, signieren Sie sie mit dem privaten Schlüssel Ihres Pseudonyms. Damit kann der Nymserver prüfen, ob Sie den Schlüssel besitzen und die Nachricht verändert wurde. Schließlich verschlüsseln Sie die E-Mail mit dem öffentlichen Schlüssel des Nymservers. Danach wird sie an `send@nym.alias.net` geschickt. Der Nymserver entschlüsselt daraufhin die Nachricht und setzt Ihr Pseudonym `neuername@nym.alias.net` als Absender ein, bevor er die Nachricht an den Empfänger schickt.

Will der Empfänger auf die E-Mail antworten, kann er wie gewohnt die Antwortfunktion seines Mailprogramms nutzen. Die Nachricht erreicht wieder den Nymserver. Dieser verschlüsselt die E-Mail mit dem öffentlichen Schlüssel des Pseudonyms und signiert das Ergebnis mit seinem privaten Schlüssel. Weiterhin wird die E-Mail-Adresse des Pseudonyms mit der richtigen E-Mail-Adresse ausgetauscht. Jetzt kommt der Antwortblock ins Spiel.

Wenn im Befehl `Encrypt-Key` ein Passwort angegeben wurde, verschlüsselt der Nymserver die E-Mail mit dem Passwort und sendet die Nachricht an den Remailer, der im Feld `Anon-To` steht. Sollte kein Passwort angegeben sein, wird die E-Mail im Klartext weitergeschickt. Der erste Remailer entschlüsselt den Antwortblock und findet dort die Adresse des nächsten Servers und eventuell ein Passwort. Das Passwort wird gegebenenfalls wieder zur Verschlüsselung genutzt. Der Server gibt dann die Nachricht an den nächsten Remailer weiter. Jeder weitere im Antwortblock angegebene Remailer verfährt wie beschrieben. Wenn die E-Mail beim Empfänger angekommen ist, muss dieser die Passwörter seines Antwortblocks nutzen, um die E-Mail zu entschlüsseln. Zuletzt erhält er so die originale Antwort.

In der Regel wird ein Nymserver zusammen mit einem anonymisierenden Remailer benutzt. Dadurch kann der Benutzer den Nachteil der fehlenden Antwortmöglichkeit bei Remailern ausgleichen. Eine derartige gemeinsame Nutzung wird in der Regel als *Hybridremailer* bezeichnet.

3.5 Cypherpunk-Remailer

Eine wirkliche Weiterentwicklung waren die Cypherpunk-Remailer, auch Typ-I-Remailer genannt. Der Name stammt von einer Gruppe von IT-Spezialisten, die sich für Kryptografie und den Schutz der Privatsphäre interessieren. Sie nennen sich selbst Cypherpunks, ein Wortspiel aus „Cipher" (engl. für Verschlüsselung), „Cyber" und „Punk". Die Cypherpunks nutzten meist Mailinglisten und das Usenet zur Kommunikation.

Die Cypherpunks griffen zu Beginn der 90er Jahre die Ideen von David Chaum auf und entwarfen ein neues Remailermodell, das seit etwa 1992 im Einsatz ist. Anfänglich gab es Entwicklungen, die sich in der Implementierung stark unterschieden. Das ging soweit, dass einzelne Modelle untereinander inkompatibel waren. Diese Startschwierigkeiten sind behoben, und die heute verfügbaren Cypherpunk-Remailer sind zueinander kompatibel.

3.5.1 Funktionsweise

Wie bereits in Abschnitt 3.2 erwähnt, bestand Chaums Vorschlag in der Errichtung von Postämtern (Mixen). Die Postämter bei den Cypherpunk-Remailern sind durch Server realisiert, an die verschlüsselte Nachrichten gesendet werden. Jede Nachricht wird Schritt für Schritt mit dem öffentlichen Schlüssel eines Servers verschlüsselt. Hinzu kommen Informationen, wie die entschlüsselte Nachricht weiter zu versenden ist. Jeder Server kann dann mit seinem privaten Schlüssel die äußerste Verschlüsselung der E-Mail auflösen. Das ermöglicht ihm, die Routinginformationen zu lesen, die er zur Weitergabe der E-Mail benötigt.

Angenommen Alice möchte Bob eine anonyme Nachricht über einen Cypherpunk-Remailer zukommen lassen. Wie gewohnt schreibt sie erst die E-Mail und verschlüsselt diese dann mit dem öffentlichen Schlüssel von Bob.[9] Nun wählt Alice verschiedene Remailer aus und stellt diese zu einer Kette zusammen. Die E-Mail wird dann von einem Remailer zum nächsten innerhalb der Kette geschickt. Der letzte Remailer verschickt die Nachricht an Bob. Die Informationen, welche Server verfügbar sind, befinden sich auf verschiedenen Webseiten. Viele Betreiber von Remailern unterhalten auch sogenannte Pinger. Diese versuchen, in regelmäßigen Abständen andere Server zu kontaktieren und werten aus, ob die Rechner verfügbar waren und wie lange die Antwort dauerte. Diese Statistiken findet Alice dann beispielsweise auf den Seiten `http://www.noreply.org/echolot/` oder `http://anonymitaet-im-inter.net/echolot/`.

Alice schickt nun an alle ausgewählten Remailer eine Nachricht mit dem Betreff `remailer-key`. Damit fordert sie deren öffentliche Schlüssel an. Nachdem sie diese erhalten hat, trägt sie als Empfänger ihrer E-Mail den ersten Remailer in der Kette ein. Außerdem erweitert sie den Text der E-Mail um Versandinformationen. Diese entsprechen dem Antwortblock eines Nymservers, wie in Abschnitt 3.4 beschrieben.

[9] Dieser Schritt könnte theoretisch auch wegfallen, aber dann könnte der letzte Remailer die Nachricht lesen und möglicherweise weitere Informationen gewinnen.

```
::
Anon-To: bob@example.org

::
Encrypted: PGP

[verschlüsselte E-Mail an Bob]
```

Die Versandinformationen sind für den letzten Remailer in der Kette bestimmt. Er erfährt so, an welche Adresse die E-Mail zu senden ist. Alice verschlüsselt die um Versandinformationen erweiterte E-Mail mit dem Schlüssel des letzten Remailers der Kette. Nun erweitert sie die Nachricht wieder um Versandinformationen für den vorletzten Remailer.

```
::
Anon-To: vorletzter-remailer@example.com

::
Encrypted: PGP

[verschlüsselte E-Mail an den letzten Remailer]
```

So verfährt Alice für alle weiteren Remailer in der von ihr gewählten Kette. Am Ende erhält sie eine E-Mail, die an den ersten Remailer in der Kette gerichtet und verschlüsselt ist. Sie sendet dem Server die Nachricht.

Jeder Remailer entschlüsselt die E-Mail mit seinem privaten Schlüssel und findet zwei Informationen. Dies ist zum einen die E-Mail-Adresse der nächsten Stelle. Das kann ein Remailer oder auch der Empfänger (Bob) sein. Zum anderen findet sich dort ein verschlüsselter Block. Dieser ist für den Remailer wertlos, da er nicht im Besitz des privaten Schlüssels ist. Erst der nächste Empfänger kann den Block wieder entschlüsseln. Somit kann jeder Server in einer Remailerkette nur die für ihn bestimmten Inhalte lesen. Weiterhin kann er erkennen, woher die E-Mail kam und wohin sie geschickt wird. Mehr Informationen stehen jedem einzelnen Remailer nicht zur Verfügung. Dieser Aufbau entspricht auch dem oben beschriebenen Konzept von Chaum.

Nach erfolgter Entschlüsselung schickt der Remailer den verschlüsselten Block an die angegebene E-Mail-Adresse. Der dortige Server wird die Nachricht wieder entschlüsseln und weiterschicken. Dies wiederholt sich solange, bis die Nachricht bei Bob angekommen ist. Bob sieht als Absender den letzten Remailer der Kette und kann nicht erkennen, welchen Weg die E-Mail genommen hat.

Die Benutzung der Cypherpunk-Remailer war anfangs recht kompliziert und fehleranfällig, da die oben beschriebenen Schritte manuell durchzuführen waren. Erst nach und nach entstanden Programme, die dem Nutzer das Verschlüsseln und Einfügen der speziellen Versandinformationen abnahmen. Heute sind die Programme zumeist einfacher bedienbar.

3.5.2 Angriffe gegen Cypherpunk-Remailer

Die Typ-I-Remailer sind wesentlich sicherer als die pseudonymen Remailer des Typs 0, jedoch weisen auch sie Schwachstellen auf. Angenommen Alice, Bob und Charlie tauschen gegenseitig anonyme Nachrichten aus. Alice hat kürzlich einige schöne Aufnahmen mit ihrer Digitalkamera gemacht und möchte diese ihren Freunden zukommen lassen. Sie schickt Bob einen Link zu einer Webseite, auf die sie die Bilder hochgeladen hat, und Charlie bekommt drei Bilder direkt als Anhang an die E-Mail. Beide E-Mails schickt Alice über eine Kette von Cypherpunk-Remailern.

Versetzen wir uns nun in die Rolle des Angreifers. Dann haben wir die Möglichkeit, alle Remailer zu beobachten. Somit sehen wir, welche Nachrichten von Remailern und an Remailer geschickt werden. Bei all diesen Servern gehen natürlich jede Minute viele Nachrichten ein und aus. Wir wollen jedoch versuchen herauszufinden, an wen Alice ihre E-Mails schickt.

Zunächst erkennen wir, dass ein Remailer[10] zwei E-Mails von Alice entgegennimmt. Eine der Nachrichten ist recht klein, während die andere groß ist. Wir wissen, dass der Server nun entschlüsselt und beide E-Mails weiterschickt. Jede Verschlüsselung fügt einer Nachricht eine kleine Menge an Daten hinzu, d. h. eine verschlüsselte Datei ist größer als das Original. Dementsprechend entfernt die Entschlüsselung diese Informationen wieder und somit wird eine entschlüsselte Nachricht kleiner. Wir müssen also auf Nachrichten achten, die kleiner als die Originalnachricht sind.

Weiterhin wissen wir, dass Alice beide Nachrichten fast gleichzeitig versandt hat, also werden diese auch den Remailer in etwa zur selben Zeit wieder verlassen.

Wir kennen also die Nachrichtengröße und den Zeitpunkt des Versands. So schränken wir die Zahl der Nachrichten stark ein. Im besten Fall ist es uns möglich, sogar genau Alice' E-Mail zu erkennen. Der Ansatz funktioniert bei jedem Remailer in der Kette, und so ist es uns möglich, die Empfänger der E-Mails zu erkennen oder zumindest sehr stark einzugrenzen.

Diese Art der Beobachtung des Netzverkehrs und auch die Störung desselben, um Informationen zu gewinnen, wird im Englischen als *Traffic Analysis* (Analyse des Netzverkehrs, Verkehrsdatenanalyse oder einfach Verkehrsanalyse) bezeichnet. Für den Angreifer ist dies ein sehr mächtiges Werkzeug. Beim Design bzw. der Prüfung von anonymisierenden Protokollen wird meist von einem Angreifer ausgegangen, der global Verkehrsanalyse durchführen kann. Anhand der Ergebnisse lassen sich dann Schlüsse über die Sicherheit des Protokolls ziehen.

Ein praktisches, anschauliches Beispiel liefern die Vorratsdaten des Politikers Malte Spitz. Wie bereits in der Einleitung geschrieben, war in Deutsch-

[10] Theoretisch wäre es auch möglich, dass Alice die E-Mails an verschiedene Remailer sendet.

land für einige Zeit die Vorratsdatenspeicherung in Kraft. Demnach mussten alle Internetprovider speichern, wer mit wem wann telefoniert hat, wo sich Handys aufhalten und weiteres mehr. Dies passierte anlasslos für alle Einwohner. Im März 2010 erklärte das Bundesverfassungsgericht diese Regelung für nicht vereinbar mit dem Grundgesetz, und alle Vorratsdaten mussten unverzüglich gelöscht werden. Malte Spitz ist Mitglied des Bundesvorstand vo Bündnis90/Die Grünen. Er klagte bei der Deutschen Telekom auf Herausgabe seiner Vorratsdaten. In Zusammenarbeit mit der Wochenzeitschrift „Die Zeit" visualisierte er die Daten. Die Webseite zeigt jedem an, wo sich Malte Spitz aufhielt und wohin er sich bewegte. Weiterhin wurden die Daten mit öffentlich verfügbaren Daten der Webseite, des Twitter-Kontos und anderer angereichert. Damit ergibt sich ein sehr tiefgehender Einblick in das Leben eines Menschen. Natürlich können diese Daten automatisiert ausgewertet werden. Damit sind sehr schnell reale soziale Verbindungen zwischen Personen aufzeigbar. Wissenschaftlern ist es gelungen, sowohl persönliche Beziehungen wie auch sexuelle Präferenzen anhand von Verbindungsdaten automatisiert herauszufinden. Alle diese Techniken sind unter dem Begriff der Verkehrsdatenanalyse zusammengefasst.

Im Falle der Cypherpunk-Remailer ist das Angriffsmodell der Verkehrsdatenanalyse derart mächtig, dass es unter entsprechenden Voraussetzungen möglich ist, die Anonymität aufzuheben. Wir können aber sogar noch einen Schritt weiter gehen. Statt nur passiv mitzuhören, fangen wir die Nachrichten von Alice ab und verschicken diese nochmals. Da der Weg der E-Mail fest vorgegeben ist, wird sie also denselben Weg nehmen. Durch das wiederholte Einspielen in die Remailerkette, einen sogenannten Replay-Angriff, gewinnen wir mehr Sicherheit über den Weg der E-Mail und verringern den Grad an Anonymität, den Alice erreicht.

Diese verschiedenen Möglichkeiten, einen Cypherpunk-Remailer anzugreifen, wurden zuerst von Lance Cottrell veröffentlicht.[11] In seinem Artikel beschreibt er die möglichen Angriffe und schlägt gleichzeitig eine Lösung vor. Diese resultiert im Remailer des Typs II (Mixmaster).

3.6 Mixmaster

Lance Cottrell behebt in seinem Vorschlag die wesentlichen Schwächen des Cypherpunk-Formats. Mixmaster speichert eingehende E-Mails zunächst und schickt sie dann zu zufällig gewählten Zeitpunkten weiter. Weiterhin ist die Nachrichtengröße fest vorgegeben. Zur einfacheren Bedienung ist ein Programm vorgesehen, das die Nachricht zusammensetzt, so dass fehlerträchtige Arbeitsschritte auf Benutzerseite entfallen.

[11] Lance Cottrell, „Mixmaster & Remailer Attacks", 1994. `http://web.inf.tu-dresden.de/~hf2/anon/mixmaster/remailer-essay.html`

Die Software ist seit ca. 1995 im Einsatz und auch heute noch das meistbenutzte Remailernetzwerk. Das Mixmaster-Protokoll setzt die Erkenntnisse von David Chaum in die Praxis um und erreicht so einen sehr hohen Grad an Anonymität. Die Spezifikation des Protokolls ist auf der Webseite von Len Sassaman[12] verfügbar. Die in den Abschnitten 3.6.3 bis 3.6.9 vorgestellten Programme setzen die Spezifikation in die Praxis um.

3.6.1 Funktionsweise

Im Gegensatz zu den Cypherpunk-Remailern übernimmt ein Programm die Zusammenstellung der Nachricht. Dieses nimmt die Nachricht entgegen und entfernt alle Kopfzeilen, die den Absender identifizieren könnten. Danach wird die Nachricht in gleich große E-Mails zu je 20 kB geteilt. Sollte sie kleiner sein, werden zufällige Daten an das Ende der E-Mail angehängt. Nun sucht sich das Programm eine Kette von Remailern aus und versendet darüber die Nachricht. Dabei geht das Programm ebenso vor wie bei den Cypherpunk-Remailern, d. h. die Nachricht wird zunächst mit dem öffentlichen Schlüssel des letzten Remailers in der Kette verschlüsselt. Die resultierende Nachricht wird dann mit dem öffentlichen Schlüssel des vorigen Remailers verschlüsselt und so fort.

Wenn die Nachricht beim ersten Remailer ankommt, wird sie mit dessen privatem Schlüssel entschlüsselt. Danach prüft er die Integrität der Nachricht anhand der Signatur. So vermeidet man, dass eine gefälschte Nachricht eingeschleust wird oder dass gleiche Nachrichten mehrfach in das Netz gelangen. Nach diesen Prüfungen speichert der Remailer die E-Mail in einem Nachrichtenpool. Dort werden alle E-Mails solange zurückgehalten, bis der Pool gefüllt ist. Sollten die Nachrichten im Pool allein nicht ausreichen, generiert der Remailer Pseudonachrichten, auch Dummynachrichten genannt. Der Remailer beginnt danach, die E-Mails in zufälliger Reihenfolge zu versenden.

Nun erreichen die E-Mails den nächsten Remailer in der Kette. Dieser verfährt ebenso wie der vorhergehende. Ist der Remailer der letzte Server in der Kette, prüft er, ob die Nachricht anfangs in mehrere gleich große Nachrichten geteilt wurde. In diesem Fall wartet er, bis alle Teile empfangen wurden, und setzt sie zusammen. Die Nachricht schickt er dann an Bob.

Die dagestellten Mechanismen verhindern die von Cottrell beschriebenen Angriffe. Die immer gleiche Nachrichtengröße stellt sicher, dass sich Nachrichten nicht anhand ihrer Größe verfolgen lassen. Selbst wenn der Angreifer das gesamte Netzwerk beobachten kann, ist es ihm unmöglich vorherzusagen, wann die E-Mail welchen Remailer verlässt. Da jeder Remailer die eingehenden Nachrichten zuerst zwischenspeichert und dann in zufälliger Reihenfolge weiterschickt, ist eine zuverlässige Vorhersage unmöglich.

[12] `http://www.abditum.com/mixmaster-spec.txt`

3.6.2 Angriffe gegen Mixmaster

Wie beschrieben, ist Mixmaster gegen viele Angriffe immun. Selbst wenn ein Angreifer versucht, die abgehörten Nachrichten wieder einzuspeisen, hat er keinen Erfolg, denn die Server prüfen, ob die Nachricht bereits verarbeitet wurde. In dem Fall wird die mehrfach geschickte E-Mail verworfen.

Das einzige derzeit bekannte, erfolgreiche Angriffsmodell gegen die Remailer des Typs II geht von einem globalen Widersacher aus, der alle Remailer abhören und auch in das Netz eingreifen kann. Wenn Alice ihre anonyme Nachricht an Bob verschickt, hält der Angreifer die Nachricht zurück. Sie wird also nicht in das Remailernetzwerk eingespeist. Anschließend überflutet er die Server solange mit eigenen Nachrichten, bis deren Pool nur mit Nachrichten des Angreifers gefüllt ist. Nun gibt er die E-Mail von Alice wieder frei. Der Angreifer kennt den Empfänger seiner E-Mails und muss nur noch warten, welchen Ausgang die verbliebene Nachricht von Alice nimmt.

Dieser Angriff ist aber eher theoretischer Natur. Denn einerseits stehen die Server in verschiedenen Ländern mit verschiedenen rechtlichen Gegebenheiten. Daher wird es schwierig sein, alle gleichzeitig zu überwachen. Andererseits dürfte es für den Angreifer schwierig werden, die Pools nur mit eigenen Nachrichten zu füllen. Nach den Berechnungen des Autors müssten ca. 4 000 E-Mails in kurzer Zeit verschickt werden, und zwar unter der Annahme, dass kein anderer in der Zeit mit dem Remailer kommuniziert.

Die Remailer erhalten pro Sekunde ein bis zwei Nachrichten von Dritten, d. h. der Angreifer müsste wesentlich mehr Nachrichten versenden und könnte sich trotzdem nie sicher sein, dass der Pool nur mit seinen eigenen Nachrichten gefüllt ist. Für einen erfolgreichen Angriff müsste er daher wohl *alle* eingehenden Nachrichten vorläufig sperren und nur seine eigenen durchlassen. Dieses Szenario ist derzeit kaum realisierbar.

Weitere theoretische Angriffsmöglichkeiten gegen das Protokoll basieren darauf, dass einzelne Bits der verschlüsselten Nachricht verändert und von einem nicht vertrauenswürdigen Server weiterverarbeitet werden. Durch diese „Markierung" kann sie bei einer späteren Verarbeitung wiedererkannt werden. Diese Art von Angriffen wird als *Taggingattacke* bezeichnet.

Mixmaster gibt als sehr sicher und bietet einen hohen Grad an Anonymisierung. Dies ist auch einer der Gründe, warum Mixmaster sich seit 1995 sehr hoher Beliebtheit erfreut. Die hohe Sicherheit vor Angriffen liegt auch darin begründet, dass keine Antworten auf eine anonyme E-Mail möglich sind. Diesen Nachteil versuchen Remailer des Typs III zu beheben.

3.6.3 Installation unter GNU/Linux

Die Software bieten nur wenige Distributionen zur Installation über den Paketmanager an. Zu diesen Ausnahmen gehören Debian und Ubuntu. Nutzer anderer Linux-Distributionen müssen den Quellcode kompilieren und danach installieren. Die Entwickler von Mixmaster haben diesen Vorgang jedoch so einfach wie möglich gestaltet.

Laden Sie zunächst den Quellcode von der Projektseite[13] herunter. Das SourceForge-Projekt beherbergt verschiedene Dateien. Die aktuelle stabile Version ist 3.0. Versionen, die mit 2 beginnen, sind Vorgängerversionen.

Der Quellcode wird in einer `.tar.gz`-Datei angeboten. Entpacken Sie die Datei und wechseln Sie in das Verzeichnis.

```
user@linux: $ tar xfz mixmaster-3.<*>.tar.gz
user@linux: $ cd mixmaster-<*>
```

In diesem Verzeichnis befindet sich die Datei `Install`, die alle Aufgaben zur Installation übernimmt. Die Datei ist ein Shell-Skript, das den Compiler und andere Programme mit den richtigen Optionen aufruft. Zum Kompilieren der Software benötigen Sie die Bibliotheken OpenSSL, `zlib` und `pcre` sowie das Programm `bison`. Weiterhin ist es sinnvoll, die `ncurses`-Bibliothek einzubinden, damit Mixmaster ein Menü anzeigen kann. Alle Bibliotheken werden von den Linux-Distributionen zur Installation angeboten. Sie finden diese meist mit dem Zusatz `devel` oder `dev`. Nachdem Sie diese Zusatzsoftware installiert haben, können Sie durch den Aufruf der Datei `Install` die Installation von Mixmaster beginnen.

```
user@linux:mixmaster-<*> $  ./Install
Mixmaster directory? [/home/beispiel/Mix]
Creating directory /home/beispiel/Mix
Do you want to set up a remailer? [y] n
[...]
Client installation complete.
```

Nach dem Aufruf der Installationsdatei werden Sie aufgefordert, ein Verzeichnis für die Installation anzugeben. Standardmäßig installiert sich die Software in das Verzeichnis `Mix` im Homeverzeichnis des Nutzers. Sie können ein abweichendes Verzeichnis eingeben oder die Vorauswahl mit der Enter-Taste bestätigen. In der zweiten Abfrage geben Sie an, ob Sie Mixmaster auch als Remailer (Server) betreiben wollen. Im Beispiel wurde die Frage verneint. Anschließend werden der Compiler aufgerufen und die Software installiert. Wenn Sie nur einen Client installieren wollen, sind Sie damit schon fertig.

Falls Sie auch einen Remailer, also einen Server betreiben möchten, die Frage also mit y beantworten, müssen Sie weitere Konfigurationsdaten eingeben. Es folgt zunächst die Frage `Install as middleman`, in der Sie festlegen, ob Ihr Server Nachrichten auch an externe Quellen `[y]` oder nur innerhalb des Mixmaster-Netzes `[n]` schickt. Das Installationsprogramm bietet dann an, das Passwort für den Server in die ausführbare Datei zu

[13] `http://mixmaster.sourceforge.net/`

kompilieren. Das hat den Vorteil, dass dieses nicht im Klartext in einer Datei steht. Die Installationsroutine weist aber darauf hin, dass ein Angreifer andere Möglichkeiten hat, das Passwort aus der Datei zu gewinnen. Vorausgewählt ist die Antwort `n`. Sie sollten die Auswahl bestätigen. Danach geben Sie das Passwort ein. Bedenken Sie bitte, ein sicheres, schwer zu erratendes Passwort zu nutzen.

Der Compiler startet nach Bestätigung der Eingabe. Im Anschluss werden Ihnen einige Fragen zur Einrichtung des Remailers gestellt. Diese umfassen den Namen und die E-Mail-Adresse des Remailers. Weiterhin können Sie entscheiden, ob Ihr Remailer auch Nachrichten des Typ-I-Formats akzeptiert und ob die Software eine Datei führen soll, in die es Meldungen über Fehler oder Einschränkungen beim Betrieb speichert. Im Anschluss generiert Mixmaster die für den Betrieb benötigten Schlüssel und beendet die Installation. Eine detaillierte Erklärung dieser Schritte finden Sie im Abschnitt 3.6.8.

Mixmaster versendet die E-Mails ohne weitere Anpassungen über einen lokalen Mailserver (Postfix, Exim, qmail etc.). Viele Linuxnutzer nutzen jedoch Mailprogramme wie Mozilla Thunderbird, Evolution oder andere. In diesem Fall ist der Mailserver meist nicht eingerichtet, und Mixmaster kann diesen somit auch nicht zum Mailversand nutzen. Sie können Mixmaster auch die Kontaktinformationen des Mailservers Ihres Providers übergeben. Dann gibt die Software alle E-Mails an den entfernten Mailserver weiter. Fügen Sie hierfür die Zugangsdaten in die Datei `mix.cfg` ein.

```
SMTPRELAY mail.example.org
SMTPUSERNAME mustermann
SMTPPASSWORD geheim
```

Die Datei befindet sich in dem Verzeichnis, in dem Mixmaster installiert ist. Die Zugangsdaten finden Sie in dem Mailprogramm, das Sie üblicherweise nutzen oder in den Unterlagen Ihres Providers.

3.6.4 Installation unter Windows

Windowsnutzer können eine Version von Mixmaster bei SourceForge herunterladen. Die aktuelle Version wird dort jedoch noch nicht angeboten. Sie können diese direkt bei den Entwicklern beziehen.[14] Derzeit hat diese Version einen Fehler: Die Nutzung der Option `SENDMAIL <dateiname>`, die es erlaubt, Mails zum nachträglichen Versand mit einem anderen Client lokal zu speichern, bringt Mixmaster zum Absturz. Der Fehler ist bekannt und wird irgendwann behoben sein, allerdings sind die Entwicklungszyklen der Software recht lang.

14 `http://www.banana.mixmin.net/mixtest/mixmaster-30svn.zip`

Neben der vorkompilierten Version können Sie theoretisch auch den Quellcode von Mixmaster herunterladen und das Programm selbst kompilieren. Die Entwickler liefern hierfür Projektdateien für Microsoft Visual Studio .NET 2003 mit. Weiterhin benötigen Sie OpenSSL, zlib, PCRE und PDCurses im Quellcode. Diese Bausteine müssen kompiliert und in das Verzeichnis mit dem Quellcode von Mixmaster verschoben werden. Anschließend wird Mixmaster gebaut. Diese Variante sollten nur erfahrene Windowsnutzer wählen, denn bei der Installation können diverse Schwierigkeiten auftreten, auf die an dieser Stelle nicht eingegangen werden kann.

Die gepackte, vorkompilierte Datei können Sie einfach entpacken. Im Archiv befinden sich die ausführbare Datei sowie die Lizenz und Dokumentation. Nach dem Entpacken steht Ihnen Mixmaster sofort zur Verfügung. Wenn Sie Mixmaster wieder vom System entfernen wollen, genügt es, das entsprechende Verzeichnis zu löschen. Es werden keine Daten in die Registry oder an andere Orte geschrieben.

Um Mixmaster unter Windows einzusetzen, muss die Konfiguration noch angepasst werden. Windowsnutzer versenden E-Mails in der Regel mit einem installierten E-Mail-Programm. Unter Windows müssen Sie den Mailserver einstellen, den Sie üblicherweise zum Versand nutzen. Diese benötigten Informationen können Sie den Einstellungen Ihres E-Mail-Programms entnehmen.

```
SMTPRELAY mail.example.org
SMTPUSERNAME mustermann
SMTPPASSWORD geheim
```

Speichern Sie diese Angaben in der Datei `mix.cfg`. Mixmaster versendet nun die E-Mails über den angegebenen Server.

3.6.5 Benutzung von Mixmaster

Mixmaster benötigt zum Versand seiner Nachrichten Statistiken über andere Remailer. Diese enthalten Werte zu den durchschnittlichen Antwortzeiten eines Remailers sowie dessen Verfügbarkeit. Sogenannte Pinger testen regelmäßig die Remailer und stellen die Statistiken bereit. Mixmaster lädt diese Statistiken herunter und errechnet daraus Routen durch das Remailernetzwerk. Auf `http://www.noreply.org` gibt es eine von Peter Palfrader gepflegte Liste der verfügbaren Pinger. Unter GNU/Linux können Sie die Datei in dem Verzeichnis, in dem auch Mixmaster installiert ist, speichern. Unter Windows legt Mixmaster das Verzeichnis `C:\Dokumente und Einstellungen\<benutzer>\Anwendungsdaten\Mixmaster` an. Dort ist die Datei `allpingers.txt` zu speichern.

```
user@linux:~ $ cd /home/user/Mix
user@linux:~/Mix $ wget \
  http://www.noreply.org/allpingers/allpingers.txt
```

Alternativ können Sie selbst einen Pinger betreiben und die Konfigurationsdatei von Mixmaster so einstellen, dass dessen Statistiken genutzt werden. Im Abschnitt 3.6.9 erfahren Sie, wie die Software einzurichten ist.

Nachdem diese Informationen zur Verfügung stehen, können Sie die Software starten. Mixmaster bietet Ihnen eine textbasierte Oberfläche (Abbildung 3.4). Durch Eingabe der hervorgehobenen Buchstaben erreichen Sie die Untermenüs oder führen bestimmte Aktionen aus.

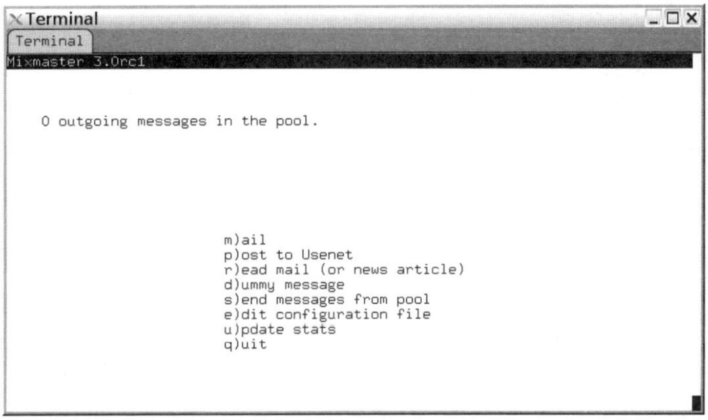

Abbildung 3.4: Dialog beim Start von Mixmaster

Nach dem erstmaligen Start von Mixmaster sollten Sie zunächst die Remailerstatistiken von einem Pinger herunterladen. Die Software bietet Ihnen hierzu den Menüpunkt **u)pdate stats**. Die Taste [U] ruft das Untermenü auf. Sie sehen dort eine Liste aller verfügbaren Pinger. Vor jedem Eintrag befindet sich ein Buchstabe. Wenn Sie einen Pinger gewählt haben, drücken Sie den entsprechenden Buchstaben. Jetzt startet der Download. Nach dessen Ende wird wieder der Startdialog angezeigt. Die Software ist nun bereit, anonyme Nachrichten zu versenden.

Sie sollten es sich zur Gewohnheit machen, bei jedem Öffnen des Programms die Remailerstatistiken zu aktualisieren oder ein Programm zu nutzen, das diese Aufgabe automatisiert. Im letztgenannten Fall tragen Sie unter GNU/Linux lediglich die Zeile `mixmaster --update-stats` zur täglichen Ausführung in Ihre Crontab ein.

Dies sichert, dass Mixmaster Ketten über vorhandene Remailer aufbaut und Ihnen verlässliche Werte über die Verfügbarkeit anzeigt.

Eine E-Mail können Sie über die Taste [M] versenden. Der Menüeintrag **m)ail** befindet sich an erster Stelle des Dialogs. Im Folgenden werden Sie aufgefordert, die E-Mail-Adresse des Empfängers sowie den Betreff einzugeben. Bestätigen Sie die Eingaben über die Enter-Taste.

Jetzt können Sie die E-Mail verfassen und den genauen Weg der E-Mail durch das Remailernetzwerk festlegen. Standardmäßig wählt Mixmaster vier

Remailer zufällig aus, gekennzeichnet durch die vier Sterne im Menüeintrag **c)hain**. Sie können die Auswahl ändern, indem Sie die Taste [C] drücken. Das folgende Menü (Abbildung 3.6) zeigt die verfügbaren Remailer an. Mixmaster ordnet die Liste absteigend nach dem Grad der Verfügbarkeit der Remailer. Diejenigen mit hohen Werten stehen auch weit vorn in der Liste.

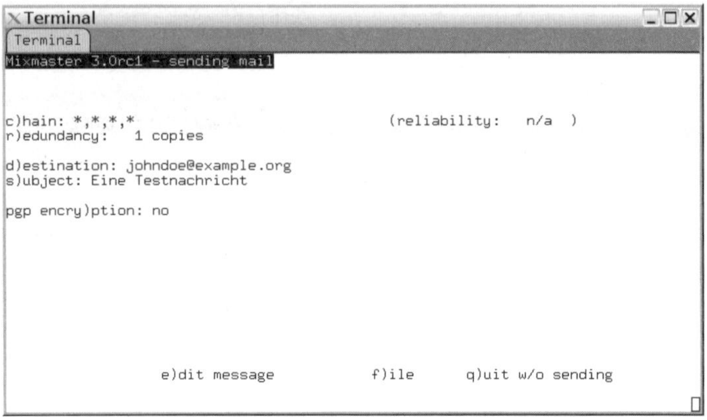

Abbildung 3.5: Dialog zum Versand von E-Mails und Wahl der Remailerkette

Sie können verschiedene Server mit Hilfe des entsprechenden Buchstaben vor dem Eintrag auswählen. Mixmaster errechnet aus Ihrer Auswahl die Gesamtausfallsicherheit. Wenn Sie Ihre Auswahl mit der Enter-Taste bestätigt haben, zeigt Mixmaster das Menü zum Verfassen der E-Mail an. Über der Taste [E] wählen Sie den Editor, den Sie in der Umgebungsvariablen `EDITOR` festgelegt haben. Sollte keiner festgelegt sein, startet das Programm Vim. Es ist sinnvoll, die Umgebungsvariable mit dem Editor zu belegen, dessen Bedienung Sie bereits gewohnt sind.

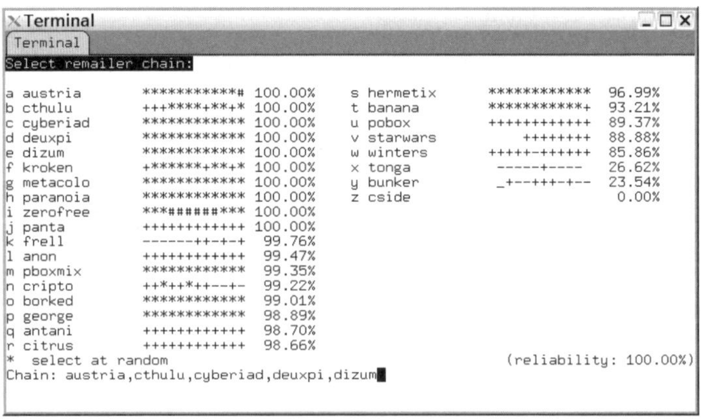

Abbildung 3.6: Dialog mit der Ansicht aller vorhandenen Remailer

Verfassen Sie im Editor die E-Mail und speichern Sie das Ergebnis. Wenn Sie den Editor beendet haben, öffnet sich wieder der Maildialog von Mixmaster. Am unteren Ende des Bildschirms ist nun der Eintrag **m)ail message** hinzugekommen. Dieser weist die Software an, die E-Mail in einen Zwischenspeicher aller ausgehenden Nachrichten zu verschieben. Die Taste `[M]` führt die Aktion durch und ruft den Startdialog (Abbildung 3.4) wieder auf. Sie sehen dort, dass sich eine Nachricht im Zwischenspeicher befindet. Am unteren Rand wird die Kette der Remailer aufgelistet. Jetzt können Sie weitere Nachrichten verfassen oder alle Nachrichten im Zwischenspeicher versenden (**s)end messages from pool**). Im letzten Fall werden die E-Mails auf den Weg durch die Remailerkette geleitet.

Eine Nachricht für das Usenet lässt sich auf gleichem Wege verfassen. Hierzu müssen Sie statt der E-Mail-Adresse des Empfängers die Newsgroup eingeben. Sollten Sie die Remailerkette selbst auswählen, beachten Sie bitte, dass manche Remailer keine Möglichkeit haben, Usenet-Nachrichten zu veröffentlichen. Diese können Sie dann nicht als letzten Server in der Kette wählen. Mixmaster präsentiert Ihnen eine Fehlermeldung, falls Sie dennoch einen solchen Remailer ausgewählt haben und eine Nachricht ins Usenet schreiben wollen.

Pseudo- oder Dummynachrichten sind eine letzte Möglichkeit, Nachrichten ins Remailernetzwerk zu leiten. Wenn Sie im Startbildschirm die Taste `[D]` betätigen, wird von der Software automatisch eine Nachricht generiert und in den Zwischenspeicher gelegt. Die E-Mail wird durch das Netzwerk geleitet und vom letzten Remailer gelöscht.

Zum Lesen der Mailboxen betätigen Sie die Taste `[R]` im Hauptmenü und geben danach den Pfad zur Mailboxdatei ein. Mixmaster listet alle eingegangenen E-Mails auf. Über die Pfeiltasten und die Enter-Taste wählen Sie ein Nachricht aus. Wenn Sie dem Empfänger eine Antwort senden möchten, drücken Sie die Taste `[R]`. Im Editor wird die Nachricht bearbeitet. Nach dem Speichern ruft Mixmaster den Dialog zum Versand der E-Mails (Abbildung 3.5) auf. Der weitere Ablauf kann darin bestehen, eine Remailerkette auszuwählen und die Antwort weiterzuleiten.

Die Konfigurationsdatei – im Hauptmenü über die Taste `[E]` zugänglich – wird selten bearbeitet. Bei der Installation hat Mixmaster bereits sinnvolle Werte vergeben oder die Konfiguration nach Ihren Angaben angefertigt. Daher soll auf diese Option nicht weiter eingegangen werden.

3.6.6 Verbindung mit E-Mail-Programmen unter GNU/Linux

Die meisten E-Mail-Programme unterstützen den Versand von Nachrichten über Remailer nicht. Ausnahmen sind Sylpheed-Claws und mutt. Für Sylpheed-Claws hat Kai Raven eine sehr detaillierte Anleitung verfasst.[15]

[15] `http://hp.kairaven.de/linux/mixlinux.html#a12`

Das E-Mail-Programm mutt besitzt standardmäßig eine Unterstützung für Mixmaster. In der Konfigurationsdatei `.muttrc` stellen Sie ein, wie Mixmaster anzusprechen ist.

```
set mixmaster = "/usr/bin/mixmaster-filter -m -S"
```

Ist die E-Mail geschrieben und gespeichert, drücken Sie vor dem Absenden die Taste [Shift]+[M]. Es erscheinen alle verfügbaren Remailer. Sie können von diesen einige auswählen und die Auswahl bestätigen. Wenn Sie jetzt die E-Mail versenden, werden alle sensiblen Kopfdaten der E-Mail entfernt und die Nachricht über die gewählte Remailerkette versandt.

Für alle anderen E-Mail-Clients steht der SMTP-Proxy mixmaster-smtp[16] zur Verfügung.[17] Der Proxy nimmt E-Mails von einem Clientprogramm entgegen und leitet sie über eine Remailerkette weiter. Laden Sie sich die Software zur Installation herunter und entpacken Sie diese. Das Programm ist in der Programmiersprache Perl geschrieben und benötigt zwei zusätzliche Perl-Module, die Sie vom CPAN (Comprehensive Perl Archive Network) herunterladen und installieren.

```
linux:~ # perl -MCPAN -e shell
cpan> install Net::Server::Mail::ESMTP
cpan> install Net::Server::Daemonize
cpan> exit
```

Mit dem ersten Befehl startet eine CPAN-Shell, in der Sie den Befehl zur Installation eingeben. Perl lädt die entsprechenden Module herunter und kompiliert und installiert diese. Sie verlassen die CPAN-Shell mit dem Befehl `exit`. Die Module stehen jetzt zur Verfügung.

Rufen Sie im nächsten Schritt Ihr E-Mail-Programm auf und legen Sie ein neues Konto an. Dieses wird künftig zum Versand von Nachrichten über Remailer genutzt. Als SMTP-Server stellen Sie dort `localhost` mit dem Port 8025 ein. Weitere Einstellungen sind in der Regel nicht notwendig.

Wechseln Sie zum Abschluss in das Verzeichnis, in das Sie mixmaster-smtp ausgepackt haben. Hier haben Sie die Möglichkeit, durch die Ausführung der Datei `Install` das Programm zu installieren. Die Datei `Install` ist ein Shell-Skript, das die ausführbaren Dateien im Unterverzeichnis `bin` nach `/usr/local/bin` kopiert und die Manpages nach `/usr/local/man/man1` schreibt. Eine weitere Möglichkeit ist es, das Programm im aktuellen Verzeichnis zu starten. Diese Variante empfiehlt sich, wenn Sie das Programm zuerst testen wollen. Um die Software dauerhaft einzusetzen, sollten Sie die erste Variante wählen.

Die Software starten Sie mit `mixmaster-smtp`. Sie öffnet den Port 8025 an der lokalen Schnittstelle und nimmt darüber Verbindungen entgegen.

[16] `https://www.awxcnx.de/download-mixmaster-smtp.htm`

[17] Frühere Versionen des Programms hießen `smtp2mix`. In der ersten Ausgabe dieses Buches findet sich noch der alte Name.

```
user@linux:~ $ bin/mixmaster-smtp --verbose
```

Anfangs ist es empfehlenswert, mixmaster-smtp mit der Option `--verbose` zu starten. So schreibt das Programm einige Ausgaben in die Konsole, anhand derer Sie sehen, ob die Software problemfrei arbeitet. In der Software ist ein Programm (Initskript) für Debian, SUSE und Gentoo beigelegt, mit dem Sie den automatischen Start des SMTP-Proxy beim Booten bequem einrichten. Die Software ist eine einfache Alternative, um mit dem gewohnten E-Mail-Programm anonyme Nachrichten zu versenden.

3.6.7 Hilfsanwendungen unter Windows

Für Windows existiert eine Reihe grafischer Programme, die mit Remailern zusammenarbeiten. Die bekanntesten sind Quicksilver und OmniMix. Gelegentlich werden auch Jack B. Nymble (JBN) oder Private Idaho empfohlen. Doch JBN funktioniert nur mit den Rechten des Hauptbenutzers sinnvoll, und selbst da kommt es in regelmäßigen Abständen zu Abstürzen. Private Idaho wird seit längerer Zeit nicht mehr weiter entwickelt. Quicksilver und OmniMix funktionieren hingegen zuverlässig.

Quicksilver ist ein eigenständiges Programm zum Verfassen und Versenden anonymer Nachrichten. Es kann E-Mails empfangen, Beiträge im Usenet veröffentlichen und Nachrichten verschlüsseln und bietet damit sätmliche Funktionen eines E-Mail-Programms. Im Gegensatz dazu ist OmniMix ein separater Mail- und Usenetserver. Sie benötigen also zusätzlich ein E-Mail-Programm, das die Nachrichten an OmniMix weiterleitet.

Beide Programme unterscheiden sich auch stark in der Bedienung. Während sich die Benutzerführung von Quicksilver an herkömmlichen E-Mail-Programmen orientiert, ist die Oberfläche von OmniMix in sehr viele Reiter für die Konfiguration aufgeteilt. Dies wirkt recht unübersichtlich, und der Benutzer benötigt wohl eine längere Einarbeitungszeit als bei Quicksilver. Der Funktionsumfang von Quicksilver und OmniMix ist vergleichbar. Daher ist es Ihre Entscheidung, ob Sie eher ein eigenes Mailprogramm nutzen oder Ihre bestehende Mailsoftware mit OmniMix verknüpfen.

Quicksilver

Quicksilver[18] ist eines der bekanntesten Remailerprogramme für Windows. Es kann Nachrichten im Mixmaster und im Cypherpunk-Format versenden. Der Autor der Software veröffentlicht auch den Quellcode seines Programms, allerdings ist es nicht erlaubt, diesen zu verändern. Insofern ist Quicksilver Freeware, jedoch keine Freie Software.

18 `http://quicksilvermail.net/`

Das Programm wird auf einem FTP-Server[19] zum Download angeboten. Dort finden Sie die aktuelle Version von Quicksilver (derzeit 1.2.7) sowie zugehörige Erweiterungen und auch eine aktuelle Version von Mixmaster.

Die selbstentpackende Datei starten Sie nach dem Herunterladen mit einem Doppelklick. Der Button **Setup** aktiviert nach dem Entpacken die eigentliche Installation. Sie werden aufgefordert, einen Installationspfad einzugeben oder den vorgeschlagenen zu bestätigen. Zudem kann Quicksilver eine Verknüpfung auf dem Desktop und Programmsymbole anlegen. Im folgenden Dialog müssen Sie Ihre reale E-Mail-Adresse sowie den Mailserver angeben, über den Sie E-Mails versenden (siehe Abbildung 3.7).

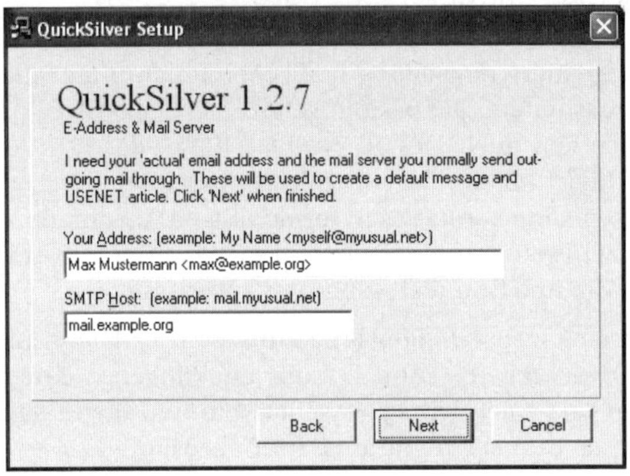

Abbildung 3.7: Eingabe der E-Mail-Adresse und des Mailservers

Quicksilver zeigt Ihnen nach der Bestätigung des Dialogs nochmals alle Einstellungen an. Sie können diese ändern oder die Installation starten.

Quicksilver macht Gebrauch von der Option `SENDMAIL <dateiname>`, die die Version 3.0 von Mixmaster zum Absturz bringt. Der Autor von Quicksilver hat Mixmaster so angepasst, dass der Fehler nicht auftritt. Quicksilver erkennt beim Start, ob Mixmaster installiert ist. Falls dies nicht der Fall ist, wird angeboten, die Software automatisch herunterzuladen. Dabei wird die um den Fehler bereinigte Variante verwendet.

Klicken Sie auf den Button **Get Mixmaster**. Quicksilver schlägt vor, sich mit dem FTP-Server, der Mixmaster beherbergt, zu verbinden. Wenn Sie die Wahl akzeptieren, zeigt Ihnen die Software eine Liste aller Dateien auf dem Server. Die Datei `Mix3.0.2.zip` enthält die aktuelle Version von Mixmaster. Wählen Sie diese aus. Eventuell kann sich die Versionsnummer (3.0.2) zwischenzeitlich geändert haben. Quicksilver lädt die ausgewählte Datei herunter und schlägt vor, die Setup-Routine zu starten. Die Datei wird dann in ein Verzeichnis entpackt. Das Installationsprogramm schlägt `C:\Programme\Mixmaster` vor. Im letzten Schritt erzeugt Mixmaster die

[19] `ftp://ftp.quicksilvermail.net/pub/quicksilver`

Datei `mixrand.bin` mit Zufallswerten für die Verschlüsselung. Die Daten gewinnt es aus Mausbewegungen. Bewegen Sie also innerhalb des weißen Fensters die Maus ein wenig hin und her.

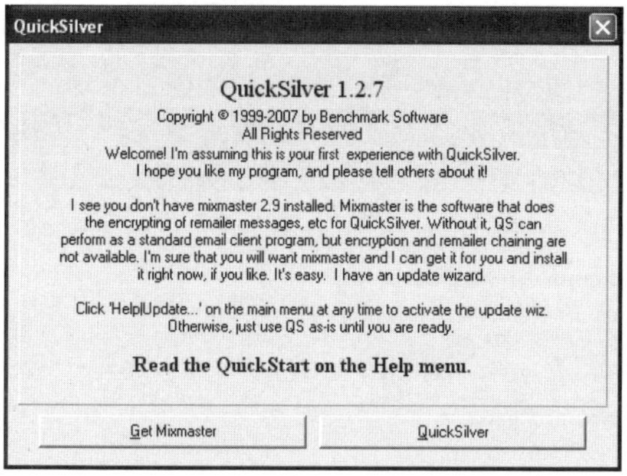

Abbildung 3.8: Dialog beim erstmaligen Start von Quicksilver

Wenn die rote Zahl 100 % erreicht hat, wird die Schaltfläche **Exit** aktiv. Sie können die Installation beenden und Quicksilver starten.

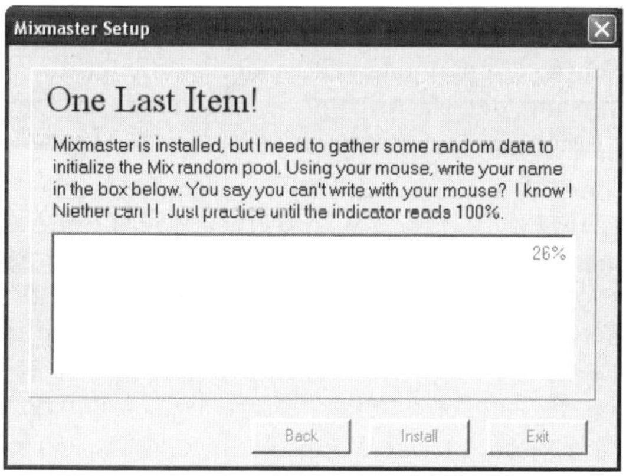

Abbildung 3.9: Dialog zur Erzeugung des Schlüsselpaars

Die Software startet mit einer leeren Menüansicht. Über **File | New | Message** wird ein Dialog zum Verfassen einer E-Mail (Abbildung 3.10) geöffnet. Beim ersten Mal warnt Quicksilver, dass standardmäßig nur zwei Remailer zum Versand benutzt werden. Dies ist weniger sicher, sorgt aber dafür, dass die Nachricht schneller den Empfänger erreicht. Die Zahl der zu benutzenden Remailer kann auch erhöht werden.

Tragen Sie den Empfänger und den Betreff der E-Mail ein. Danach muss eine Leerzeile stehen und danach folgt der Text der E-Mail. Beachten Sie, dass Ihr Text vor den beiden Tildezeichen (~~) endet. Denn diese Zeichen stellen eine Endmarke dar. Das Programm löscht alle Zeichen, die nach den Tilden kommen. Nachdem die E-Mail fertig formuliert ist, kann sie direkt verschickt oder in einen Zwischenspeicher gelegt werden.

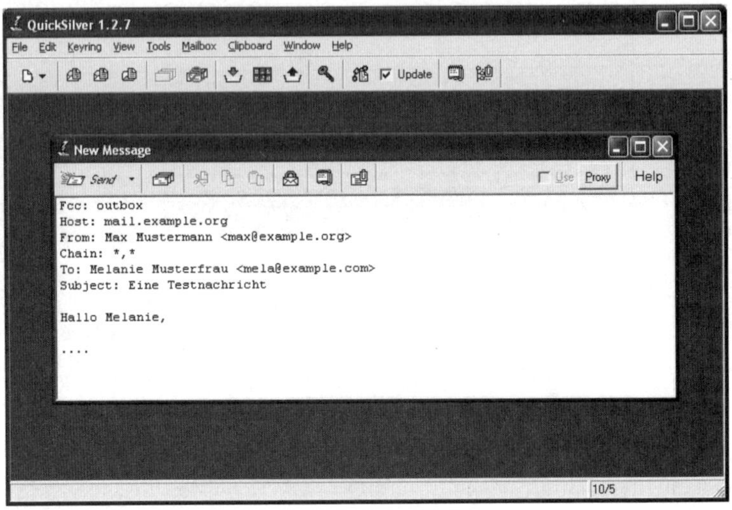

Abbildung 3.10: Quicksilver mit einer geöffneten E-Mail

Letzteres ist dann sinnvoll, wenn Sie mehrere Nachrichten verfassen wollen. Die Nachrichten können jederzeit wieder bearbeitet und abgespeichert werden. Der Versand der Nachrichten erfolgt durch das Menü **File | Send Mail Now** oder durch die Tastenkombination `[Strg]+[Shift]+[S]`.

Beim Versand der E-Mails lädt Quicksilver zunächst aktuelle Statistiken der Pinger herunter und prüft diese auf Korrektheit. Falls keine bestimmten Remailer angegeben wurden, sucht Quicksilver diese zufällig für den Aufbau der Kette aus. Schließlich wird die E-Mail verschlüsselt und an den angegebenen Mailserver übertragen. Diese Aktionen werden in einem Fenster protokolliert.

```
Sending Message 1 of 1
Encountered mixmaster message
Mixmaster encrypting...
Mixmaster reports 1 chain:
cside,metacolo

Mixmaster Chain  1 of 1
Connecting...
 220 mail.example.org ESMTP Sendmail
 250 mail.example.org Hello rechner.example.org [192.0.2.42]
 250 2.1.0 <max@example.org>... Sender ok
 250 2.1.5 <cside@cside.dyndns.org>... Recipient ok
 354 Enter mail, end with "." on a line by itself
 250 2.0.0 l7H9aUq2075362 Message accepted for delivery
```

```
  221 2.0.0 mail.example.org closing connection
  Connection closed!

All mail sent
Session finished
```

Ihnen ist sicher aufgefallen, dass beim erstmaligen Verfassen der E-Mail das Eingabefeld nicht vollständig leer war. Quicksilver legte bereits einige Angaben fest und erleichterte damit Schreiben der ersten E-Mail. Die Vorbelegungen sind bei Quicksilver in sogenannten Templates gespeichert. Diese Templates erweisen sich als sehr nützlich, wenn Sie immer wieder auf gleiche Eigenschaften einer E-Mail zurückgreifen wollen. Beispielsweise können Sie die Anzahl der Remailer in einer Kette erhöhen.

Wenn Sie Templates nutzen wollen, öffnen Sie eine neue Nachricht (**File | New | Message**). Es öffnet sich der bereits bekannte Dialog. Nehmen Sie in diesem Fenster die gewünschten Veränderungen vor. Ergänzen Sie beispielsweise die Zeile `Chain` um die Zeichen `,*` – dies sorgt dafür, dass eine Nachricht später über drei Remailer versandt wird. Nach den Änderungen wählen Sie aus der obersten Menüzeile **File | Save as Template** und speichern Ihr Template unter einem Namen ab. Eine weitere Möglichkeit ist es, die veränderte Nachricht zum Standard zu bestimmen und somit immer für neue E-Mails zu verwenden. Hierfür wählen Sie **File | Save as Default | Message**. Sie können auch Nachrichten in Newsgroups veröffentlichen und dafür ebenfalls Templates definieren.

Quicksilver besitzt noch eine Vielzahl weiterer Möglichkeiten. Über Erweiterungen können Sie E-Mails von einem Server (POP3) abrufen oder Nachrichten verschlüsseln. Kai Raven bietet eine sehr gute Dokumentation des Programms.[20] Es ist bestens geeignet, wenn Sie nur hin und wieder anonyme Nachrichten versenden wollen und dabei den Einsatz eines separaten Programms nicht scheuen. Wenn Sie stattdessen Ihr gewohntes E-Mail-Programm weiterhin nutzen wollen, ist OmniMix eine gute Alternative.

OmniMix

OmniMix[21] von Christian Danner fungiert als Vermittler zwischen Ihrem Mailprogramm und dem Remailernetzwerk. Die Software ist dazu gedacht, als lokaler Server zu agieren. Sie versendet E-Mails über Remailer wie auch den Mailserver Ihres Providers, empfängt E-Mails und leitet Nachrichten in das Usenet weiter. OmniMix kann die Verschlüsselungssoftware GnuPG und die Anonymisierungslösung Tor gleich mitinstallieren. Diese Programme dienen dazu, ausgehende E-Mails zu verschlüsseln beziehungsweise die Statistiken der Remailer anonym herunterzuladen. Dadurch bietet Omni-

20 `http://hp.kairaven.de/quick/`

21 `http://www.danner-net.de/om.htm`

Mix sehr viele Möglichkeiten der Konfiguration. Nachteilig ist die unübersichtliche Benutzeroberfläche. Der Autor des Programms hat die Konfiguration in 24 Reiter auf kleiner Fläche aufgeteilt. Dies erschwert anfangs die Orientierung. Die folgende Anleitung beschränkt sich auf den Versand anonymer Nachrichten.

Abbildung 3.11: Hauptansicht nach dem ersten Start von OmniMix

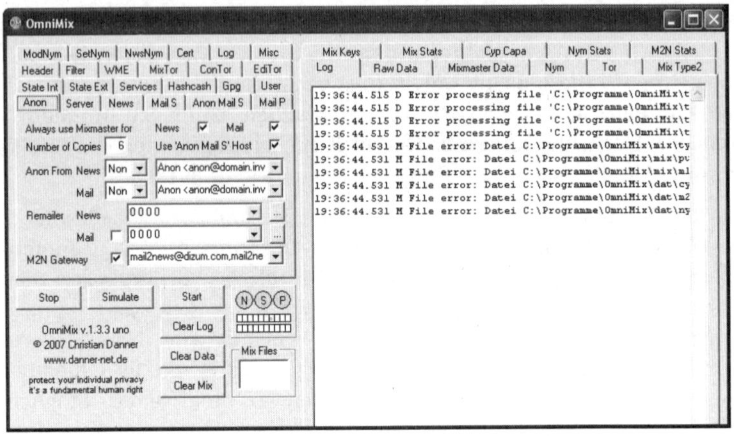

Bei der Installation müssen Sie sich entscheiden, ob Mixmaster, GnuPG und/oder Tor zusammen mit der Software installiert werden sollen. Falls die Software bereits auf Ihrem Rechner installiert ist, können Sie die Voreinstellung deaktivieren und später die entsprechenden Pfade zu den Programmen einstellen. Die weiteren Angaben, wie Pfad zum Programm oder Einrichtung im Startmenü, entsprechen den Konventionen unter Windows. Nach der Installation können Sie das Programm sofort ausführen.

Die Oberfläche von OmniMix (Abbildung 3.11) besteht aus einer großen Anzahl von Reitern zur Anpassung des Programms sowie aus einem Fenster mit verschiedenen Logmeldungen und Informationen. Das Programm benötigt beim Start nach der Installation aktuelle Statistiken zum Remailernetzwerk. Klicken Sie hierfür auf den Reiter **State Ext** in der zweiten Reihe von unten. Das Menü zeigt vier Unterreiter. Dabei ist **Mixmaster (T2)** aktiv und es sind bereits Pinger zum Abruf eingestellt. Klicken Sie auf **Update State Data**. OmniMix beginnt nun, aktuelle Statistiken herunterzuladen. Das Menü erlaubt weiterhin, Tor zum Download zu nutzen. Wenn Sie Tor mit dem Programm installiert oder im Reiter **MixTor** die Einstellungen angepasst haben, können Sie **Socks Version 4a** aus der Liste wählen.

Der interne Mailserver von OmniMix benötigt Informationen über die Verbindung mit dem lokalen Mailclient. Standardmäßig ist Verschlüsselung mit Authentifizierung ausgewählt. Da über die lokale Schnittstelle kommuniziert wird, sind diese Einstellungen nicht notwendig und können zurückgesetzt werden. Dies vermeidet auch mögliche Fehler beim Mailversand.

Klicken Sie auf den Reiter **Server**. Das Menü (Abbildung 3.12) enthält die Informationen, welche Serverdienste OmniMix starten soll. In der Standardeinstellung sind die Dienste SMTP, POP3 und NNTP aktiv. Bei NNTP und POP3 können Sie das Kreuz entfernen; diese Dienste werden nicht benötigt.

In der mittleren Spalte werden zwei Einstellungen geändert. Klicken Sie zuerst auf die Auswahlliste **SSL** und wählen Sie dort **TLS disabled**. In der Auswahlliste **Auth.** wählen Sie den Eintrag **None**. Unterhalb des Menüs befindet sich ein Button zum Stoppen sowie zum Starten des internen Servers. Drücken Sie zuerst auf **Stop** und dann auf **Start**. Jetzt werden die Einstellungen eingelesen. Der mit **S** markierte Kreis neben dem Startknopf färbt sich grün. OmniMix ist nun bereit und wartet auf einkommende Verbindungen.

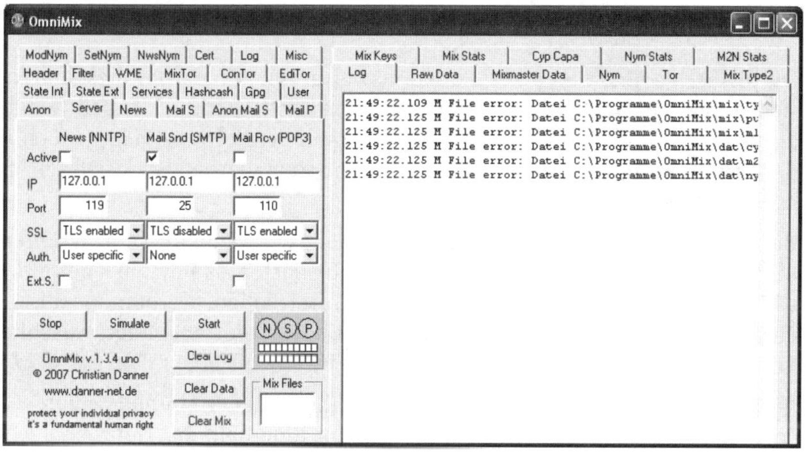

Abbildung 3.12: Ansicht der internen Server von OmniMix

Testen Sie jetzt durch den Versand einer Pseudonachricht, ob die Einstellungen korrekt sind. Klicken Sie auf die Reiter **Misc | Dummy**. Sobald Sie den Button **Send Dummy Message** betätigen, erscheinen im rechten Fenster Meldungen. OmniMix informiert Sie über jeden Schritt der Verbindungsaufnahme, zeigt Details zu empfangenen Zertifikaten und informiert Sie über den Versandstatus. In dem folgenden Beispiel stehen die letzten Zeilen der Kommunikation. Die E-Mail wurde erfolgreich verschickt.

```
20:05:20.796 0 SMTP State: Done sending ...
20:05:20.796 0 SMTP State: Mail has been sent
20:05:20.796 0 -------> SMTP output o.k.
```

Ihr Mailprogramm soll die zu versendenden E-Mails an OmniMix weitergeben. Hierfür benötigt es Informationen zu Adresse und Port des internen Mailservers von OmniMix. Öffnen Sie die Einstellungen Ihres Mailprogramms und legen Sie einen neuen Mailserver (SMTP) an. Die Adresse des Servers ist 127.0.0.1 mit dem Port 25. Jetzt können Sie eine E-Mail verfassen und diese über den neuen Mailserver versenden. OmniMix nimmt die E-Mail entgegen, entfernt sensible Kopfdaten und gibt die E-Mail an einen Remailer weiter.

Der hier vorgestellte Versand anonymer E-Mails stellt nur eine der vielen Möglichkeiten von OmniMix dar. Sie können E-Mails direkt von Ihrem Provider empfangen und auf diese antworten. OmniMix erlaubt Ihnen anonyme Nachrichten in das Usenet zu senden sowie ausgehende Nachrichten zu verschlüsseln. Der Autor der Software liefert ein umfangreiches Handbuch im HTML-Format mit. Sie sollten dieses für die weiteren, hier nicht vorgestellten Funktionen konsultieren.

3.6.8 Mixmaster als Remailer

Die bisherige Erklärung der Funktionsweise von Mixmaster beschränkte sich darauf, E-Mails vom Nutzer entgegenzunehmen und in das Remailernetzwerk weiterzuleiten. Die Hauptaufgabe der Software liegt jedoch in der Weiterleitung anonymer Nachrichten im Remailernetzwerk. Dieser Abschnitt betrachtet Mixmaster als Remailer.

Bei der Erstkonfiguration erfragt Mixmaster verschiedene Informationen. Insbesondere erscheint die Frage, ob Sie Mixmaster als Remailer betreiben wollen. Wenn Sie die Frage mit **Ja** beantwortet haben, werden spezifische Parameter zu den weiteren Einstellungen als Remailer abgefragt. Anschließend speichert die Installationsroutine die Parameter in der Datei `mix.cfg`.

In der ersten Antwort entscheiden Sie, ob Ihr Remailer ein **middleman** sein soll. Diese Art Remailer leitet die E-Mails nur innerhalb des Netzwerks weiter und tritt nie als Absender in Erscheinung. Wenn Sie Bedenken bezüglich Missbrauch des Remailers haben, sollten Sie diese Frage mit y beantworten.[22] Andernfalls leitet der Remailer sowohl Nachrichten innerhalb des Netzwerks als auch zu den Empfängern weiter. Bei Bedarf können Sie die Option später in der Konfigurationsdatei anpassen. Der Name der Option lautet `MIDDLEMAN`.

Die nächsten Abfragen legen die E-Mail-Adressen sowie Namen des Remailers fest. Zuerst ist das die Adresse, mit der der Remailer von außen erreichbar ist. Dann folgt die Adresse, die erscheint, wenn der Remailer Nachrichten an den Empfänger weiterleitet. Die dritte Adresse dient dazu, eine Anlaufstelle für eventuelle Beschwerden zu definieren. In den nächsten Abfragen legen Sie verschiedene Namen fest. Der erste Name erscheint als Absender in Statusmeldungen und kann in mehrere Wörter gegliedert sein. Der darauffolgende Wert wird als Absendername benutzt. Standard-

[22] Gelegentlich missbrauchen Menschen die Anonymität des Dienstes, um Mitmenschen zu beleidigen oder andere strafbare Handlungen zu begehen. Die Opfer wenden sich dann mit Nachfragen an den Betreiber des Dienstes oder erstatten Anzeige. Im Rahmen von Ermittlungsverfahren bitten Strafermittler dann um Stellungnahme des Betreibers.

mäßig wird `Anonymous` vorgeschlagen. Manche Betreiber setzen hier Pseudonamen, wie beispielsweise `John Doe` oder `Max Mustermann` ein. Der letzte Wert ist der Kurzname des Remailers. Bei der Installation wird Ihr Rechnername ausgelesen und vorgeschlagen. Sie können einen beliebigen anderen Namen verwenden. Der Kurzname sollte aus historischen Gründen nicht länger als acht Zeichen sein.[23]

Mixmaster ist in der Lage, Nachrichten im Typ-I- und Typ-II-Format zu akzeptieren. Der Typ I entspricht dem Cypherpunk-Remailer. Sie müssen entscheiden, welchen Typ Ihr Dienst entgegennehmen und weiterleiten soll. Das Mixmaster-Format (Typ II) sollte immer akzeptiert werden. Aufgrund der Schwächen des Typs I (siehe Abschnitt 3.5.2), ist es sinnvoll, das Format nicht länger zu unterstützen. Behalten Sie die Voreinstellung, diese Nachrichten nicht zu akzeptieren, daher bei.

Eine weitere Abfrage geht auf das Schreiben von Systemmeldungen (Logging) des Remailers ein. In der Startphase ist es für die Fehlerbehebung wichtig, diese Meldung in einer Logdatei zu speichern. Hierdurch finden Sie schneller eventuelle Fehler oder können die Fehlerursachen eingrenzen. In der späteren Betriebsphase haben Logdateien jedoch einen negativen Effekt: Ein Angreifer kann sich die Informationen aus den Dateien für weitere Angriffe zunutze machen. Daher sollten Sie anfangs das Logging aktivieren und dann deaktivieren, wenn Sie es nicht mehr benötigen.

Zur Frage im Installationsmenü, ob Anhänge gefiltert werden sollen, lässt sich schwer eine allgemeine Antwort geben. Es kann den Verbrauch der Bandbreite senken. Andererseits geht durch die Filterung ein Stück Flexibilität für die Benutzer verloren. Es empfiehlt sich, beide Varianten zu testen und aufgrund der Erfahrungen eine endgültige Entscheidung zu treffen.

Mixmaster erlaubt den Empfängern von E-Mails ein sogenanntes Opt-out. Das heißt, wenn eine Person keine Nachrichten von einem Remailer empfangen will, sendet sie eine entsprechende Nachricht. Die E-Mail-Adresse wird in die Datei `dest.blk` aufgenommen. Die Frage **Allow users to add themselves to the list of blocked addresses?** lässt Sie entscheiden, ob Sie das Opt-out erlauben wollen oder nicht. Es ist sinnvoll, diese Frage zu bejahen. Denn falls Fremde das Mixmaster-Netzwerk missbrauchen, um Mitmenschen zu belästigen, bietet sich hier ein Schutz vor unerwünschten E-Mails.

Der Remailer kann auch Nachrichten in das Usenet weiterleiten. Allerdings unterscheidet sich das Format von E-Mail und von Nachrichten im Usenet. Mail-to-News-Gateways (Übergang von E-Mails zu Usenetnachrichten) wandeln eine E-Mail um und veröffentlichen diese in einer Newsgroup. Die Frage **Allow posting to Usenet?** zielt auf dieses Verhalten ab. Wenn Sie die-

[23] Die Entwickler von Mixmaster empfehlen nach wie vor den achtstelligen Kurznamen. Allerdings gibt es seit mehreren Jahren zwei Remailer, die diese Beschränkung umgehen und fehlerfrei betrieben werden.

se Frage bejahen, werden Sie anschließend gebeten, die Adresse eines Mail-to-News-Gateways einzugeben. Vorgeschlagen wird der Server `mail2news@nym.alias.net`. Der Server ist nicht mehr erreichbar. Stattdessen sollten Sie eine der untenstehenden Adressen nutzen.

- `mail2news@m2n.mixmin.net`
- `mail2news@dizum.com`
- `mail2news@reece.net.au`

Danach errechnet Mixmaster die geheimen Schlüssel für den Betrieb des Remailers. Zur Erzeugung von zufälligen Zeichen werden Sie aufgefordert, Tastatur und Maus zu betätigen.

Mixmaster wird auch E-Mails erhalten, die an Sie als Betreiber gerichtet sind. Die letzte Einstellung legt fest, ob diese E-Mails an eine andere Adresse weitergeleitet, auf der Festplatte gespeichert oder durch ein weiteres Programm, wie beispielsweise Procmail, bearbeitet werden. Geben Sie bei der Frage eine E-Mail-Adresse, einen Dateinamen oder einen Befehl, der durch einen senkrechten Strich eingeleitet wird (Beispiel: `| <befehl>`), an. Sie sollten die eingehenden E-Mails regelmäßig lesen. Denn unter Umständen finden Sie hier Hinweise auf Fehlfunktionen oder Anfragen von Benutzern. Danach ist die Konfiguration abgeschlossen und wird in der Datei `mix.cfg` gespeichert. Hier ein Auszug, der die getroffenen Einstellungen abbildet:

```
REMAIL          y
PASSPHRASE      sehrgeheim
MIDDLEMAN       n

REMAILERADDR    remailer@example.org
ANONADDR        sender@example.org
COMPLAINTS      abuse@example.org

REMAILERNAME    Example Anon Remailer
ANONNAME        Arno Nym
SHORTNAME       examplemailer

MIX             y
PGP             n

ERRLOG          error.log
VERBOSE         2

BINFILTER       n
AUTOBLOCK       y

NEWS            mail2news@nym.alias.net
MAILBOX         /var/lib/mixmaster/mails.mbox
```

Damit ist der Remailer betriebsbereit. Sie sollten nun seinen Namen und die E-Mail-Adresse in der Newsgroup `alt.privacy.anon-server` sowie in der Mailingliste `remops@lists.mixmin.net`[24] ankündigen. Diese werden unter anderem von Betreibern anderer Remailer und Pinger gelesen. Die Betreiber der Pinger nehmen Ihren Server in die Pingerlisten auf. Dadurch erscheint der Remailer in den Statistiken und wird für den Versand anonymer E-Mails benutzt. Falls Sie sich nicht sicher sind, ob die Einstellungen richtig getroffen wurden, können Sie auch andere Betreiber von Remailern bitten, Ihren Dienst zu testen. Dazu ergänzen Sie die Konfigurationsdatei um den Eintrag `EXTFLAGS <testing>` und führen anschließend die Tests aus. Diese Einstellung zeigt anderen Betreibern, dass bei Ihrem Remailer Einschränkungen durch den Testbetrieb zu erwarten sind. Nach Abschluss der Tests sollten Sie die Einstellung entfernen und die Software neu starten.

3.6.9 Die Pingersoftware echolot

Echolote werden in der Schifffahrt zur Messung von Meerestiefen eingesetzt. Ein Gerät am Schiffsboden sendet ein Signal (Ping) und wertet die Antwortzeiten aus. Die Software Echolot[25] funktioniert nach dem gleichen Prinzip. Der Hauptbestandteil ist das Programm `pingd`. Es sendet E-Mails an bisher bekannte Remailer (single ping) oder an Remailerketten (chain ping) und wertet die Antwortzeiten aus. Daraus erzeugt das Programm Statistiken zur Verfügbarkeit der Remailer. Weiterhin sammelt Echolot die Schlüssel und Einstellungen der angefragten Remailer. Dadurch versucht die Software eventuell neue oder nicht mehr funktionierende Remailer zu erkennen. Die interne Funktionsweise von Echolot wurde von Klaus Kursawe, Peter Palfrader und Len Sassaman in „Echolot and Leuchtfeuer – Measuring the Reliability of Unreliable Mixes“ beschrieben.[26]

Echolot ist in der Programmiersprache Perl geschrieben und steht als gepackte Datei zum Download bereit.[27] Laden Sie den Quellcode herunter und entpacken Sie die Datei. Der Pinger arbeitet mit den Programmen GnuPG[28], Mixmaster sowie einem lokalen Mailserver zusammen. Des Weiteren nutzt Echolot die Perl-Module `HTML::Template`, `GnuPG::Interface`, `Data::Dumper` und `Digest::MD5`. Die beiden erstgenannten Module können vom CPAN installiert werden. Die anderen sind Bestandteil der aktuellen Perl-Distribution. Echolot liefert ein Programm mit, das die Module bei Bedarf installiert.

[24] Es empfiehlt sich des Weiteren, diese Liste regelmäßig zu lesen. Dort tauschen die Betreiber der Remailer neue Entwicklungen und Gedanken aus. Fragen zum Betrieb eines Remailers sind dort ebenfalls willkommen.

[25] `http://www.palfrader.org/echolot/`

[26] `http://www.cosic.esat.kuleuven.be/publications/article-906.pdf`

[27] `http://echolot.alioth.debian.org/`

[28] `http://www.gnupg.org/`

```
linux:echolot # tools/install-perl-modules
```

Als Alternative stellt Debian die Perl-Module als eigene Pakete zur Verfügung. Wenn Sie Debian oder eine davon abgeleitete Distribution wie Ubuntu verwenden, können Sie den Paketmanager zur Installation verwenden.

```
linux:~ # apt-get install libgnupg-interface-perl \
  libhtml-template-perl
```

Die Software wird später automatisch im Hintergrund aufgerufen und erzeugt die Statistiken. Es ist sinnvoll, das Programm nicht als Hauptbenutzer (`root`) aufzurufen, da sonst bei eventuellen Sicherheitslücken ein Angreifer umfassende Rechte über den Rechner erhält. Daher sollten Sie für die Software einen eigenen Systembenutzer anlegen. Den Namen des Benutzers können Sie frei wählen. Im Folgenden wird ein Benutzer `echolot` angelegt.

```
linux:~ # groupadd -g 150 echolot
linux:~ # useradd -c "Echolot Pinger" -s /bin/sh   \
   -d /var/lib/echolot -m -g 150 -u 150 echolot
```

Die Befehle `groupadd` und `useradd` legen eine neue Gruppe für den Benutzer und den Benutzer selbst an. Diese sind in jeder Linux-Distribution vorhanden. Oft stellen Ihnen die Distributionen auch komfortablere Möglichkeiten zur Benutzerverwaltung (YaST, system-config-users etc.) zur Verfügung. Sie sollten dann auf diese Werkzeuge zurückgreifen.

Das Beispiel legt zuerst eine Gruppe `echolot` mit der Gruppen-ID 150 an. Wenn diese Zahl bereits an eine andere Benutzergruppe vergeben ist, warnt das Programm. Schauen Sie in dem Fall in der Datei `/etc/group` nach der nächsten, nicht benutzten Gruppen-ID. Die zweite Zeile legt den Benutzer `echolot` an. Das Verzeichnis, in dem alle nutzerspezifischen Daten liegen, ist auf `/var/lib/echolot` eingestellt und wird erzeugt, falls es bisher nicht vorhanden ist. Der Nutzer `echolot` wird der Gruppe `echolot` zugeordnet und seine Benutzer-ID ebenfalls auf 150 festgelegt. Prüfen Sie zum Schluss, ob der neue Benutzer berechtigt ist, in seinem Verzeichnis neue Dateien anzulegen und zu bearbeiten.

```
linux:~ # su -c "echo test > /var/lib/echolot/test" echolot
linux:~ # su -c "cat /var/lib/echolot/test" echolot
test
linux:~ # rm /var/lib/echolot/test echolot
```

Die Folge von Eingaben sollte nur die Ausgabe `test` liefern. Wenn bei Ihnen eine Fehlermeldung erscheint, prüfen Sie, ob die beschriebenen Schritte korrekt ausgeführt wurden.

Wechseln Sie in das Verzeichnis, in das Sie den Quellcode von Echolot entpackt haben. Der Inhalt des Unterverzeichnisses `Echolot` wird in ein Unterverzeichnis des neu angelegten Benutzers kopiert.

```
linux:echolot # su -c "mkdir -p /var/lib/echolot/pinger/echolot" \
   echolot}
linux:echolot # su -c "cp -r Echolot/. \
   /var/lib/echolot/pinger/echolot/" echolot
```

Der erste Befehl legt ein Unterverzeichnis mit den Berechtigungen des Nutzers echolot an. Der zweite kopiert alle Dateien und Unterverzeichnisse vom Verzeichnis Echolot in das neu angelegte Verzeichnis. Der Befehl su stellt sicher, dass die kopierten Dateien dem Benutzer echolot zugeordnet werden. Dabei gehen die obigen Beispiele davon aus, dass diese als Hauptbenutzer ausgeführt werden. Einige Linux-Distributionen legen diesen Nutzer nicht mehr an. Stattdessen wird das Programm sudo ausgeliefert. In diesem Fall sind die Befehle nach dem Muster sudo -u echolot <befehl> einzugeben. Hier beispielhaft die letzte Sequenz mit sudo:

```
linux:~ # sudo -u echolot "mkdir -p /var/lib/echolot/pinger/echolot"
linux:~ # sudo -u echolot "cp -r Echolot/. \
   /var/lib/echolot/pinger/echolot/"
```

Das Pingerprogramm pingd benötigt Informationen über Namen, Speicherorte, die es aus der Datei pingd.conf ausliest. Um die Einrichtung zu vereinfachen, liegt im selben Verzeichnis ein kommentiertes Beispiel einer Konfiguration. Diese Datei trägt den Namen pingd.conf.sample. Sie können die Datei umbenennen und bearbeiten.

Das Format der Optionen ist Perl-Code und mag ungewöhnlich für eine Konfigurationsdatei scheinen. Innerhalb des Programms pingd wird die Konfiguration vom Befehl eval() ausgewertet. Er erwartet ein bestimmtes Format. Die Zeichenkette $CONFIG = {} markiert die Konfiguration. Eine Option wird durch '<option>' => '<wert>' innerhalb der geschweiften Klammern gespeichert. Optionen werden durch Kommata getrennt.

```
$CONFIG = {
  'sitename'         => 'beispielpinger',
  'my_localpart'     => 'pinger',
  'my_domain'        => 'example.org',
  'operator_address' => 'max@example.org',
  'homedir'          => '/var/lib/echolot',
  'mailin'           => '/var/mail/echolot',
  'logfile'          => '/var/log/echolot.log',
  'loglevel'         => 'debug',
  'pidfile'          => '/var/run/echolot/ping.pid',
}
```

Die ersten vier Zeilen legen den Namen des Pingers (beispielpinger), dessen E-Mail-Adresse sowie die E-Mail-Adresse des Betreibers fest. Diese Angaben sind obligatorisch. Stellen Sie insbesondere sicher, dass die E-Mails an die aus my_localpart und my_domain gebildete Adresse (im Beispiel pinger@example.org) bei Echolot ankommen. Die folgenden Einstellungen sind systemspezifisch. Die Option homedir enthält das Heimatverzeichnis des Benutzers echolot. Dies entspricht dem Wert, der beim Anlegen des Nutzers angegeben wurde. Echolot liest E-Mails aus einer lokalen Mailbox. Diese kann im Format mbox oder Maildir gespeichert sein.

In der Option mailin wird die Datei festgelegt, aus der Echolot die E-Mails ausliest. Die Angaben zum Speicherort der Logdatei und Loglevel sind optional, Logging hilft jedoch bei der Fehlersuche. Das Loglevel debug schreibt sehr viele Informationen in die Logdatei. Wenn Echolot fehlerfrei arbeitet, können Sie den Wert auf info oder notice ändern.

Weitere Konfigurationsmöglichkeiten sind in der Datei pingd.conf.pod im Verzeichnis doc zusammengefasst. Falls die ausführbare Datei von Mixmaster oder GnuPG nicht im Suchpfad ($PATH) steht, müssen Sie in der Konfiguration des Pingers das Verzeichnis zu den Programmen angeben. Weitere Einstellungen betreffen detailliertere Anpassungen zur Häufigkeit der Erstellung von Statistiken, der Zeitspanne, nach der unbeantwortete E-Mails als ungültig markiert werden, oder zum Speicherort bestimmter Dateien. Sie sind meist erst beim längeren Betrieb eines Pingers von Interesse.

Jetzt kann der Pinger in Betrieb genommen werden. Für die ersten Anfragen benötigt das Programm E-Mail-Adressen von Remailern. Zu Beginn sollten Sie mindestens vier Adressen angeben. Wenn Sie die Statistiken eines bereits bestehenden Pingers abrufen,[29] finden Sie dort die Adressen. Alle Aktionen sollten als Nutzer echolot ausgeführt werden.

```
liunx:~ # su - echolot
echolot@linux:~ $ cd /pfad/zu/echolot
echolot@linux:/pfad/zu/echolot $ ./pingd --detach start
Detaching.
echolot@linux:/pfad/zu/echolot $ ./pingd add remailer@example.org
echolot@linux:/pfad/zu/echolot $ ./pingd add anon@example.com
echolot@linux:/pfad/zu/echolot $ ./pingd getkeyconf
```

Zu Beginn nimmt Root die Rolle des Benutzers echolot ein und wechselt in das Verzeichnis, in welchem das Programm anfangs entpackt wurde. Danach wird der Pinger gestartet und im Hintergrund weiter ausgeführt. Die nächsten beiden Befehle fügen dem Pinger die E-Mail-Adressen zweier Beispielremailer hinzu. Sie können die Adressen auch innerhalb einer Zeile, getrennt durch Leerzeichen, übergeben. Der letzte Befehl sendet Anfragen an die betreffenden Remailer. Diese werden aufgefordert, die Konfiguration und den Schlüssel zu übermitteln.

Es kann einige Minuten dauern, bis die Remailer Antworten an Ihren Pinger schicken. Sobald diese eintreffen, erzeugt der Pinger Statistiken. Im Verzeichnis /var/lib/echolot/results werden Text- und HTML-Dateien angelegt, die Sie mit einem Browser oder Editor öffnen können. Die Anzeige ähnelt den Dateien, die auch auf der Liste aller Pinger[30] verlinkt sind.

[29] http://www.noreply.org/echolot/rlist2.txt
[30] http://www.noreply.org/allpingers/

Schließlich sollten Sie Echolot so einrichten, dass es täglich startet. Peter Palfrader stellt im Verzeichnis `tools` ein Shell-Skript (`pingctl`) zur Verfügung. Am Anfang der Datei sind die Angaben zum Benutzer und den Verzeichnissen zu ergänzen. Sie können das Skript dann beim Hochfahren starten oder es als regelmäßigen Auftrag vom System ausführen lassen.

Viele Betreiber von Pingern veröffentlichen die Statistiken auf Webseiten. Die Nutzer von Mixmaster nutzen die Informationen, um Remailer für den Versand der anonymen E-Mails festzulegen. Falls Sie die Ergebnisse Ihres Pingers allgemein zugänglich machen, informieren Sie davon auch Peter Palfrader[31]. Er wird die Liste aller Pinger aktualisieren, und fortan wird Ihr Pinger von den Remailern zum Download von Statistiken genutzt.

3.7 Mixminion

Der Typ-III-Remailer mit dem Namen Mixminion wurde 2002 von George Danezis, Nick Mathewson und Roger Dingledine vorgestellt. Ziel der Entwickler war eine Lösung, die den letzten Forschungsergebnissen entspricht, einen hohen Grad an Anonymität bietet und einfach zu bedienen ist. Weiterhin sollte der Remailer eine Antwortfunktion besitzen, d. h. Bob soll auf eine anonyme E-Mail eine Antwort erzeugen können, die Alice entgegennimmt, ohne ihre Anonymität zu verlieren.

Mixminion hat einige Merkmale von Mixmaster übernommen und andere verändert bzw. neu hinzugefügt. Eine der markantesten Neuerungen ist der Verzicht auf Kommunikation per SMTP.[32] Alle bisherigen Remailer haben die Nachrichten über SMTP ausgetauscht. Die Mixminion-Knoten bauen untereinander Tunnel auf, die mittels TLS[33] verschlüsselt sind. Die Tunnel werden mittels Diffie-Hellman-Schlüsselaustausch initiiert.

Eine weitere Neuerung zu den bestehenden Protokollen ist der Einsatz von Verzeichnisservern. In Typ I oder Typ-II-Netzen gibt es keine organisierten Informationen über bestehende Server. Lediglich mittels sogenannter Pinger ist es dort möglich, den Status der Remailer zu überwachen und Aussagen über die Verfügbarkeit und Antwortzeit der Server zu treffen. Bei Mixminion versorgt eine Gruppe redundant gehaltener Verzeichnisserver die Clients mit den aktuellen Informationen zu Schlüsseln, Status und Ressourcen der Server.

Die hauptsächliche Neuerung, die Mixminion mit sich bringt, ist die Fähigkeit, Antworten zu empfangen. Hierzu werden einmalige Antwortblocks (Single Use Reply Blocks, SURBs) eingesetzt. Bei den oben erwähnten Nym-

31 Seine E-Mail-Adresse ist `web@palfrader.org`.

32 Simple Mail Transfer Protocol, das Befehle zum Austausch von E-Mails zwischen Servern definiert.

33 Transport Layer Security, `http://www.ietf.org/rfc/rfc2246.txt`

remailern wurden bereits Antwortblöcke vorgestellt. Diese können mehrfach benutzt werden. Einerseits ist die Mehrfachnutzung bequem, aber gleichzeitig entsteht ein Sicherheitsrisiko. Falls mehrere Nachrichten über denselben Antwortblock gesendet werden, kann der Angreifer unter Umständen den Pfad zum Empfänger verfolgen. Durch den Einsatz einmaliger Antwortblöcke versucht Mixminion, diese Angriffe auszuschalten. Mixminion erlaubt Alice, Nachrichten auf drei verschiedenen Wegen mit Bob auszutauschen:

„normale“ Nachrichten
: Dies sind die herkömmlichen anonymen Nachrichten an einen bestimmten Empfänger. Alice sendet eine E-Mail an Bob, der nicht erkennen kann, von wem diese Nachricht stammt.

direkte Antworten
: Bob antwortet auf eine anonymisierte Nachricht von Alice. Dabei kann weder er noch jemand anderes feststellen, an wen die Nachricht geliefert wird.

anonymisierte Antworten
: Alice sendet eine Nachricht an Bob. Hier kann weder Alice die Identität von Bob, noch kann Bob die Identität von Alice feststellen. Das wird auch als bidirektionale Anonymität bezeichnet.

Für die Aufrechterhaltung der Anonymität ist es wichtig, dass man normale Nachrichten nicht von Antworten unterscheiden kann, andernfalls würde sich neues Angriffspotential eröffnen. Im Protokoll von Mixminion ist diese Ununterscheidbarkeit gewährleistet.

3.7.1 Funktionsweise

Wenn Alice eine normale Nachricht an Bob versenden möchte, muss sie zunächst die Verzeichnisserver über den aktuellen Zustand des Netzwerkes befragen. Der Verzeichnisserver antwortet mit der kompletten Liste der Remailer im Netzwerk. Diese Liste ist von einem oder mehreren anderen Verzeichnisservern digital signiert. Dies soll garantieren, dass die Informationen von mehreren unabhängigen Servern für richtig befunden wurden – sonst könnte ein Angreifer gefälschte Informationen bereitstellen.

Die einzelnen Mixminion-Server melden sich anfangs bei den Verzeichnisservern an. Später fragen die Verzeichnisserver die Remailer in regelmäßigen Abständen ab und versuchen, deren Status zu ermitteln. Die Abfrage ist derzeit noch sehr ähnlich den Pingern in den anderen Remailerprotokollen. Es ist geplant, hier Forschungsarbeit zu investieren und dadurch ein sicheres System zu erhalten, das auf der Reputation der einzelnen Mixminion-Server beruht.

Mit den aktuellen Verzeichnisinformationen kann Alice nun einen Pfad durch das Mixminion-Netzwerk wählen. Dazu wird die Nachricht wie bei den bisher beschriebenen Protokollen verschlüsselt und eventuell in mehrere gleich große Pakete geteilt. Das Programm erzeugt nun einen Nachrichtenkopf. Dieser besteht aus Informationen für jeden Mixminion-Server in der Kette. Die einzelnen Kopfteile bestehen aus einer Prüfsumme über den Teil des Nachrichtenkopfes, den jeder Remailer in der Kette erhält. Somit können die Remailer die Integrität der Nachricht prüfen.

Weiterhin wird in den Kopfteil ein Passwort gespeichert, aus dem später ein symmetrischer Schlüssel erzeugt wird. Letztlich ist in jedem Kopfteil die Adresse des nächsten Servers und dessen Signatur enthalten. Mixminion prüft bei der Verbindungsaufnahme die Signatur und leitet die Nachricht nur weiter, wenn die übermittelte Signatur mit der im Kopf gespeicherten übereinstimmt. Zuletzt werden die einzelnen Kopfteile in zwei Nachrichtenköpfe, den Haupt- und den Sekundärteil, zusammengefasst. Mixminion errechnet eine Prüfsumme des Nachrichtentextes und nutzt diese, um den Sekundärteil zu verschlüsseln.

Damit ist die Erzeugung der Nachricht abgeschlossen und Alice kann sie verschicken. Jeder Server in der Kette vergleicht die Prüfsumme im Kopf mit der, die er selbst errechnet hat. Falls diese übereinstimmen, reicht er sie weiter. Dies geschieht solange, bis ein sogenannter Kreuzungspunkt (Crossover Point) erreicht ist. Dieser Server entschlüsselt nun den Sekundärteil und tauscht den Hauptteil gegen den Sekundärteil aus. Dieser Austausch soll die im Abschnitt 3.6.2 beschriebene Taggingattacke verhindern, denn die Prüfsumme des Nachrichtentextes ist der Schlüssel für den Sekundärteil. Sollte jemand die Nachricht verändern, so ändert sich auch die Prüfsumme. Damit kann der Sekundärteil nicht entschlüsselt werden.

Nach dem Tausch der beiden Kopfdaten wird die Nachricht im Netzwerk weitergeleitet und erreicht schließlich Bob.

Wie erwähnt, werden die Nachrichten nicht per SMTP weitergegeben, sondern mit TLS. Mittels dieses Protokolls wird zwischen den einzelnen Knoten ein kurzlebiger Diffie-Hellman-Schlüssel erzeugt und ein entsprechender Schlüsseltausch ausgeführt. Sobald ein Kommunikationstunnel aufgebaut wurde, werden die Diffie-Hellman-Schlüssel gelöscht und ausschließlich über einen Sitzungsschlüssel kommuniziert. Des Weiteren löschen die Knoten auch diesen Sitzungsschlüssel nach jeder Nachricht und erneuern ihre Sitzungsschlüssel. Damit wird Perfect Forward Secrecy (perfekt fortgesetzte Geheimhaltung, PFS) erreicht. Das bedeutet, dass aus den alten Schlüsseln keine Informationen über vorherige oder folgende Schlüssel gewonnen werden können.

Nachdem Bob die Nachricht erhalten hat, könnte er sich entscheiden, eine Antwort an Alice zu senden. Hierbei ist die Abfolge der Schritte eine etwas andere als oben beschrieben, denn im obigen Falle besitzt die E-Mail keinerlei Informationen über den Absender. Als Senderadresse ist ein beliebiger Wert gesetzt. Für eine Antwort werden SURBs benötigt. Die erwähnten einmaligen Antwortblöcke (SURBs), die Mixminion verwendet, enthalten die E-Mail-Adresse in verschlüsselter Form sowie den Pfad, über den die Nachricht geschickt werden soll. Der Antwortblock wird über eine Mixminion-Kette an Bob gesandt. Bob kann sich nun einen der SURBs auswählen und antwortet wiederum an Alice. Die E-Mail wird dann über die im Antwortblock kodierten Server an Alice gesandt.

Bei der dritten Möglichkeit, der anonymisierten Antwort, tauschen sowohl Alice als auch Bob vorher die SURBs aus und kommunizieren mittels der SURBs. In diesem Fall kann keiner der beiden herausfinden, mit wem er wirklich kommuniziert.

Mixminion ist eines der konzeptuell am weitesten entwickelten Remailerprotokolle, die auch größere praktische Verwendung gefunden haben. Wie wir im Abschnitt 3.7.2 sehen werden, haben sich die Entwickler viele Gedanken um die Sicherung der Anonymität gemacht. Das Mixminion-Protokoll ist in der Theorie sicherer als das Mixmaster-Protokoll einzuschätzen.

3.7.2 Angriffe gegen Mixminion

Will man jedoch die praktisch gegebene Sicherheit beurteilen, zeigen sich Abweichungen von der Theorie. Die Hauptentwickler von Mixminion, Roger Dingledine und Nick Mathewson, sind nämlich auch die führenden Kräfte bei Tor (Abschnitt 4.2) und haben sich derzeit nahezu ausschließlich Tor zugewandt. Das Netzwerk von Mixminion ist daher in der Testphase geblieben und auch am Code der Software wird seit längerer Zeit nicht mehr aktiv entwickelt. Das bedeutet zum einen, dass aufgrund der Tests einige Server mit unsicheren Optionen betrieben werden und zum anderen, dass die Software wahrscheinlich einige Fehler enthält, die die Anonymität einschränken oder sogar aufheben. Der Betreuer des Debianpakets von Mixminion formuliert daher auch in der Paketbeschreibung[34] eine drastische Warnung:

> WARNING! Do NOT use this release if you require strong anonymity. It has known deficiencies, including some that make it possible for an adversary to trace your message through the system.

Mixminion sollten Sie daher momentan nur für Testzwecke nutzen. Auf der Webseite des Projekts[35] finden Sie aktuelle Neuigkeiten sowie eine Mailingliste. Dort sehen Sie, ob die Entwicklung eventuell wieder eingesetzt hat.

[34] `http://packages.debian.org/experimental/net/mixminion`
[35] `http://www.mixminion.net/`

Das kann sich lohnen, denn wenn die Testphase überwunden ist, erhalten Sie hier einen höheren Grad an Anonymität als bei den anderen gängigen Remailern.

Im Rahmen einer Taggingattacke kann der Angreifer Pakete markieren und versuchen, diese später wiederzuerkennen. Dies wird durch den Tausch der Nachrichtenköpfe und die Verschlüsselung mit der Prüfsumme umgangen. Denn wenn die Nachricht vor dem Kreuzungspunkt verändert wurde, kann sie nicht entschlüsselt werden und wird verworfen. Wenn die Markierung erst nach dem Kreuzungspunkt erfolgt, kann der Angreifer nichts mehr über den Absender der Nachricht erfahren.

Beim Design des Protokolls haben die Entwickler sehr darauf geachtet, dass Mixminion gegen eine Vielzahl von Angriffen abgesichert ist. Der oben bei Mixmaster beschriebene Angriff, eine Vielzahl von Nachrichten in das Netzwerk zu leiten und dabei die E-Mail von Alice zurückzuhalten, wird hier weiter erschwert. Denn jeder Mixminion-Server sendet Dummynachrichten in Abhängigkeit von der Frequenz der einkommenden E-Mails. Falls der Server viele Nachrichten entgegennimmt, beginnt er, mehr Dummynachrichten zu senden, bei wenig Netzverkehr entsprechend weniger. Wenn ein Angreifer das Netzwerk mit eigenen Nachrichten flutet, senden also auch die Remailer untereinander mehr Nachrichten.

Eine möglicherweise erfolgversprechende Angriffsmöglichkeit ist das Zurückhalten einer anonymen Nachricht. Der Angreifer wartet solange, bis verschiedene Parameter des Netzwerkes passend sind und verschickt die Nachricht dann. Dieser Angriff kann unter Umständen sehr schwerwiegend sein. Allerdings liegen zur Zeit noch keine wissenschaftlichen Forschungsergebnisse dazu vor.

Ein vielverspechender Angriffspunkt sind die Verzeichnisserver. Denn hier werden an einer begrenzten Anzahl von Servern sehr wichtige Informationen über das Netzwerk vorgehalten. Ein Angreifer könnte beispielsweise versuchen, einen der Verzeichnisserver zu kompromittieren und falsche Daten weiterzugeben. Dies versucht das Protokoll durch gegenseitiges Signieren der Verzeichnisdaten zu umgehen. Die Entwickler gehen davon aus, dass immer einige der Verzeichnisserver vertrauenswürdig bleiben und dann diese falschen Informationen nicht unterschreiben.

Einen viel schwerwiegenderen Angriff könnte man starten, indem man den Betrieb anderer Mixminion-Server so stört, dass diese hohe Antwortzeiten haben oder selten verfügbar sind. Weiterhin werden einige wenige Server betrieben, die hochverfügbar sind. Die Benutzer werden dann sicher auf die gut verfügbaren Server ausweichen. Auf diese Weise wäre es möglich, Daten für eine Verkehrsanalyse zu sammeln. Mit den entsprechenden Verfügbarkeitsstatistiken lassen sich diese Probleme teils umgehen. Aber weitere Lösungen sind noch Gegenstand wissenschaftlicher Forschung.

Als Fazit bleibt stehen: Der Typ-III-Remailer ist gegenüber sehr vielen Angriffen sicher und wäre die derzeit beste Alternative zu den anderen vorgestellten Protokollen. Die Fehler in der Implementierung verhindern jedoch den umfassenden Einsatz der Software.

3.7.3 Installation unter Windows

Die letzte stabile Version ist 0.0.7.1.[36] Weiterhin gibt es eine Entwicklervariante in der Version 0.0.8alpha3. Beide Pakete liegen als Quellcode vor. Windowsnutzer können die stabile Version als vorkompiliertes Paket beziehen.[37] Entpacken Sie nach dem Download den Inhalt in ein beliebiges Verzeichnis. Die Datei `mixminion.exe` stellt den Remailer als Programm für die Kommandozeile zur Verfügung.

Linuxnutzer sollten die Entwicklervariante wählen. Diese funktionierte in den für dieses Buch durchgeführten Tests besser als die stabile Version.

3.7.4 Installation unter GNU/Linux

Derzeit kann Mixminion für GNU/Linux nur aus dem Quellcode installiert werden, da keine Distribution vorgefertigte Pakete anbietet. Mixminion wurde zum großen Teil in der Programmiersprache Python geschrieben. Auf Ihrem System sollte daher Python in einer aktuellen Version installiert sein. Weiterhin benötigt der Remailer die Verschlüsselungssoftware OpenSSL. Beide Programme sind meist schon installiert oder lassen sich leicht nachinstallieren.

Laden Sie jetzt das gepackte Archiv von der Webseite von Mixminion herunter und entpacken Sie die Datei. Die Software legt ein neues Verzeichnis an. Darin befindet sich der Quellcode und Informationen, wie die Software zu kompilieren ist. Sie können in das Verzeichnis wechseln und den Installationsvorgang starten.

```
linux:~ # cd Mixminion-0.0.8alpha3
linux:Mixminion-0.0.8alpha3 # make && make test
linux:Mixminion-0.0.8alpha3 # make install PREFIX=/opt/mixminion
```

Der Befehl `make test` führt Modultests durch. Die Tests dienen dazu, die Korrektheit der Software nachzuweisen. Der Aufruf sollte daher ohne Fehler beendet werden. Falls dennoch Fehler auftreten, wird die Software möglicherweise im Betrieb nicht zuverlässig funktionieren. Sie können versuchen, das Programm trotzdem zu installieren und zu nutzen. Die bessere Alternative ist es, über die Mailingliste[38] Kontakt zu anderen Nutzern auf-

[36] `http://www.mixminion.net/dist/`
[37] `http://www.mixminion.net/dist/0.0.7.1/Mixminion-0.0.7.1.win32.zip`
[38] `http://archives.seul.org/mixminion/dev/`

zunehmen, die Ihnen Auskunft über den Fehler geben und so helfen, die Ursache zu beseitigen.

Mit dem Argument `PREFIX` bestimmen Sie, in welches Verzeichnis die Software installiert wird. Hier wurde das Verzeichnis `/opt/mixminion/` gewählt. Mixminion kann mit dem Aufruf `/opt/mixminion/bin/mixminion` ausgeführt werden. Sie können das Installationsverzeichnis in den Suchpfad aufnehmen, falls Sie Mixminion öfter verwenden. Diese Einstellungen werden in der Konfigurationsdatei der Shell gespeichert:

```
export PATH=/opt/mixminion/bin:$PATH
```

3.7.5 Anonyme E-Mails versenden

Die Bedienung von Mixminion erfolgt ausschließlich über die Kommandozeile. Der Aufruf des Programms besteht aus dem Namen der Software sowie einem Argument.[39] Der Befehl `mixminion version` bzw. unter Windows `version` zeigt beispielsweise die aktuell installierte Version der Software an. Nach der Installation sollten Sie zuerst sicherstellen, dass Mixminion korrekt installiert wurde. Mit dem Argument `unittests` führt die Software wieder Modultests durch. Die Tests prüfen die Installation. In der Entwicklerversion von Mixminion ist Code enthalten, der später die Pinger ersetzen soll. Zur Speicherung der Daten greift der Code auf die Bibliothek SQLite zurück. Falls diese nicht auf Ihrem System installiert ist, bricht der Test mit einer Fehlermeldung ab.

```
linux:~ # mixminion unittests
............[Generating DH parameters
(not caching)... done.].....
----------------------------------------
Ran 105 tests in 15.136s
```

Falls bei der Ausführung des Befehls Fehler auftreten, können Sie diese entweder ignorieren oder sich an die Mailingliste des Projekts wenden, um entweder eine Lösung des Problems zu finden oder wenigstens zur Verbesserung künftiger Versionen beizutragen.

Gab es keine Fehler, steht Mixminion zur Benutzung bereit. Zu Beginn benötigt die Software Informationen über die verfügbaren Server. Mixminion prüft, ob die Daten aktuell, also nicht älter als einen Tag sind, und lädt sie anderenfalls neu herunter. Mit dem Parameter `update-servers` weisen Sie Mixminion explizit an, aktuelle Informationen herunterzuladen. Der Parameter `list-servers` dient der Anzeige aller bekannten Server sowie deren Eigenschaften:

39 Wenn Sie in Windows auf das Programm doppelklicken, entfällt die Eingabe von `mixminion`.

```
linux:~ # mixminion update-servers
Mixminion version 0.0.8alpha3
Jul 31 20:05:26.253 +0200 [INFO] Downloading directory from ...
Jul 31 20:06:16.382 +0200 [INFO] Validating directory
Directory updated
linux:~ # mixminion list-servers
Mixminion version 0.0.8alpha3
antani:smtp relay        (ok)
digilicious:relay        (ok)
grove:mbox relay frag    (ok)
tainaron:mbox relay      (ok)
wiredyne:mbox relay frag          (not recommended)
```

Am Ende der Zeile befindet sich eine Empfehlung, ob der betreffende Server benutzt werden sollte. Bei den Merkmalen der Server werden Sie hauptsächlich `smtp` und `relay` finden. Im ersten Fall werden die Nachrichten an einen externen Server mittels SMTP weitergeleitet. Server, die als Merkmal `relay` angeben, leiten E-Mails nur innerhalb des Mixminion-Netzes weiter. Der Parameter `list-servers` nimmt die Option `-F` entgegen. Hiermit können Sie weitere Informationen zum Server, wie Kontaktadresse des Administrators, Softwareversion und anderes, abfragen.

Der Versand von E-Mails erfolgt mit dem Parameter `send`. Als Option geben Sie die E-Mail-Adresse des Empfängers und eventuell eine Datei an, in der sich der Text für die E-Mail befindet. Mixminion konstruiert danach eine Remailerkette und versendet die E-Mail.

```
user@linux:~ $ mixminion send -t empfaenger@example.org
Enter your message.  Type Ctrl-D when you are done.
Hallo,
dies ist eine Testnachricht.
[Strg]+[D]
Jul 31 20:04:18.789 +0200 [INFO] Generating payload(s)...
Jul 31 20:04:18.793 +0200 [INFO] Selected path is
  grove,snorky,antani:KisanganiToo,tainaron,pboxlevel3
Jul 31 20:04:18.810 +0200 [INFO] Packet queued
Jul 31 20:04:18.810 +0200 [INFO] Connecting...
Jul 31 20:04:24.136 +0200 [INFO] ... 1 sent
user@linux:~ $ mixminion send -t empfaenger@example.org -i mailtext
Jul 31 20:09:40.381 +0200 [INFO] Generating payload(s)...
Jul 31 20:09:40.384 +0200 [INFO] Selected path is pboxxl,antani:\
nefarion
Jul 31 20:09:40.394 +0200 [INFO] Packet queued
Jul 31 20:09:40.394 +0200 [INFO] Connecting...
Jul 31 20:09:45.363 +0200 [INFO] ... 1 sent
```

Der Befehl akzeptiert auch die Optionen `--subject=""` und `--from=""`. Innerhalb der Anführungszeichen steht der Betreff oder der Absender, der dem Empfänger der E-Mail angezeigt wird. Die E-Mail wird über die in der Ausgabe stehenden Remailer weitergeleitet. Im zweiten Beispiel wurde die Kette `pboxxl`, `antani` und `nefarion` genutzt. Der Doppelpunkt in der Ausgabe markiert den Kreuzungspunkt. Im Beispiel nimmt antani diese Rolle ein. Der Versand der E-Mail kann je nach Länge der Kette und Auslastung der Server mehrere Stunden dauern.

Pseudonachrichten werden ebenfalls mit dem Parameter send verschickt. Der letzte Remailer in der Kette erkennt die Nachricht und löscht sie. Statt der E-Mail-Adresse wird das Schlüsselwort drop angegeben. Dies weist Mixminion an, eine Pseudonachricht zu erzeugen.

```
user@linux:~ $ mixminion send -t drop
```

Wenn Sie eine größere E-Mail versenden wollen, kann es sein, dass sie die maximale Größe für eine Mixminion-Nachricht übersteigt. Dann zerlegt die Software Ihre E-Mail in mehrere Teile und versendet sie über verschiedene Ketten. Der letzte Server in der Kette setzt die E-Mail wieder zusammen. Diese Aktionen werden automatisch durchgeführt. Mixminion informiert Sie über die Auftrennung in den Logmeldungen.

3.7.6 Einmalige Antwortblöcke nutzen

Das wesentliche neue Merkmal von Mixminion im Vergleich zu den bislang vorgestellten Remailern ist die Möglichkeit des Empfängers, eine Antwort zu senden. Dies wird durch einmalige Antwortblöcke (SURBs) realisiert. Beim anonymen Versand der E-Mails sieht der Empfänger entweder die Absenderadresse des letzten Remailers in der Kette oder das von Ihnen vorgegebene Pseudonym. Mit einem von Ihnen geschickten SURB kann der Empfänger antworten beziehungsweise, wenn Empfänger und Absender die SURBs austauschen, können beide Seiten anonyme Nachrichten senden und empfangen.

Der Parameter generate-surb legt eine oder mehrere neue SURBs an. Die werden verschlüsselt auf Ihrer Festplatte gespeichert. Wenn Sie die SURBs zum ersten Mal anlegen, fragt Mixminion nach einem Passwort. Dieses wird zur Verschlüsselung genutzt. Später muss das Passwort zum Entschlüsseln wieder angegeben werden:

```
user@linux:~ $ mixminion generate-surb -t absender@example.org \
  -o surb.txt
Jul 31 20:04:45.104 +0200 [INFO] Selected path is
  frell,paranion,nefarion,geonosis
Enter new passphrase for client keyring:
                      Verify passphrase:
Jul 31 20:04:51.042 +0200 [INFO] Creating new key for identity ''
-----BEGIN TYPE III REPLY BLOCK-----
Version: 0.2
U1VSQgABRtS3AAvj0jstjdkitYn6r83bVf3MThZBZg7uMWN73fS+p5cEScTe57fy
[...]
-----END TYPE III REPLY BLOCK-----
```

Der Antwortblock nimmt die angegebene E-Mail-Adresse als Empfängeradresse auf. Mit der Option `-o` schreibt Mixminion den Antwortblock in die Datei. Wenn Sie die Option weglassen, erfolgt die Ausgabe in der Kommandozeile. Nach Eingabe und Bestätigung des Passworts erzeugt Mixminion den SURB.

Sie können den Antwortblock jetzt mit dem Befehl Befehl `mixminion send` an den Empfänger versenden. Wenn Sie den Antwortblock in einer Textdatei gespeichert haben, können Sie beim Versand die Option `-i <surb-datei>` angeben. Mixminion fügt den Antwortblock der E-Mail bei:

```
user@linux:~ $ mixminion send -t empfaenger@example.org \
  -i surb.txt
[...]
```

Der Empfänger des Antwortblocks speichert diesen in einer Datei. Mit dem Parameter `inspect-surbs` kann er Details zum SURB anzeigen.

```
user@linux:~ $ mixminion inspect-surbs surb-datei
==== surb-datei
Reply block hash: dd274d3fab2a15abf7546f140b411f750f1e4263
Expires at: 2007-07-31 20:04:00 GMT
First server is: server at sullust.winstonsmith.info:48103
Used: no
```

Das Programm zeigt an, ob der Antwortblock schon benutzt wurde und wie lange er noch gültig ist. Der Empfänger der E-Mail nutzt zur Antwort wieder den Parameter `send` von Mixminion. Statt der E-Mail-Adresse wird der Dateiname des SURBs angegeben.

```
user@linux:~ $ mixminion send -R surb-datei
Enter your message.  Type Ctrl-D when you are done.
Hallo,
dies ist die Antwort auf den SURB.
Jul 31 20:04:18.789 +0200 [INFO] Generating payload(s)...
Jul 31 20:04:18.793 +0200 [INFO] Selected path is
  grove,snorky,antani:KisanganiToo,tainaron,pboxlevel3
Jul 31 20:04:18.810 +0200 [INFO] Packet queued
Jul 31 20:04:18.810 +0200 [INFO] Connecting...
Jul 31 20:04:24.136 +0200 [INFO] ... 1 sent
```

Mixminion sendet die Antwort an den ursprünglich im SURB angegebenen Empfänger und markiert den Antwortblock als benutzt. Sie sehen diese Markierung, wenn Sie nochmals mittels `inspect-surbs` die Details zum Antwortblock betrachten.

Der im Antwortblock angegebene Empfänger erhält die E-Mail in verschlüsselter Form. Vor dem verschlüsselten Teil steht:

```
This message is not in plaintext.  It's either 1) a reply; 2) a
forward message encrypted to you; or 3) junk.
```

Speichern Sie den mit

```
-----BEGIN TYPE III ANONYMOUS MESSAGE----
```

beginnenden Teil der Nachricht in einer Datei. Diese Datei wird an Mixminion übergeben und vom Programm entschlüsselt. Hierfür müssen Sie das anfangs angegebene Passwort eingeben:

```
user@linux:~ $ mixminion decode -i surb-antwort
Enter passphrase for keyring:
Hallo,
dies ist die Antwort auf den SURB.
```

Die Ausgabe schreibt Mixminion auf die Konsole. Die Option `-o <datei>` speichert den Inhalt der Nachricht in der angegebenen Datei.

Mixminion kann auch als Server betrieben werden. Die Software benötigt hierzu eine ältere Version der Programmiersprache Python sowie andere Bibliotheken. Bedingt durch die Weiterentwicklung der betreffenden Software war zuletzt zu beobachten, dass es Schwierigkeiten beim Betrieb eines Servers gibt. Daher sollten nur erfahrenere Nutzer, die idealerweise auch Kenntnisse in Python besitzen, einen Server in Betrieb nehmen.

3.8 Weitere Remailer

Noch immer wird weltweit viel über sichere Remailerprotokolle bzw. Angriffe darauf geforscht. Leider können viele daraus resultierende Ideen aufgrund fehlender Kapazität nicht in die Praxis umgesetzt werden. Daher arbeiten die meisten Nutzer auch heute noch mit Mixmaster, einem Protokoll, das vor mehr als zehn Jahren Stand der Technik war. Mixminion hat wahrscheinlich weniger Nutzer als Mixmaster, und es wäre wünschenswert, dass sich ein oder mehrere Interessierte finden würden, um die Entwicklung an der Software wieder aufzunehmen. Die anderen oben erwähnten Protokolle, insbesondere Cypherpunk, sind zwar heute auch noch in Benutzung, jedoch existieren so viele Angriffe dagegen, dass man sie nicht mehr guten Gewissens empfehlen kann. Das Kapitel geht deshalb nur auf die Installation und Konfiguration von Mixmaster bzw. damit verbundener Software und von Mixminion genauer ein.

Neben den bisher beschriebenen Remailermodellen sind im Laufe der Zeit weitere Ideen hinzugekommen. Die meisten davon haben ein sehr komplexes Design beziehungsweise stellen hohe Anforderungen an die Rechnerhardware oder die zugrunde liegenden Kommunikationsverbindungen. Daher haben sie, trotz ihrer teils interessanten theoretischen Ansätze, keinen Eingang in die Praxis gefunden. Unter den Modellen finden sich z. B.

die sogenannten Flashmixe[40] oder auch die hybriden Mixe[41], auf die hier wegen der fehlenden praktischen Relevanz nicht näher eingegangen wird.

Bei allen bisher vorgestellten Modellen wählt prinzipiell der Nutzer bzw. die Software des Nutzers eine Route durch das Netzwerk. Diese Klasse der Remailer wird auch als Remailer mit freiem Routing oder Netzwerk mit freiem Routing bezeichnet. Eine weitere Klasse von Mixnetzwerken wurde von Oliver Berthold, Andreas Pfitzmann und Ronny Standtke beschrieben.[42] Sie schlagen Kaskadennetzwerke vor. Darin kann der Absender einen fest vorgegebenen Pfad nutzen oder aus einer Reihe fest vorgebenener Pfade auswählen. Dies bietet einen höheren Grad an Anonymität, vor allem dann, wenn der Angreifer mehrere Server unter Kontrolle hat. Die Kaskadenetzwerke sind dafür andererseits verwundbarer für Angriffe, in denen der Angreifer Nachrichten zurückhält und die Server zunächst mit eigenen Nachrichten flutet. Wir werden diesen Netzwerken später beim AN.ON-Projekt (Abschnitt 5.1) wieder begegnen.

[40] Markus Jakobsson, „Flash Mixing", in: PODC 99. ACM Press, 1999 – http://www.informatics.indiana.edu/markus/papers/flashmix.pdf

[41] Markus Jakobsson und Ari Juels, „An Optimally Robust Hybrid Mix Network", in: PODC '01. ACM Press, 2001 – http://www.informatics.indiana.edu/markus/papers/hybridmix.pdf

[42] Oliver Berthold, Andreas Pfitzmann, und Ronny Standtke, „The disadvantages of free MIX routes and how to overcome them", in: Workshop on Design Issues in Anonymity and Unobservability, Springer, 2000 – http://www.freehaven.net/anonbib/cache/disad-free-routes.pdf

Kapitel 4

Das Tor-Projekt

Den vorgestellten Remailer-Protokollen aus Kapitel 3 ist gemein, dass die Auslieferung der Nachrichten recht lange dauert. Je nach Remailer und Zustand des Netzwerks können zwischen Versand und Empfang Minuten oder Stunden liegen. Der Mixmaster-Remailer `slow` hatte Anfang des Jahres 2012 eine Wartezeit von etwa 17 Stunden. Sind noch weitere langsame Server eingebunden, so sind Verzögerungen von mehr als 24 Stunden möglich. Derartige Anwendungen eignen sich daher nicht für Nutzer, die Webseiten besuchen, chatten oder sich mit entfernten Rechnern verbinden wollen, denn hier kommt es zumeist auf kurze Antwortzeiten im Bereich weniger Sekunden an.

4.1 Onion Routing

Ein Lösungsansatz kommt aus der militärischen Forschung. Militärstrategen beschäftigen sich seit einigen Jahren vermehrt mit der Idee des „Electronic Warfare“, der elektronischen Kampfführung bzw. des „Network-Centric Warfare“, also der netzwerkbasierten Kampfführung. Dabei wird versucht, die Infrastruktur des Gegners anzugreifen und zu schwächen. Das eigene Kommandozentrum befindet sich normalerweise nicht in direkter Nähe der Ereignisse, sondern weit entfernt. So leitet beispielsweise das Einsatzführungskommando der Bundeswehr (EinsFüKdoBw) von Geltow in der Nähe von Potsdam die Auslandseinsätze. Die vermutlich bekanntesten Einsätze waren ISAF in Afghanistan und Usbekistan, UNIFIL im Libanon sowie Enduring Freedom in Dschibuti.

Streitkräfte auf der einen Seite der Welt von der anderen Seite der Welt aus zu führen, macht es notwendig, Nachrichten über das Netzwerk, also beispielsweise per E-Mail oder Chat, auszutauschen. Damit bietet der Electronic Warfare eine Schwachstelle: Die Notwendigkeit, nahezu permanent online zu sein, eröffnet Dritten unter Umständen Gelegenheit, Aufenthaltsorte zu bestimmen und die Kommunikation abzuhören oder gar zu manipulieren. Diese Überlegungen führten 1995 dazu, dass das Office of Naval Research[1] (ONR) Forschungen zum *Onion Routing* finanzierte. Es sollte eine Technik entstehen, die den Streitkräften eine weitgehend nicht einsehbare Kommunikation erlaubt.

Im Mai 1996 wurde von David M. Goldschlag, Michael G. Reed und Paul F. Syverson das Prinzip des Onion Routing erstmals präsentiert.[2] Der Begriff „Onion Routing“ (Zwiebel-Routing) verweist darauf, dass die Netzwerkpakete in mehreren Hüllen verschlüsselt werden. Jeder Server muss eine Verschlüsselungsschicht „abschälen“. Der beschriebene Aufbau einer solchen Zwiebel ähnelt dem, was bei den Cypherpunk-Remailern in Abschnitt 3.5 vorgestellt wurde.

Die ersten Versionen nutzten einen HTTP- oder Telnetproxy zur Kommunikation. Das heißt, der Nutzer musste in seinem Browser den entsprechenden Proxy einstellen. Jedes HTTP-Paket, das danach seinen Rechner verließ, wurde an den Proxy weitergegeben. Dieser kümmerte sich dann um die Verschlüsselung und den Aufbau der Routen in das Netzwerk. Im ersten Designvorschlag war der Proxyserver gleichzeitig ein Knoten in dem Onion-Routing-Netzwerk.

Das United States Naval Research Laboratory (NRL), eine Abteilung des ONR, betrieb zu dem Zeitpunkt fünf Knoten, die sich auf einem Rechner befanden. Diese stellten einen funktionsfähigen Prototyp dar, den die Entwickler als Generation 0 bezeichneten. Gleichzeitig begannen die Forscher die Designideen weiter voranzutreiben. In der neuen Generation 1 wurden die Codebasis verbessert und die kryptografischen Routinen vom ei-

1 Abteilung der United States Navy, zuständig für Koordination und Ausführung wissenschaftlicher Forschung.

2 David M. Goldschlag, Michael G. Reed, Paul F. Syverson, „Hiding Routing Information“, in: Proceedings of Information Hiding: First International Workshop, Springer-Verlag, LNCS 1174, 1996, S. 137–150 `http://www.onion-router.net/Publications/IH-1996.pdf`.

gentlichen Programmcode getrennt, vor allem deshalb, weil die damaligen Exportbestimmungen der USA sonst die Verteilung des Codes behindert hätten.

Weiterhin wurde die Architektur dahingehend geändert, dass nun der Proxyserver nicht mehr unbedingt auch ein Routingknoten sein musste. Eine weitere Neuerung war der Einsatz sogenannter Exit Policys. Damit bezeichneten die Entwickler ein Regelwerk, das bei jedem Server hinterlegt werden kann und das festlegt, zu welchen Netzen oder Endpunkten sich der Server verbinden darf. Wir werden die Exit Policys später bei Tor noch genauer kennenlernen (siehe Seite 189).

Im Jahr 1998 gab es verschiedene Netzwerke, betrieben von militärischen Forschungseinrichtungen und der Universität von Maryland. Später kam eine Installation im kanadischen Verteidigungsministerium hinzu. Diese Netzwerke waren sowohl auf die Generation 0 wie auch 1 ausgelegt. Das Generation-0-Netzwerk wurde erst im Januar 2000 heruntergefahren.

Das Onion Routing wurde nicht nur im militärischen Bereich eingesetzt. Gegen Ende 1998 gab die Firma Zero Knowledge Systems, Inc.[3] die Inbetriebnahme des *Freedom Network* bekannt. Dazu hatte die Firma Vereinbarungen zum Betrieb ihrer Server mit verschiedenen Internet Service Providern getroffen. Jeder Nutzer konnte sich mit dem Netzwerk verbinden. Die Pakete wurden über die Server der Firma weitergeleitet. Der Dienst kostete 50 US-Dollar pro Jahr. Doch aufgrund mangelnder Nutzerzahlen wurde er zwei Jahre später wieder geschlossen.

Doch auch das Projekt am NRL erlitt zunächst einen Rückschlag. Die Förderung für das Projekt lief 1999 aus, und viele Entwickler verließen das Forschungslabor. Ein Jahr später wurde dann der Grundstein für die Weiterentwicklung zur Generation 2 gelegt. Auf dem Kongress „Workshop on Design Issues in Anonymity and Unobservability" trafen Paul Syverson und Roger Dingledine aufeinander, die später zusammen die Entwicklung des Onion Routing vorantrieben. Sie konnten die Defense Advanced Research Projects Agency (DARPA) überzeugen, das Projekt zu finanzieren.[4]

Ursprünglich war es das Ziel, den Programmcode der ersten Generation zu vollenden und Neuerungen einzubauen. Nach kurzer Zeit erkannten die Entwickler, dass der Code veraltet war. Daher wurde er für die zweite Generation des Onion Routing von Grund auf neu geschrieben. Die Codebasis stammte ursprünglich von Matej Pfajfar. Er hatte diese an der Universität Cambridge im Rahmen eines Projekts entwickelt. Roger Dingledine übernahm den Quellcode und entwickelte ihn weiter. Als Namen für das neue Projekt wählte man *Tor*.

3 Mittlerweile in Radialpoint, Inc. umbenannt

4 Die DARPA gehört zum Verteidigungsministerium der USA und führt in dessen Namen Forschungsprojekte durch. Das bekannteste und erfolgreichste Projekt ist das Internet, das den Ursprung im ARPANET hat.

4.2 Tor

Der Name des Projekts steht für *The Onion Routing*. Wie Paul Syverson in einer E-Mail schrieb,[5] entstand der Name so, dass der Entwickler immer wieder gefragt wurde, an welchem Onion-Routing er arbeite. Er antwortete auf diese Frage immer mit: „An *dem* Onion-Routing“.

> So people would ask him when he said this, „Which one?“ He would tell them, „No, _the_ onion routing, the original project from NRL.“, or something like that.

Die Software wurde geschaffen, um Anwendungen mit niedrigen Antwortzeiten (Latenzen) zu anonymisieren. Insbesondere eignet sich Tor sehr gut zum Besuchen von Webseiten, zum Chatten oder auch zur Administration entfernter Rechner. Wie auch schon der Vorgänger nutzt Tor einen Proxy zum Aufbau der Verbindungen. Den Machern der Software kam dabei zugute, dass sich das SOCKS-Protokoll als Standard zur Kommunikation mit einem Proxy etabliert hatte. Hierbei kann sich das Clientprogramm mit einem SOCKS-kompatiblen Proxy verbinden. Dieser nimmt dann die Verbindung durch eine eventuell bestehende Firewall auf. Andere Lösungen sind in der Regel komplexer und wären somit in der Anwendung zu kompliziert.

Im Oktober 2003 ging das Tor-Netzwerk online und ist bis jetzt fortwährend erreichbar gewesen. Die Entwickler stellten den Quellcode unter eine freie Lizenz, die MIT-Lizenz.[6] Die Arbeit am Quellcode ist über ein öffentliches Versionskontrollsystem[7], verschiedene Mailinglisten[8] sowie ein Bugtrackingsystem[9] transparent. Die Entwickler sind immer offen für neue Ideen. Am Anfang der Entwicklung gelang es Roger Dingledine auch Nick Mathewson für das Projekt zu gewinnen. Damit verlor der im Abschnitt 3.7 beschriebene Remailer Mixminion die beiden Hauptentwickler. Die folgende Grafik veranschaulicht die Entwicklung des Tor-Netzwerks seit Februar 2006:[10]

Die Förderung der DARPA lief gegen Ende des Jahres 2004 aus. Im Anschluss übernahm die EFF die Finanzierung des Projekts für ein Jahr. Seit November 2005 steht das Projekt auf eigenen Beinen und finanziert sich über eingeworbene Spendengelder.[11] Zu den Sponsoren des Projekts zählen Google,

[5] `http://archives.seul.org/or/talk/Feb-2008/msg00145.html`

[6] `http://www.opensource.org/licenses/mit-license.php`. Die Lizenz wird manchmal auch als X11-Lizenz bezeichnet.

[7] `https://gitweb.torproject.org/tor.git`

[8] `https://www.torproject.org/documentation.html.de#Mailinglists`

[9] `https://trac.torproject.org/projects/tor`

[10] Die Rohdaten stammen vom Tor-Projekt. Die Seite `http://metrics.torproject.org/` bietet aktuelle Grafiken.

[11] `https://www.torproject.org/donate/donate.html.en`

Human Rights Watch, International Broadcasting Bureau (IBB) und viele mehr.[12]

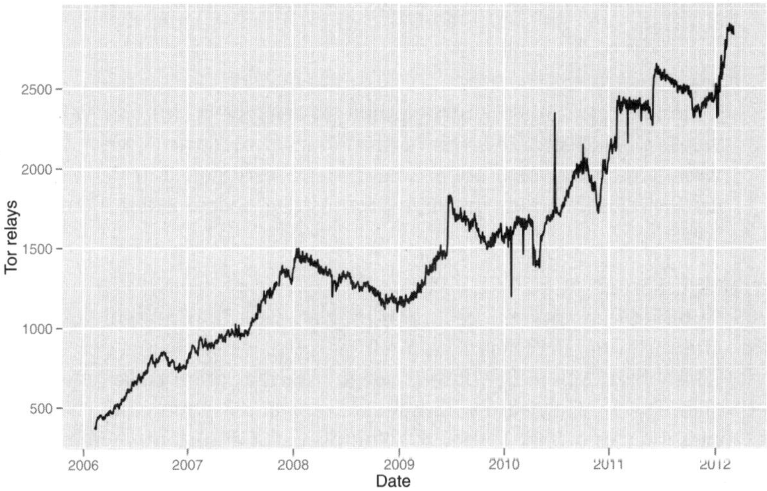

Abbildung 4.1: Entwicklung des Tor-Netzwerks seit Anfang 2006

Das Tor-Projekt zog kontinuierlich neue Nutzer an. Abbildung 4.1 zeigt die Entwicklung der Tor-Server innerhalb von vier Jahren. Wie man deutlich sehen kann, hat sich die Zahl der Server etwa vervierfacht. Die Entwickler nehmen an, dass das Netzwerk derzeit mehr als 200 000 Nutzer hat. Außerdem werden über das Netzwerk mehr als 1 GB Daten pro Sekunde versendet.

4.2.1 Funktionsweise

Das Netzwerk von Tor besteht aus Computern mit unterschiedlichen Aufgaben. Im Folgenden sind die Aufgaben kurz dargestellt:

Onionproxy
: Der Onionproxy ist das Nutzerprogramm. Es nimmt Verbindungen ins Tor-Netzwerk auf. Der Name leitet sich von der Verwendung als SOCKS-Proxy ab.

Onionrouter
: Als Onionrouter werden die Tor-Server bezeichnet, die die anonymen Verbindungen weiterleiten. Man unterscheidet nach ihrer Funktion Mittel- und Austrittsserver. Die Mittelserver treten nie außerhalb des

[12] `https://www.torproject.org/about/sponsors.html.en`

Tor-Netzwerks in Erscheinung, sondern leiten Verbindungen nur innerhalb anderer Onionrouter des Tor-Netzwerks weiter. Im Gegensatz dazu kann ein Austrittsserver eine Verbindung zu einem Rechner außerhalb des Netzwerks aufnehmen und beispielsweise eine Webseite aufrufen.

Entryguard
: Onionrouter, die als Eintrittspunkt ins Netzwerk von Tor verwendet werden. Die Software wählt hierfür Onionrouter, die längere Zeit aktiv waren und über eine höhere Bandbreite verfügen. Mit der Wahl dieser Server sollen bestimmte Angriffe (siehe Abschnitt 4.2.2) erschwert werden.

Verzeichnisserver
: Er bietet den anderen Rechnern im Netzwerk Informationen über die Onionrouter an. Hierzu gehören beispielsweise Name des Routers, dessen verfügbare Bandbreite sowie Informationen zu seinen Schlüsseln. Die Tor-Software verbindet sich regelmäßig mit einem Verzeichnisserver und fragt Daten ab (Onionproxy, Onionrouter) oder sendet Daten (Onionrouter).

Kontaktserver
: In der Originalliteratur wird er auch als „Introduction Point" (Einführungspunkt) bezeichnet. Bob kann einen versteckten Service nutzen, um unerkannt einen Dienst (z. B. Informationen auf einer Webseite) anzubieten. Für die Verbindung zum Tor-Netzwerk wählt er mehrere Kontaktserver. Diese warten auf Anfragen von Alice und geben die Anfragen an Bob weiter.

Rendezvouspunkt
: Dieser spielt ebenfalls bei versteckten Services eine Rolle. Zu Beginn der Kommunikation wählt sich Alice einen Rendezvouspunkt. Danach nimmt sie über einen Kontaktserver Verbindung zu Bob auf und teilt ihm den Rendezvouspunkt mit. Falls Bob sich entschließt, mit Alice zu kommunizieren, nimmt er ebenfalls Verbindung mit dem Rendezvouspunkt auf. Der Rendezvouspunkt bildet somit die Schnittstelle zwischen Alice' Onionproxy und Bobs verstecktem Service.

Brückenserver
: Er bietet Nutzern, deren Internetverbindung zensiert oder stark eingeschränkt ist, einen Zugang zum Netzwerk. Von Seiten des Tor-Projektes wird versucht, die Adressen dieser Server besonders zu schützen.

Ein Onionrouter kann gleichzeitig verschiedene Rollen in einem Netzwerk annehmen. Es ist möglich, dass er zur selben Zeit Onionproxy und Rendezvouspunkt oder gleichzeitig Kontaktserver für eine Verbindung und Rendezvouspunkt für eine andere ist. Nur wenn die Software als Onionproxy eingestellt ist, wird sie keine der genannten Aufgaben übernehmen.

Verzeichnisserver

Verzeichnisserver haben wir bereits in einer ähnlichen Form im Abschnitt über Mixminion (Kapitel 3.7 auf Seite 103) kennengelernt. Tatsächlich haben die Entwickler diese Idee auch von Mixminion übernommen. Die Aufgabe der Verzeichnisserver besteht bei Tor darin, Informationen über die Onionrouter bereitzuhalten. Die Verzeichnisdaten stehen im Textformat bei den Servern zur Verfügung und werden bei Bedarf von den Onionroutern heruntergeladen.

Die Entwickler haben das Design der Verzeichniseinträge den aktuellen Gegebenheiten angepasst. Derzeit setzt Tor die zweite oder dritte Version der Spezifikation ein. Anfangs lieferte jeder Verzeichnisserver die Daten aller Onionrouter an die Onionproxys aus. Durch das starke Wachstum des Netzwerks wuchs die Datei auf weit mehr als ein MB an, und die Mehrzahl der Einträge blieb unverändert, denn ein Onionrouter bleibt meist für längere Zeit aktiv. Die großen Dateien resultierten in einer starken Netzwerkbelastung für die Verzeichnisserver. Ein neueres Design ermöglichte es den Programmen, nur geänderte Einträge im Verzeichnis herunterzuladen. Gleichzeitig ist jeder Eintrag vom jeweiligen Verzeichnisserver signiert. Ein Onionrouter kann diesen Eintrag zwischenspeichern und ebenfalls an andere Onionrouter ausliefern. Wenn die Unterschrift mit der eines Verzeichnisservers übereinstimmt, so wird diesem Eintrag vertraut. Beide Neuerungen nehmen die Last von den Verzeichnisservern und eröffnen Raum für ein weiteres Wachstum des Netzwerks.

Die Forschung am Tor-Netzwerk brachte ein weiteres Problem zu Tage. Ein Onionproxy vertraute dem zuletzt heruntergeladenen Verzeichnisstatus am meisten. Wenn es nun Mallory gelingt, einen Verzeichnisserver unter seine Kontrolle zu bringen und die Einträge zu manipulieren, fälscht er die Sicht der Onionproxy auf das Netzwerk. Bei einer höheren Zahl an Verzeichnisservern steigt gleichzeitig das Risiko, dass einer in die Hand eines Angreifers fällt. Damit entstand die Situation, dass mehr Verzeichnisserver das Netzwerk eher schwächen als stärken. In der dritten Version des Verzeichnisdesigns versuchten die Entwickler diese Schwäche zu beheben. Nunmehr stimmt jeder Verzeichnisserver über die Einträge ab. Wenn die einfache Mehrheit einen Eintrag als gut bewertet, so wird dieser Onionrouter benutzt. Andernfalls vermeiden die Onionproxys die Kontaktaufnahme. Der Einfluss eines einzelnen Verzeichnisservers auf das Netzwerk wird damit verringert. Ein Angreifer müsste mehrere Verzeichnisserver unter seine Kontrolle bekommen, um das Netzwerk zu beeinflussen.

Ein Eintrag mit Verzeichnisinformationen ist in drei Teile gegliedert. Zunächst steht eine Präambel mit allgemeinen Informationen. Darauf folgen

Informationen zu den Verzeichnisservern, die an der Abstimmung teilgenommen haben, und am Ende finden sich die Statuseinträge der einzelnen Tor-Server. Alle Teile sind üblicherweise in einem Dokument gespeichert. Unten sind die Einträge erklärt, und später folgt ein Beispiel eines Dokuments.

Die Präambel besteht aus den folgenden Einträgen:

`network-status-version`
: Der erste Eintrag informiert über die Version des Dokumentenformats. Derzeit ist hier eine 3 für die dritte Version des Verzeichnisformats zu finden.

`vote-status`
: Zumeist wird hier der Eintrag `consensus` zu finden sein. Das heißt, das Dokument ist in der oben genannten Abstimmung zustandegekommen. Der zweite mögliche Wert für den Eintrag ist `vote` und stellt dann eine Stimme beim Abstimmungsverfahren dar.

`consensus-method`
: Der Eintrag ist von einer Zahl gefolgt. Derzeit werden Nummern zwischen `1` und `12` verwendet. Jede steht für eine Abstimmmethode, nach der die Verzeichnisserver vorgingen. In untenstehendem Beispiel steht eine `11`. Bei dieser Methode werden alle Relays mit der Markierung BadExit nicht für die Berechnung der gewichteten Bandbreite berücksichtigt.

  Bevor ein Konsensus-Dokument von den Verzeichnisservern berechnet wird, müssen sich diese auf eine Methode einigen. Dazu wird nach der höchsten Zahl der `consensus-method` gesucht, die von mehr als zwei Dritteln aller Verzeichnisserver unterstützt wird. Wenn der Server auch diese Methode unterstützt, so wird er diese nutzen. Andernfalls fällt er auf den Standardfall (Benutzung von Methode 1) zurück.

`valid-after`, `fresh-until`, `valid-until`
: Die drei Einträge geben Information über die Gültigkeit der Verzeichniseinträge. Alle drei finden sich genau einmal in dem Dokument.

  Der erste Eintrag legt den Startpunkt des Dokuments fest. Vorher stimmen sich die Verzeichnisserver über die Einträge ab, stimmen ab und signieren den Eintrag. Zu dem Zeitpunkt, der in `valid-after` angegeben ist, haben alle Verzeichnisserver Konsensus-Dokumente, die mehrfach unterschrieben sind. Diese werden bis zum Zeitpunkt `fresh-until` von Tor-Servern heruntergeladen. Sie verteilen die Kopien ihrerseits weiter an andere. Zwischen den Zeitpunkten `fresh-until` und `valid-until` wird der Konsensus weiterhin heruntergeladen. Jedoch ist klar, dass der Konsensus nun nicht mehr frisch ist. Die zeitlichen Abstände zwischen den Einträgen müssen mindestens fünf Minuten betragen. Im untenstehenden Beispiel liegen zwischen `valid-after` und `fresh-until` eine Stunde sowie zwischen `fresh-until` und `valid-until` zwei Stunden.

`voting-delay`
: Der Eintrag besteht aus zwei Zahlenwerten. Diese werden als `VoteSeconds` und `DistSeconds` bezeichnet. Dabei steht `VoteSeconds` für die Anzahl Sekunden, die für das Sammeln der Stimmen von Verzeichnisservern vergehen kann. `DistSeconds` hat eine ähnliche Bedeutung, nur werden hier die Unterschriften gesammelt. Die Werte müssen mindestens 20 Sekunden betragen. Im Beispiel sind es 300 Sekunden.

  Wie der Name sagt, werden hier die empfohlenen Versionen für Server und Clientprogramme gespeichert. Sollte der Nutzer eine abweichende Version verwenden, so wird Tor in den Logdateien eine Warnung ausgeben.

`known-flags`
: Jeder Tor-Server kann verschiedene Markierungen (Flags) tragen. Dazu gehören beispielsweise, ob er Verbindungen außerhalb des Tor-Netzwerks erlaubt (`Exit`), ob er über eine besonders schnelle Internetanbindung verfügt (`Fast`) oder ob er schon über einen längeren Zeitraum im Netzwerk Dienste anbietet (`Stable`). Die bekannten Markierungen werden in diesem Eintrag aufgelistet.

Daran schließt eine Liste der Verzeichnisserver an, die an der Abstimmung teilgenommen haben. Die Liste besteht aus folgenden Einträgen:

`dir-source`
: Der Eintrag beginnt mit einem Kurznamen (Nickname) des Verzeichnisservers. Es folgt der Fingerprint des kryptografischen Schlüssels. Die letzten Felder bestehen aus dem Hostnamen, der IP-Adresse sowie Angaben zu den Ports. Sollte der Server keinen eigenen Hostnamen besitzen, wird die IP-Adresse zweimal angegeben.

`contact`
: Das Feld ist freier Text und enthält meist den Namen sowie die E-Mail-Adresse des Administrators des Servers.

`vote-digest`
: Der Eintrag besteht aus einer Zusammenfassung (Digest) der Stimme. Die Signatur ist an anderer Stelle zu finden.

Nun folgen die Statuseinträge der einzelnen Tor-Server. Die Einträge sind nach dem Identity-Eintrag sortiert.

`r`
: Die Administatoren der Tor-Server können für deren Server einen eigenen Namen festlegen. Sofern dies der Fall ist, wird dieser als erster Wert angegeben. Andernfalls steht dort `Unnamed`. Es folgt ein Hashwert des kryptografischen Schlüssels sowie der zuletzt unterschriebenen Serverbeschreibung (Deskriptor). Danach steht die Zeit, zu der der letzte Deskriptor veröffentlicht wurde, sowie Angaben zu IP-Adresse und Ports des Servers.

`s`
: Hier stehen verschiedene Markierungen, die dem Server zugewiesen wurden. Sie sind eine Teilmenge des oben genannten Eintrags `known-flags`.

`v`
: Der Eintrag enthält die Version der Tor-Software, mit der der Server betrieben wird.

`w`
: Derzeit kann eine Abschätzung der Bandbreite in KB pro Sekunde abgelesen werden.

`p`
: Dieser Eintrag bildet die Exit Policy des Servers ab. Je nach angegebenem Schlüsselwort (`accept` oder `reject`) werden Verbindungen über bestimmte Ports akzeptiert oder abgelehnt.

Das Gesamtdokument wird durch Angaben zu Bandbreiten sowie durch Signaturen abgeschlossen. Hier ein stark gekürztes Beispiel.

```
network-status-version 3
vote-status consensus
consensus-method 11
valid-after 2012-03-07 16:00:00
fresh-until 2012-03-07 17:00:00
valid-until 2012-03-07 19:00:00
voting-delay 300 300
client-versions 0.2.2.31-rc,0.2.2.32,0.2.3.1-alpha,0.2.3.2-alpha
server-versions 0.2.1.29,0.2.2.32,0.2.3.1-alpha,0.2.3.2-alpha
known-flags Authority BadExit Exit Fast Guard HSDir Named Running \
Stable Unnamed V2Dir Valid
dir-source tor26 14C131DFC5C6F93646BE72FA1401C02A8DF2E8B4 86.59.21.38 \
86.59.21.38 80 443
contact Peter Palfrader
vote-digest A458458552A8E7DBB40B9E9BF0239CAD8F3B84CD
dir-source ides 27B6B5996C426270A5C95488AA5BCEB6BCC86956 \
216.224.124.114 216.224.124.114 9030 9090
contact Mike Perry <mikeperryTAfsckedTODorg>
vote-digest A7E92A3B135AFE04D612BE0A7FCFF849941765A1
```

```
r Unnamed AFoSbilU8DxkQsMlf9y1fBXBmKU Bs1YTbcvkktgo3yqDV25qn4d9H0 \
2012-03-07 15:26:10 93.75.117.119 443 9030
s Exit Running V2Dir Valid
v Tor 0.2.1.30
w Bandwidth=0
p reject 25,119,135-139,445,563,1214,4661-4666,6346-6429,6699,6881-6999
r torrentsVashnick AGbVOdr+Pjz7yfC4Kfmw8HgiAUw \
AuiVSyO2hZZoWPypANVwadxM544 2012-03-07 15:02:10 178.124.204.91 9001 \
9030
s Exit Fast Running V2Dir Valid
v Tor 0.2.2.32
w Bandwidth=61
p reject 25,119,135-139,445,563,1214,4661-4666,6346-6429,6699,6881-6999
directory-footer
bandwidth-weights Wbd=2211 Wbe=0 Wbg=3188 Wbm=10000 Wdb=10000 Web=10000
directory-signature 14C131DFC5C6F93646BE72FA1401C02A8DF2E8B4 3509\
BA5A624403A905C74DA5C8A0CEC9E0D3AF86
-----BEGIN SIGNATURE-----
UeobZYQ3AZPat2kXHMMG6i2jka8DX3nIsPnfkHDnHZBXg0GA2gEs5ZpWI+0Vu17A
idlTu0wktrTrwNy1K/d09x0MZ6rXfZYh7FKeL7lkDMk58eDA0pp8lXjnG9BMYc/+
DBT1BSINZMnTJaY1nU7LTMY3JxunggaPvMJfwnLhnaE=
-----END SIGNATURE-----
directory-signature 27B6B5996C426270A5C95488AA5BCEB6BCC86956 CFB
A08742B80559FD8C823F49939F5F9DC0D68FD
-----BEGIN SIGNATURE-----
OenWbrJ/bK8mygOpZ9xDZknYc50vyI0s87snr7Bh5K07v9tPWcNo2EqohX4YUXUr
j+HcoDvEArXh4WfL7uCyzzULEmB/fwJdo6NSEVfifXUEEIIb3U1RDYM3puq/pl31
LFX1BUo0no6hY3aDwuMEFFOPzKoizkfxWZjK6gp5FqQ=
-----END SIGNATURE-----
```

Anonyme Verbindungen über Tor

Wenn Alice eine anonyme Verbindung zu einer Webseite aufbauen möchte, gibt sie die Adresse wie gewohnt in den Browser ein. In den Einstellungen des Browsers ist festgelegt, dass alle Kommunikation über den SOCKS Proxy zu führen ist, bzw. der eingestellte HTTP-Proxy gibt die Verbindungen zum SOCKS-Proxy weiter. Der SOCKS-Proxy ist in diesem Fall der Tor-Client (Onionproxy) von Alice. Er aktualisiert zunächst seine Verzeichnisinformationen, wählt danach eine Kette von Onionroutern aus und verbindet sich mit dem ersten in der Kette. Beide Server führen einen Diffie-Hellman-Schlüsseltausch durch und handeln so einen symmetrischen Schlüssel aus. Dieser wird für die Kommunikation mit dem ersten Onionrouter genutzt.

Der Onionproxy von Alice handelt über den ersten Onionrouter einen symmetrischen Schlüssel mit dem zweiten Router aus; später wird über diesen Weg auch noch ein Schlüssel mit dem dritten Router verhandelt. Alice' Client ist dann im Besitz von drei Sessionschlüsseln verschiedener Onionrouter und kann über diese Verbindungsstrecke kommunizieren. Im Gegensatz zum Onion Routing (Abschnitt 4.1) kann diese Strecke mehrfach und für verschiedene Anwendungen (WWW, E-Mail etc.) genutzt werden. Beim Onion Routing würde immer eine neue Verbindung initiiert, und es würden verschiedene Proxys für die verschiedenen Anwendungen gebraucht. Die Benutzung von SOCKS erweist sich deshalb bei Tor als großer Vorteil.

Nachdem nun die Verbindungsstrecke ausgehandelt wurde (im praktischen Betrieb kann es auch sein, dass eine bestehende genutzt wird), verschlüsselt der Onionproxy von Alice die HTTP-Anfrage mit den Sessionschlüsseln der Onionrouter. Das entstandene Paket sendet der Proxy an den ersten Onionrouter. Dieser entschlüsselt die Nachricht und leitet sie weiter. Dabei sieht der Router nur die Verbindung zwischen Absender und dem zweiten Onionrouter, nicht aber den Inhalt der Anfrage. Für den Austrittspunkt aus dem Tor-Netzwerk wird dann die ursprüngliche Nachricht sichtbar.

Dieser Server nimmt die Verbindung zu der von Alice gewählten Webseite auf und schickt das Ergebnis der Anfrage wieder an Alice zurück. Dazu wird der Inhalt der Antwort mit dem Sessionschlüssel, den der Router mit Alice' Onionproxy ausgehandelt hat, verschlüsselt und an den vorhergehenden Router in der Kette geschickt. Dieser verschlüsselt die erhaltene Nachricht mit seinem Sessionschlüssel und gibt sie ebenfalls weiter. Wenn das Paket dann bei dem Onionproxy von Alice ankommt, entschlüsselt dieser das Paket sukzessive und erhält so die Originalnachricht.

Jeder Onionproxy baut anfangs mehrere Verbindungsstrecken auf und entscheidet sich bei neu aufgenommenen Verbindungen für eine der Strecken. Nach etwa zehn Minuten werden eine Verbindungsstrecke geschlossen, eine neue aufgebaut und die ausgehandelten Schlüssel gelöscht. So kann ein Angreifer nicht mehr auf die Daten der alten Verbindungen zugreifen.

Abbildung 4.2: Aufbau einer Verbindung durch das Tor-Netzwerk

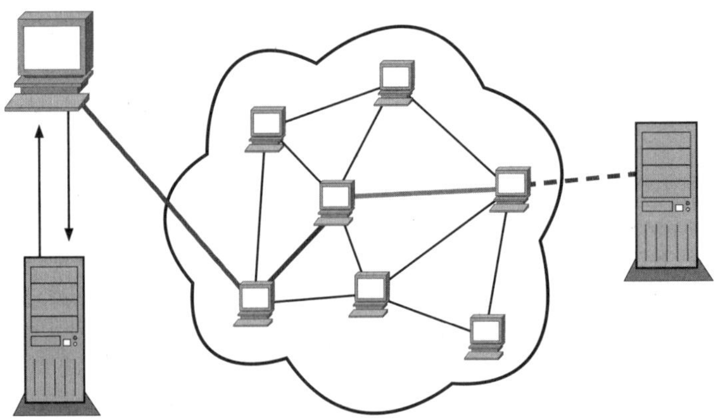

Der Aufbau der anonymen Kommunikation bei Tor unterscheidet sich in einigen Punkten von dem Onion Routing der vorigen Generationen. Diese nutzten Public-Key-Kryptografie, um die Verschlüsselungsschichten zu

erzeugen. Naturgemäß kosten diese Operationen viel Rechenzeit. Bei Tor wird die Public-Key-Kryptografie deshalb nur dazu benutzt, um die Sessionschlüssel zu erzeugen. Die Pakete werden später dann mit symmetrischen Schlüsseln kodiert. Eine einmal aufgebaute Verbindungsstrecke kann für mehrere, auch unterschiedliche, Verbindungen genutzt werden.

Versteckte Services

Eine Besonderheit der Anonymisierungssoftware Tor ist, dass sie nicht nur demjenigen Anonymität bietet, der Informationen abfragt, sondern auch demjenigen, der Informationen anbietet. Beispielsweise könnte sich Bob in einem Land befinden, in dem die freie Meinungsäußerung verboten ist. Wenn er dieses Recht dennoch wahrnehmen will, kann er einen versteckten Service (Hidden Service) einsetzen und mit Hilfe einer Webseite seine Meinung kundtun. Einem Angreifer ist es nicht möglich, die IP-Adresse von Bobs Webseite zu ermitteln. Ein versteckter Service kann eine Webseite, ein Chatserver oder ein anderer Dienst im Internet sein.

Zunächst richtet Bob den Dienst ein, d. h. er konfiguriert beispielsweise seinen Webserver und speichert dort seine Informationen. Danach legt er sich mit Hilfe der Tor-Software ein langlebiges Schlüsselpaar aus öffentlichem und privaten Schlüssel an. Dieses Paar dient dazu, seinen Dienst zu identifizieren. Nun wählt Bob einige Kontaktserver zum Netzwerk aus (Introduction Points). Diesen Servern übergibt er die Information über die Länge des Schlüssels, den öffentlichen Schlüssel und einen Zeitstempel. Diese Beschreibung seines Dienstes wird als Service-Deskriptor bezeichnet. Sein Service-Deskriptor wird mit dem erzeugten Schlüssel unterschrieben. Wenn der Kontaktserver den Service-Deskriptor akzeptiert, baut Bob eine permanente Verbindung zu ihm auf. Daraufhin teilt er einem Verzeichnisserver seinen Service-Deskriptor sowie die Adressen der Kontaktserver mit. Damit ist der versteckte Dienst von Bobs Seite eingerichtet.

Wenn Alice von Bobs Service erfährt und sich damit verbinden möchte, nimmt sie mit dem Verzeichnisdienst Kontakt auf und lädt dort den Service-Deskriptor zu Bobs Service herunter. Nun wählt sie einen Onionrouter als Rendezvouspunkt aus. Dieser dient später als „Brücke“ zwischen Alice' und Bobs Verbindung. Zuerst bildet sie eine anonyme Verbindung zum Rendezvouspunkt und übergibt diesem ein Rendezvouscookie. Das Cookie soll dazu dienen, später Bob zu identifizieren. Die Verbindung zum Rendezvouspunkt ruht zunächst, und Alice bildet eine neue Verbindungsstrecke zu einem Kontaktserver. Dem Server übergibt Alice eine verschlüsselte Nachricht, die Daten zum Rendezvouspunkt sowie das Rendezvouscookie und vollzieht die erste Hälfte des Diffie-Hellman-Schlüsselaustauschs. Der Kontaktserver sendet diese Nachricht an Bob. Der entscheidet dann, ob er sich mit Alice verbinden will. Wir gehen davon aus, dass Bob das will.

Er verbindet sich mit dem Rendezvouspunkt, den Alice anfangs ausgesucht hat, sendet ihm das Rendezvouscookie, vollzieht die zweite Hälfte des Diffie-Hellman-Schlüsselaustauschs und übergibt den Hash des Sessionschlüssels. Alice prüft, ob die gesendeten Daten korrekt sind. Falls dem so ist, verbindet der Rendezvouspunkt die Verbindungsstrecke von Alice mit der von Bob, und Alice kann mit Bobs Dienst kommunizieren. Da beide eine anonyme Verbindung zum Rendezvouspunkt aufgebaut haben, kann dieser weder auf die Identität von Alice noch auf die von Bob schließen. Er kann auch die Daten nicht entschlüsseln.

Tor nutzt für die versteckten Services eine spezielle Top-Level-Domain namens `.onion`. Dieser Domainname wird nicht von den offiziellen DNS-Rootservern erkannt. Daher brauchen Sie für den Zugriff auf die versteckten Services immer einen Tor-Client. Um die Anbieter vor Fehlern in der Konfiguration bzw. verräterischen Namen zu schützen, wird der komplette Domainname des versteckten Service aus einer Prüfsumme gebildet. Ein versteckter Dienst mit Informationen über Anonymität im Internet sowie zur Umgehung von Zensur ist beispielsweise unter der URL `http://olaixaa6-aeckrqzf.onion/` erreichbar. Weitere Dienste finden Sie auf der Wikiseite des Tor-Projekts.[13]

4.2.2 Angriffe und Fallstricke

Die Sicherheit von Tor kann – auch von akademischer Seite – als gut erforscht gelten. Tor zählt zu den meistgenutzten Anonymisierungsdiensten und wird sehr häufig in Presse, Funk und Fernsehen erwähnt.[14] Dies zieht einerseits eine Vielzahl neuer Nutzer an, die sich teilweise entschließen, Server für das Tor-Netzwerk bereitzustellen. Gleichzeitig kommt es zu immer mehr Versuchen von Unternehmen und diversen staatlichen Stellen, Tor anzugreifen oder für die Nutzer zu sperren. Die wichtigsten Angriffsarten werden im Folgenden näher beleuchtet.

In den Kapiteln zu Mixmaster bzw. Mixminion sind wir immer von einem globalen, sehr mächtigen Angreifer ausgegangen. Dieser hatte die Möglichkeit, das komplette Netzwerk zu überwachen und gegebenenfalls gefälschte Pakete einzuschleusen. Gegen diesen Angreifer bietet Tor keinen Schutz. Das Design von Tor[15] legt explizit fest, dass keine Pseudopakete (Dummytraffic) oder andere derartige Maßnahmen eingeführt werden sollen. Nach Meinung der Entwickler sind die derzeit bekannten Maßnahmen für einen Dienst mit kurzen Antwortzeiten weder praktikabel noch ökonomisch.

13 `https://trac.torproject.org/projects/tor/wiki`

14 `https://media.torproject.org/video/`

15 Roger Dingledine, Nick Mathewson, Paul Syverson, „Tor: The second-generation onion router“, in: Proceedings of the 13th USENIX Security Symposium, August 2004. `https://www.torproject.org/tor-design.pdf`

Wer sich aber mit einem derart starken Gegner messen muss, wird weit größere Probleme haben. Angreifer mit den Mitteln, ein weltweites Netz zu belauschen, könnten auch unbemerkt in die Wohnung ihres Beobachtungsobjekts einbrechen und z. B. dort Programme installieren, die unbemerkt Tastatureingaben protokollieren oder andere Angriffe dieser Art starten. Dies würde weit weniger Aufwand für den Angreifer bedeuten. Wenn Sie also diesen global aktiven, mächtigen Angreifer fürchten, hat es auch keinen Zweck, Tor einzusetzen.

Fallstricke bei der Benutzung

Weiterhin sollten Sie bei der Verwendung von Tor ein gesundes Maß an Paranoia mitbringen. Denn es reicht meist nicht, einfach die Software zu installieren und sich der Hoffnung hinzugeben, man sei nun anonym. Tor verschleiert nur die Herkunft des Netzverkehrs – es ist Webseiten weiterhin möglich, Cookies zu setzen bzw. aktive Inhalte auszuführen. Auf der einen Seite ist es praktisch, mit Tor auch weiterhin bei der Lieblingswebseite einzukaufen. Aber natürlich kann Ihr Verhalten beim Besuch verschiedener Webseiten weiterhin mittels Cookies aufgezeichnet werden. Aktive Inhalte, wie JavaScript, Java oder Flash, können sogar so manipuliert werden, dass diese Ihre reale IP-Adresse preisgeben oder den Verlauf der bisher besuchten Webseiten anzeigen. Wenn Sie Tor verwenden, sollten Sie daher diese Anwendungen nach Möglichkeit deaktivieren bzw. den Browser so einstellen, dass er nur nach Rückfrage die entsprechenden Inhalte anzeigt. Im Abschnitt 2.2 sind nützliche Erweiterungen für den Mozilla Firefox erwähnt, und mit den Informationen aus Abschnitt 2.3 wird der Privoxy zum Hüter über Ihre Privatsphäre.

In der Beschreibung der Funktionsweise haben Sie gesehen, dass der Verkehr im Tor-Netzwerk verschlüsselt wird. Somit kann keiner der Knoten die Inhalte Ihrer Pakete erkennen. Dies trifft jedoch nicht auf den Austrittspunkt aus dem Tor-Netzwerk zu. Der Austrittsserver baut eine Verbindung zu dem gewünschten Dienst auf, und wenn dieser unverschlüsselt ist, kann dieser Tor-Server die übertragenen Informationen auslesen. Wenn Sie sich also über eine unverschlüsselte Verbindung anmelden, dann könnte der Administrator des letzten Tor-Servers Ihre Anmeldedaten mitschneiden. Daher ist es beim Arbeiten mit Tor wie beim nicht anonymisierten Arbeiten wichtig, auf entsprechende Verschlüsselung zu achten.

Weiterhin ist auch bei der Nutzung von verschlüsselten Verbindungen (HTTPS bzw. SSL/TLS) darauf zu achten, dass die richtigen Zertifikate benutzt werden. Es gab bereits einige Tor-Server in verschiedenen Ländern, die eine Man-in-the-middle-Attacke[16] bei verschlüsselten Webseiten versuchten.

16 Dabei täuscht der Angreifer vor, das Ziel der Kommunikation zu sein. Er kreiert ein Zertifikat, das vorgibt, von der richtigen Seite zu stammen. Falls Alice das Zertifikat akzeptiert, kann der Angreifer die Kommunikation entschlüsseln.

Dies merken Sie in der Regel daran, dass der Browser eine Warnung über ein falsches Zertifikat ausgibt. Hier gilt es, wie auch bei nichtanonymisierten Verbindungen, die Zertifikatsinformationen zu prüfen, bevor Sie diese bestätigen.

Blockade von Tor

Manche Staaten oder auch Unternehmen sind daran interessiert, keine Verbindungen zum Tor-Netzwerk zuzulassen, und versuchen, den Verkehr in das Netzwerk zu blockieren. In den letzten Jahren standen der Iran und China im Blickpunkt des medialen Interesses. Denn dort gab es aufgrund der politischen Ereignisse starke Einschränkungen im Internet. Zensurbestrebungen gibt es in vielen weiteren Ländern dieser Welt. Die Entwickler des Tor-Projekts haben den Trend rechtzeitig erkannt und versuchen schon seit längerem, Gegenmaßnahmen in die Software einzubauen.

„Wieso sollte denn Tor über spezielle Maßnahmen verfügen – durch die Benutzung der Software bin ich doch schon anonym", werden Sie sich vielleicht fragen. Das Design von Tor ist jedoch so ausgelegt, dass Eve erkennen kann, ob Alice Tor benutzt, und daraufhin den Zugriff auf das Tor-Netzwerk beschränkt. Ein denkbarer Ansatz besteht darin, den Zugriff auf die Verzeichnisserver zu verbieten, da jeder Onionproxy anfangs aktuelle Verzeichnisinformationen benötigt. Derzeit existieren weltweit weniger als zehn Server. Somit ist es ein Leichtes, den Zugriff auf diese zu blockieren. Die Adressen der Server stehen im Quellcode von Tor in der Datei `src/or/config.c`. Da beliebige Onionrouter Verzeichnisinformationen verteilen, kann der Nutzer dem Problem begegnen.

Administratoren könnten auch den Zugriff zu allen bekannten Onionroutern sperren. Die Liste aller Onionrouter ist beim Verzeichnisserver erhältlich, d. h. der Administrator müsste diese herunterladen und könnte dann die Liste der Router extrahieren. Die dort aufgeführten IP-Adressen kann er einfach in eine Firewallregel übernehmen und so das gesamte Tor-Netzwerk ausschließen. Dieser Angriff wiegt weit schwerer als der oben vorgestellte und bewog die Entwickler, einen Vorschlag für ein neues Design auszuarbeiten.[17] Dieser Vorschlag zielt darauf ab, eine Brücke zwischen einem blockierten Nutzer und dem Tor-Netzwerk zu bauen. Der blockierte Nutzer baut dann eine Verbindung zu der Brücke auf, und diese vermittelt den Netzwerkverkehr. Der Brückenserver ist sowohl der Eintrittspunkt in das Tor-Netzwerk wie auch Lieferant von Verzeichnisinformationen. Der weitere Verbindungsaufbau erfolgt wie in Abschnitt 4.2.1 beschrieben.

Die Liste aller Brückenserver ist nicht öffentlich, vielmehr wird versucht, deren Adressen geheim zu halten. Der Betreiber eines Brückenservers kann

[17] Roger Dingledine und Nick Mathewson, „Design of a blocking-resistant anonymity system. Draft." `https://svn.torproject.org/svn/projects/design-paper/blocking.html`

bei der Einrichtung entscheiden, ob sein Dienst überhaupt öffentlich verfügbar sein soll. Entscheidet er sich dagegen, so bleibt die Adresse seines Dienstes geheim und er kann diese ausschließlich Freunden oder Bekannten weitergeben. Dadurch können diese weiterhin Tor benutzen und die Wahrscheinlichkeit, dass ihr Zugang zum Netzwerk blockiert wird, minimieren. Entscheidet sich der Betreiber für eine Veröffentlichung, so wird der Server-Deskriptor in einen Verzeichnisdienst für Brückenserver eingetragen. Hierbei versucht das Tor-Projekt größtmöglichen Schutz zu gewährleisten. Alle verfügbaren Brückenserver werden in drei Gruppen geteilt. Eine Gruppe wird nur über eine Webseite[18] ausgeliefert. Der Webserver achtet darauf, dass ein Benutzer, der wiederholt mit derselben IP-Adresse zugreift, immer dieselben Brückenserver angezeigt bekommt. Eine zweite Adressgruppe wird nur per E-Mail ausgeliefert. Hier schreibt der Benutzer eine E-Mail an `bridges@torproject.org` mit dem Betreff „get bridges". Die Absenderadresse muss zu einem Google-Mail-Konto gehören. Als Antwort erhält er dann eine kleine Auswahl von Brückenservern. Eine dritte Gruppe wird schließlich nie öffentlich bekannt gegeben und dient als Reserve. Bei Bedarf werden diese Adressen direkt an dem Tor-Projekt bekannte Personen in einzelnen Ländern verteilt. Derzeit sind die drei Gruppen gleich groß. Im Jahr 2009 schafften es Angreifer aus China, alle Brückenserver, die über die Webseite ausgeliefert werden, zu entlarven. Später erzeugten Personen aus China E-Mail-Adressen bei Google Mail und riefen damit die verfügbaren Brückenserver ab. Daher gehen die Entwickler davon aus, dass Brückenserver, die aus den zwei erstgenannten Varianten stammen, in China bekannt sind. Aufgrund dieser Erfahrungen soll die Aufteilung zukünftig geändert werden. Die Zensoren aus China sind mittlerweile einen Schritt weiter. Sie analysieren den Verbindungsaufbau und brechen die Verbindung ab, wenn es nach einer Verbindung zu einem Brückenserver aussieht. Seitens des Tor-Projekts gibt es zum Zeitpunkt der Niederschrift Tests über verschleierte Verbindungen. Die Software `obfs2proxy` modifiziert die Verbindungen. Diese sehen für den außenstehenden Betrachter nach einer vergleichsweise normalen Verbindung aus. Die Software kann verschiedene Arten modulieren. Über den Erfolg oder Misserfolg wird eventuell in einer späteren Ausgabe dieses Buches berichtet.

Für den Endbenutzer stellen Brückenserver eine attraktive Möglichkeit dar, das Tor-Projekt bzw. dessen Nutzer zu unterstützen. Die erforderliche Bandbreite für einen solchen Server liegt bei etwa 10 kB/s und damit im Bereich von DSL-Zugängen. Beschwerden, Anzeigen bei Strafverfolgern oder Ähnliches sind ebenfalls ausgeschlossen, da der Server nie als Austrittspunkt benutzt wird und somit nie öffentlich in Erscheinung tritt. Der Abschnitt ab Seite 190 zeigt Ihnen, wie Sie Brückenserver benutzen und einrichten.

Neben diesen Blockaden gibt es auch die Möglichkeit, den HTTP-Verkehr auf Muster zu untersuchen. Der Abruf der Verzeichnisinformationen erfolg-

[18] `https://bridges.torproject.org/`

te über das Unterverzeichnis `tor` beim Verzeichnisserver. Daher suchen viele Programme, die Tor blockieren wollen, nach der Zeichenfolge `GET /tor/` und verwerfen dann diese Anfragen. Damit kann ein Onionproxy keine Verzeichnisinformationen mehr abrufen. Seit einiger Zeit verwendet Tor nur noch verschlüsselte Verbindungen zum Abruf der Informationen. So ist diese Blockademöglichkeit unterbunden. Steven J. Murdoch sorgte mit seiner Forschungsarbeit dafür, dass der Abruf der Verzeichnisinformationen für einen Angreifer genau so aussieht, als ob der Mozilla Firefox eine verschlüsselte Verbindung zu einer Webseite aufnimmt. Somit sind einem Angreifer hohe Hürden aufgestellt, und es ist sehr schwer, Tor zu blockieren. Der hohe Wirkungsgrad der Maßnahmen zeigte sich im Jahr 2009. Zum 60. Jahrestag der Gründung der Volksrepublik China intensivierten die Zensoren die Maßnahmen. Das hatte zur Folge, dass bis auf die Brückenserver von Tor keine Zensurumgehungssoftware innerhalb Chinas funktionierte.

Die bisher erwähnten Punkte sind im eigentlichen Sinn keine Angriffe, eher Fallstricke der Benutzung oder Blockaden, die Nutzer von Tor fernhalten sollen. Aber auch echte Angriffe gegen das Protokoll sind denkbar.

Fingerprintangriff

Wenn Alice beispielsweise die Webseite des Tor-Projekts besucht, lädt ihr Browser typischerweise alle Elemente in separaten Verbindungen herunter. Die Elemente bestehen dabei aus dem HTML-Quelltext, Bildern, CSS-Dateien und anderem. Der Browser öffnet für jede Verbindung einen separaten Port auf Alice' Rechner und überträgt die Datei. Die Webseite des Tor-Projekts besteht derzeit aus 20 Dateien. Eve beobachtet nun ihren Netzverkehr und sieht, dass Alice verschiedene Verbindungen öffnet. Es wird eine Datei mit 11 137 Byte, eine mit 240 Byte, eine mit 2 829 Byte usw. heruntergeladen. Die Anzahl und Größe der Elemente ist für viele Seiten einzigartig. So entsteht eine Art Fingerabdruck der Webseite.

Eve kann sich eine Datenbank mit den Fingerabdrücken (Art und Größe der Elemente) verschiedener Seiten anlegen. Diese vergleicht sie dann mit den Daten der Webseite, die Alice gerade abruft. Das ermöglicht es Eve, mit einiger Wahrscheinlichkeit darauf zu schließen, welche Webseite Alice gerade besucht. Dieser sogenannte Fingerprintangriff wurde von Andrew Hintz gefunden[19] und kann im Grundsatz auch bei Tor funktionieren. Dessen Entwickler nehmen zwar an, dass das Design von Tor die Attacke erschwert, aber die exakten Auswirkungen dieses Angriffes auf die Anonymität der Benutzer sind derzeit nicht abschließend geklärt.

[19] Andrew Hintz, „Fingerprinting websites using traffic analysis“, in: R. Dingledine and P. Syverson, editors, Privacy Enhancing Technologies (PET 2002), S. 171–178. Springer-Verlag, LNCS 2482, 2002. `http://guh.nu/projects/ta/safeweb/safeweb.html`

Angriffe auf die Onionrouter

Mallory kann versuchen, einen oder mehrere Onionrouter direkt anzugreifen. Hierzu müsste er es schaffen, den Sessionschlüssel zu brechen; dann kann er eine Verschlüsselungsschicht öffnen. Durch die fortwährende Erneuerung der Sessionschlüssel bleibt aber für einen derartigen Angriff nur eine kurze Zeitspanne. Weiterhin könnte Mallory auch versuchen, den privaten Schlüssel zu brechen und dann in der Identität des Onionrouters auftreten. Gelingt es ihm, *alle* Onionrouter innerhalb einer Verbindungsstrecke zu überwinden, kann er die Anonymität aufheben, denn er sieht die Inhalte der Pakete. Aber auch hier ist die Rotation der Server ein starkes Hindernis. Mallory müsste Zugriff auf alle Server haben, bevor die Verbindungsstrecke wieder gewechselt wird. In der Standardeinstellung beträgt die Zeitspanne derzeit etwa zehn Minuten.

Um diesen Angriff erfolgreich durchzuführen, muss Mallory entweder in die betreffenden Rechner eindringen oder mittels diverser Zwangsmittel Zugriff erlangen. Der erste Fall ist durch gute Administration der betreffenden Server meist abzuwenden. Im zweiten Fall kommt dem Tor-Netzwerk zu Gute, dass sich die Verbindungsstrecken meist über Länder- und damit Rechtsgrenzen erstrecken. Dies macht es den verschiedenen Klassen von Angreifern sehr schwer, den Angriff erfolgreich einzusetzen.

Mallory kann außerdem versuchen, eine gewisse Anzahl von Onionroutern dauerhaft unter seine Kontrolle zu bringen. Danach greift er die anderen Server permanent an, so dass diese nicht dauerhaft online sind und somit an Zuverlässigkeit verlieren. Dadurch zwingt er die Nutzer, die von ihm kontrollierten Server zu nutzen und kann die Anonymität brechen. Hier helfen nur große Diversität und Robustheit der Server. Bei der weltweit großen Zahl an Servern wird dieser Angriff also sehr schwer durchzuführen sein.

Angriffe auf die Verzeichnisserver

Wie bei Mixminion sind die Verzeichnisserver die verwundbarsten Stellen des Netzwerkes. Ein Angreifer könnte versuchen, einen Verzeichnisserver aus dem Netz zu entfernen. Doch dann werden die verbliebenen ihre Aufgabe weiterhin wahrnehmen. Erst wenn mehr als die Hälfte der Verzeichnisserver aus dem Netz verschwunden ist, haben die Onionproxys nicht mehr genügend Signaturen unter den Verzeichnisinformationen. Sie können nicht mehr selbst entscheiden, ob sie den Daten vertrauen. Dann muss der Betreiber des Onionproxy diese Entscheidung treffen.

Gefahr für die Integrität des Netzwerks besteht dann, wenn der Angreifer es auch schafft, aktiv Verzeichnisdaten zu manipulieren. Sollte Mallory mehrere Verzeichnisserver unter seiner Kontrolle haben, kann er nach Belieben Verzeichnisdaten ändern. Insbesondere kann er bösartige Onionrouter in das Netzwerk integrieren. Das ist einer der Gründe, warum nur bestimmte Personen einen Verzeichnisserver für das Tor-Netzwerk betreiben dürfen. Die Entwickler wählen die Betreiber der Verzeichnisserver selbst aus bzw. betreiben die Server in Eigenregie. In die engere Auswahl für den Betrieb eines solchen Servers kommen daher nur Menschen, die ein hohes Vertrauen genießen und die die entsprechende Kompetenz zum sicheren Betrieb eines Rechners besitzen. All diese Maßnahmen erschweren die Attacke in der Praxis erheblich.

Analyse des Netzverkehrs von Tor

Steven Murdoch und George Danezis gelang es im Jahr 2005 eine Verkehrsanalyse gegen Tor zu starten.[20] In der Veröffentlichung beschreiben die Autoren einen Angriff, der innerhalb des Bedrohungsmodells liegt und im damaligen Ausbau des Netzwerks einfach anzuwenden war. Der Angriff basiert darauf, Alice dazu zu bringen, sich mit einem Dienst von Mallory zu verbinden. Danach sendet Mallory permanent Daten an Alice und misst die Antwortzeiten. Gleichzeitig nutzt der Angreifer einen kompromittierten Knoten und sendet mit diesem Daten an alle Onionrouter. Diese Daten müssen sich für die einzelnen Onionrouter unterscheiden.

Durch den höheren einkommenden Verkehr entsteht bei den Onionroutern eine höhere Last, und auch die Antwortzeiten erhöhen sich. Das bedeutet, dass Mallory auch länger auf Daten von Alice warten muss. Nun vergleicht Mallory die Muster, mit denen er die Onionrouter „beschossen" hat, mit den Wartezeiten von Alice. Wenn diese Muster für einen speziellen Onionrouter übereinstimmen, kann Mallory davon ausgehen, dass Alice diesen Router benutzt hat.

Abbildung 4.3 zeigt die Korrelation in den Verkehrsdaten. Die auf der X-Achse sitzenden Balken stellen den Zeitpunkt des „Beschusses" dar, die grauen Punkte die Antwortzeit. Der Zusammenhang zwischen der Verlängerung der Antwortzeit und dem Datenbeschuss ist deutlich zu erkennen.

Die Autoren haben es mit dem Angriff geschafft, die Anonymität von Tor auf das Niveau von verketteten Proxys zu senken. Wobei diese Attacke auch bei anderen Systemen funktioniert, die niedrige Antwortzeiten bereitstellen. Für die Wissenschaftler war es im Jahr 2005 einfach, den Angriff durchzuführen. Damals existierten 13 Knoten, die ausprobiert wurden. Das gesamte Tor-Netzwerk besteht im Jahr 2010 aber schon aus mehr als 1 000 Servern. Damit wäre heute ein solcher Angriff deutlich aufwändiger. Weiterhin wird auch viel mehr Verkehr durch diese Server geroutet als das noch im Jahr 2005 der Fall war. Obwohl gegen solch einen Angriff keine wirksame

[20] Steven J. Murdoch, George Danezis, „Low-Cost Traffic Analysis of Tor", in: Proceedings of the 2005 IEEE Symposium on Security and Privacy, May 2005. `http://www.cl.cam.ac.uk/users/sjm217/papers/oakland05torta.pdf`

Verteidigung existiert, ist davon auszugehen, dass er in der Praxis schwierig umzusetzen ist. Wie hoch der Aufwand für den Angreifer genau ist, ist jedoch derzeit unerforscht.

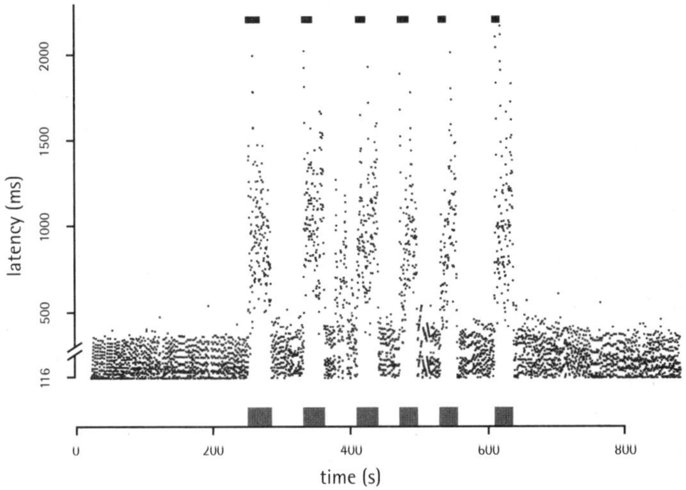

Abbildung 4.3: Server-Antwortzeiten bei „Beschuss"

Angriffe gegen versteckte Services

Eine weitere Angriffsmöglichkeit zielt auf die versteckten Services von Tor. Verschiedene Forscher haben sich dem Thema gewidmet und versucht, die Anonymität der versteckten Services einzuschränken. Auf den ersten Blick gibt es zwei Punkte, die man angreifen kann: den Rendezvouspunkt und die Kontaktserver. Der Rendezvouspunkt übernimmt aber während der Kommunikation eine ähnliche Rolle wie ein beliebiger Onionrouter. Insofern muss der Angriff auch nicht gesondert betrachtet werden. Beim Kontaktserver gibt es hingegen mehrere Angriffsmöglichkeiten.

Ein Angreifer könnte versuchen, die Kontaktserver, die Bob gewählt hat, mit Anfragen zu überfluten und diese so abzuschalten. Damit kann auch auf Bobs Service nicht mehr zugegriffen werden. Das Design ist in diesem Punkt so flexibel, dass Bob jederzeit neue Kontaktserver wählen kann. Sollte also diese Attacke stattfinden, sucht er neue Kontaktserver und bietet seinen Dienst weiter an. Weiterhin kann Mallory versuchen, einen Kontaktserver unter seine Kontrolle zu bekommen. Über diesen überflutet er Bobs Service mit Anfragen bzw. hält alle validen Anfragen zurück.

Im ersten Fall wird Bob die Flut von Anfragen sofort bemerken und kann die Verbindungsstrecke schließen. Hält Mallory Anfragen zurück, macht sich dies bei Bob vielleicht nicht sofort bemerkbar. Daher sollte er in periodischen Abständen selbst den Kontaktserver testen, indem er versucht, sich mit seinem versteckten Service zu verbinden. Falls sich dabei herausstellt, dass der Kontaktserver die Anfragen blockiert, kann er sich einen anderen Server heraussuchen. Insofern stellen diese Angriffe sowohl gegen den Rendezvouspunkt wie auch gegen den Kontaktserver keine große Gefahr dar. Im Rahmen des Tor-Protokolls sind Gegenmaßnahmen vorgesehen.

Paul Syverson, der sowohl beim Onion Routing wie auch bei der Entwicklung von Tor mitarbeitete, sowie Lasse Øverlier, ein Forscher beim norwegischen Verteidigungsministerium, gelang 2006 ein erster wirksamer Angriff gegen die versteckten Services.[21] Dieser richtete sich nicht nur gegen die versteckten Services bei Tor, sondern attackierte das allgemeine Konzept der versteckten Services. Øverlier und Syverson schlugen in ihrer Veröffentlichung auch einen Schutz gegen diesen Angriff vor.

Der Angriff von Øverlier und Syverson basiert darauf, dass Mallory einen Server besitzt, der sowohl Onionrouter als auch Onionproxy ist. Er versucht, solange Verbindungen zu dem versteckten Service aufzubauen, bis sein Server der erste Punkt in der Verbindung von Bob zum Rendezvouspunkt ist. Damit kann er die wahre IP-Adresse von Bob ermitteln.

Über einen Mustervergleich versucht Mallory herauszufinden, ob sich sein Server überhaupt innerhalb der Strecke zwischen Bob und dem Rendezvouspunkt befindet. Sollte dies der Fall sein, prüft er, ob er die IP-Adresse des Rendezvouspunkts kennt. Ist das der Fall, weiß er, dass er sich direkt dahinter befindet, und trennt die Verbindung wieder. Andernfalls ist er der zweite oder der erste Onionrouter. Nun sendet er mehrmals Pakete und analysiert die Antwortzeiten. Somit kann er mit hoher Wahrscheinlichkeit herausfinden, an welcher Stelle sich sein Server befindet.

Ist er der erste nach Bobs verstecktem Service, ist die IP-Adresse aufgedeckt. Der Angriff erfordert einige Vorbereitung und Tests, ist aber sehr wirkungsvoll. Die Autoren haben vor der Veröffentlichung ihrer Ergebnisse die Entwickler von Tor kontaktiert und Verbesserungen vorgeschlagen. Nachdem diese in den Quellcode einflossen, erfolgte die Veröffentlichung.

Der Verbesserungsvorschlag stützt sich auf Ideen von Wright et al.[22] Sie schlagen sogenannte Hilfsknoten als Eintrittspunkte in ein anonymes Kommunikationssystem vor. Øverlier und Syverson passten den Vorschlag weiter an und nannten die Server *Entry Guards* (Eintrittswächter). Demnach muss Bob einen Server wählen, der sein erster Onionrouter in einer Verbindungsstrecke ist und der diese Aufgabe für einen längeren Zeitraum

[21] Lasse Øverlier, Paul Syverson, „Locating Hidden Servers", in: Proceedings of the 2006 IEEE Symposium on Security and Privacy, Mai 2006. `http://www.onion-router.net/Publications/locating-hidden-servers.pdf`

[22] Matthew Wright, Micah Adler, Brian Neil Levine, Clay Shields, „Defending Anonymous Communication Against Passive Logging Attacks", in: Proceedings von 2003 IEEE Symposium on Security and Privacy, Mai 2003, S. 28–43. `http://www.cs.umass.edu/~Mwright/papers/wright-passive.pdf`

übernimmt. Gehört dieser Server Mallory, ist natürlich nichts gewonnen. Andernfalls dauert der Angriff wesentlich länger. Denn Bob nutzt für einen längeren Zeitraum den Entry Guard, und erst wenn dieser wieder gewechselt wird, hat Mallory eine neue Chance. Alles in allem führt die Einführung der Entry Guards zu einer beträchtlichen Verlangsamung der Attacke. Sie ist inzwischen in Tor eingebaut. Zusätzlich erschwert auch die wachsende Zahl der Tor-Server den Angriff.

Ein weiterer wirkungsvoller und verblüffender Angriff gegen die versteckten Services gelang Steven J. Murdoch im Jahr 2006.[23] Er versuchte, die Anonymität der versteckten Services durch Messen der Uhrzeitverschiebung herauszufinden. Nach seiner Theorie äußert sich die mit einer stärkeren Rechenlast einhergehende höhere Temperatur und einem Versatz der Uhrzeit des Rechners. Dies lässt sich dann mittels Zeitstempel messen. Murdoch konfigurierte einen versteckten Service und lud von diesem jeweils zwei Stunden lang eine große Datei herunter. Dann legte er eine Pause von zwei Stunden ein, um danach wieder für zwei Stunden eine Datei herunterzuladen. Während dieser Aktionen konnte er Verschiebungen in der Uhrzeit messen. Weiterhin war es möglich, die Temperaturschwankungen im Tagesverlauf zu messen bzw. auch kurzfristige Einflüsse, wie das Einströmen kalter Luft, darzustellen. Diese Ergebnisse brachten Murdoch zu dem Schluss, dass man auf den geographischen Ort des versteckten Services schließen könne. Dies erfordert aber eine längere Beobachtung des Ziels. Gegen diesen Angriff gibt es derzeit keine Gegenwehr. Steven Murdoch hat hier ein neues Forschungsfeld eröffnet; erst im Laufe der nächsten Jahre wird es eventuell weitere Ergebnisse oder Empfehlungen für Gegenmaßnahmen geben.

Wissenschaftler verwenden Tor sehr gern als Referenzsoftware für ihre Studien, denn das komplette Design des Dienstes liegt offen und ist detailliert spezifiziert. Insofern sind auch zukünftig weitere Untersuchungen mit Tor zu erwarten. Aktuelles zu Angriffsmöglichkeiten und Gegenmaßnahmen finden Sie im Literaturverzeichnis zur Anonymisierung bei Freehaven.[24]

Wie Sie bei den oben genannten Angriffen gesehen haben, ist Tor nicht geeignet, Anonymität gegen einen starken globalen Angreifer zu bieten. Dieser liegt außerhalb des Angriffsmodells des Dienstes. Doch einen solchen Schutz zu bieten, ist auch für andere Anonymisierungsdienste schwierig, die Wert auf niedrige Antwortzeiten legen. Andererseits sollten Sie sich vor Augen führen, dass ein derart mächtiger Angreifer wohl auch die Möglichkeit hätte, in die Wohnung der Zielperson einzubrechen und an deren Rechner unbemerkt Manipulationen vorzunehmen. Insofern hat sich das von den Entwicklern gewählte Modell bisher als durchaus praxistauglich her-

[23] Steven J. Murdoch, „Hot or Not: Revealing Hidden Services by their Clock Skew“, in: Proceedings of CCS 2006, October 2006 `http://www.cl.cam.ac.uk/~sjm217/papers/ccs06hotornot.pdf`.

[24] `http://freehaven.net/anonbib/`

ausgestellt. Im Zuge weiterer Forschungen wird der Grad an Anonymität, den Tor bietet, mit Sicherheit weiter erhöht werden.

4.3 Der praktische Einsatz von Tor

Am Anfang des Buches wurde gezeigt, wie das Tor-Browser-Paket hilft, mittels Tor Webseiten anonym zu besuchen. Dieses Kapitel gibt nun detailliertere Hinweise zur Installation, stellt nützliche Hilfsprogramme vor und beschreibt, wie Sie Tor auch mit Nicht-Web-Anwendungen wie Chat, FTP oder SSH einsetzen. Am Ende des Kapitels finden Sie Hinweise, wie Sie Fehlern beim Tor-Einsatz auf die Spur kommen.

4.3.1 Installation unter GNU/Linux

Das Tor-Browser-Paket lässt sich ohne Installation auf der Festplatte nutzen. Einige Linuxnutzer legen Wert, die Software über die Paketverwaltung der Distribution zu installieren. Auf diesen Weg soll im Folgenden kurz eingegangen werden. Einige Distributionen, wie Debian, Ubuntu oder Gentoo, bringen bereits vorgefertigte Pakete mit. Das Tor-Projekt bietet für alle gängigen Distributionen seine Software direkt auf der Homepage an. Sie können dort sowohl den aktuellen Quellcode wie auch RPM- oder auf Debian basierende Pakete herunterladen. Es hat sich gezeigt, dass dies der bevorzugte Weg sein sollte. Denn in der Vergangenheit waren Pakete in einzelnen Distributionen immer mal wieder verwaist, und wichtige Aktualisierungen kamen nicht bei den Benutzern an. Die Tor-Entwickler stellen bei jeder Aktualisierung der Tor-Software auch neue Pakete für die einzelnen Distributionen zur Verfügung.

Debianbasierte Installation

Derzeit stellt das Debian-Projekt Pakete für verschiedene Versionen (stable, testing, unstable und experimental) zur Verfügung. Ubuntu wie auch andere debianbasierte Distributionen bieten entsprechende Pakete auf ihren Servern an. Es ist aber nicht unwahrscheinlich, dass diese Pakete veraltet sind. Gerade die Pakete bei Ubuntu ließen in der Vergangenheit die nötige Pflege vermissen. Daher ist es sinnvoll, Pakete aus dem Repository des Tor-Projekts zu nutzen. Hierzu müssen Sie der Datei `/etc/apt/sources.list` die folgende Zeile hinzufügen:

```
deb http://deb.torproject.org/torproject.org <distribution> main
```

Die verschiedenen debianbasierten Distributionen benutzen unter Umständen das Verzeichnis `/etc/apt/sources.list.d`. Wenn Sie dort eine Datei mit dem Inhalt aus obigem Listing anlegen, so wird dies ebenso vom Betriebssystem verwendet.

`<distribution>` bezeichnet den Namen der Debian- oder Ubuntu-Version. Derzeit stehen die Namen `lenny`, `squeze`, `wheezy` und `sid` für Debian sowie die Ubuntu-Paketnamen `hardy`, `karmic`, `lucid`, `maverick` und `natty` zur Verfügung.[25] Sollten Sie nicht genau wissen, welche Debianversion Sie verwenden, finden Sie das mit dem Befehl `cat /etc/debian_version` oder `lsb_release -a` heraus. Benutzer von Linux Mint können versuchen, die aktuellen Ubuntu-Pakete zu verwenden. Nach der Erfahrung des Autors funktionierte dies bislang gut.

Die Paketverwaltungssoftware `apt` prüft die Signaturen der Pakete. Der genannte Server wird nicht direkt von der Distribution betrieben. Daher kennt das Betriebssystem nicht den Schlüssel, mit dem das Paket unterschrieben wurde, und wird eine Warnung ausgeben. Sie sollten den OpenPGP-Schlüssel des Tor-Projekts zum Schlüsselbund von `apt` hinzufügen. Damit werden auch diese Pakete als vertrauenswürdig markiert.

```
linux:~ # gpg --keyserver keys.gnupg.net --recv 886DDD89
linux:~ # gpg --fingerprint 886DDD89
```

Der letzte Befehl gibt einen sogenannten Fingerprint (Fingerabdruck) des Schlüssels aus. Vergleichen Sie diesen mit dem auf der Webseite[26] gezeigten. Wenn die Daten übereinstimmen, importieren Sie den Schlüssel:

```
linux:~ # gpg --export 886DDD89 | apt-key add -
```

Nun können Sie Tor mit Root-Rechten installieren:

```
linux:~ # apt-get update
linux:~ # apt-get install tor
```

Tor wird nach der Installation automatisch gestartet. Im nächsten Schritt stehen Installation und Einrichtung von Privoxy an. Dies ist unten im Abschnitt 2.3.1 beschrieben.

RPM-basierte Installation

Die Distributionen openSUSE, SUSE, RedHat, Fedora und andere nutzen das sogenannte RPM-Format zur Paketverwaltung. Sie können Programme mittels YaST, PackageKit oder mit den Kommandozeilenprogrammen `rpm` beziehungsweise `yum` installieren. Jedoch halten nicht alle Distributoren die aktuellen Paketquellen bereit. Derzeit bietet SUSE bzw. openSUSE keine offiziellen Pakete an. Hingegen können die Nutzer von RedHat, Fedora und

25 Eine Übersicht der aktuell zur Verfügung stehenden Paketnamen ist auf der Seite `https://www.torproject.org/docs/debian` zu finden.

26 `http://www.torproject.org/docs/debian`

den davon abgeleiteten Distributionen Tor über die Paketverwaltung installieren. Dennoch gilt wie bei den debianbasierten Distributionen, dass es besser ist, das Angebot des Tor-Projekts zu benutzen. Diese Pakete sind tagesaktuell und werden im Falle von Schwachstellen umgehend aktualisiert. Bei den verschiedenen Distributionen ist das nicht immer der Fall.

Im Moment stellt das Tor-Projekt keine Pakete für SUSE zur Verfügung. Nach den Angaben des Projektleiters gibt es derzeit im Projekt niemanden, der Pakete anfertigt, und auch niemanden, der solche Pakete nachfragt. Allerdings gab es Anfang März des Jahres 2012 Bewegung. Ein Freiwilliger erklärte sich bereit, die Pflege der Pakete in die Hand zu nehmen.[27] Es bleibt zu hoffen, dass aus der Initiative ein fertiges Paket resultiert. Ein Blick auf das Verzeichnis `http://deb.torproject.org/torproject.org/rpm/` zeigt Ihnen, ob es fertige Pakete für SUSE und openSUSE gibt. Wenn dort ein Verzeichnis mit dem Wort „suse" im Namen existiert[28] und RPM-Dateien enthalten sind, so können Sie diese nutzen. Die folgenden Schritte sind für SUSE, CentOS und Fedora gleich. Legen Sie im Verzeichnis `/etc/yum.repos.d/` eine Datei `torproject.repo` mit folgendem Inhalt an:

```
[torproject]
name=Tor and Vidalia
enabled=1
autorefresh=0
baseurl=http://deb.torproject.org/torproject.org/rpm/<verzeichnis>/
type=rpm-md
gpgcheck=1
gpgkey=http://deb.torproject.org/torproject.org/rpm/RPM-GPG-KEY-\
torproject.org
```

`<verzeichnis>` ist durch den Namen des Verzeichnisses mit den RPM-Dateien zu ersetzen. Die aktuellen und korrekten Namen sind bei einem Abruf des Verzeichnisses `http://deb.torproject.org/torproject.org/rpm/` ersichtlich. Zum Zeitpunkt der Niederschrift des Buches gibt es `centos5-experimental`, `centos5`, `fc13-experimental`, `fc13`, `fc14-experimental`, `fc14`, `fc15-experimental` und `fc15`. Nachdem Sie die Datei gespeichert haben, können Sie die Software installieren.

```
linux:~ # yum install tor
```

Die Installation und Einrichtung der Proxy-Software Privoxy wird im folgenden Abschnitt beschrieben.

27 `https://trac.torproject.org/projects/tor/ticket/5205`

28 Nach den derzeitigen Planungen sollten die Namen `suse` und `suse-experimental` lauten.

4.3.2 Installation von Tor im Quellcode

Bei der im Kapitel 1 beschriebenen Installation von Tor galt die Voraussetzung, dass bereits vorkompilierte Software vorliegt. Doch unter Umständen kann es nötig oder sinnvoll sein, Tor aus dem Quellcode zu installieren. Betroffen sind hier vor allem Nutzer von Linux-Distributionen, für die es keine fertigen Pakete der Software gibt, beispielsweise Slackware.

Auf den Seiten des Tor-Projekts finden Sie sowohl die letzte stabile als auch die Entwicklerversion zum Herunterladen.[29] Die Entwickler geben in regelmäßigen Abständen neue stabile Versionen heraus. Diese stellen meist Verbesserungen oder Fehlerkorrekturen zu den Vorversionen dar. Die Entwicklerversionen sind zum Testen neuer Eigenschaften gedacht. Falls Sie diese einsetzen wollen, bedenken Sie, dass die Software abstürzen kann bzw. Ihnen unter Umständen auch nicht den Grad an Anonymität bietet, den Sie wünschen.

Neben dem Quellcode von Tor benötigen Sie die `libevent`-Bibliothek[30] sowie OpenSSL[31] und `zlib` ebenfalls als Programmbibliothek. In der Regel finden Sie diese in Ihrer Distribution als Pakete mit dem Zusatz `devel` oder `dev`. Lediglich bei `libevent` könnte es sein, dass diese noch nicht in der Distribution enthalten ist. Falls dem so ist, laden Sie vorher den Quellcode von `libevent` herunter und führen Sie die folgende Schritte aus. Das folgende Beispiel nutzt die Version 2.0.17 von `libevent`.

```
user@linux:~ $ wget https://github.com/downloads/libevent/\
   libevent/libevent-2.0.17-stable.tar.gz
user@linux:~ $ tar xfz libevent-*-stable.tar.gz
user@linux:~ $ cd libevent-2.0.17-stable
user@linux:~ $ ./configure && make
linux:~ # make install
```

Beachten Sie, dass der letzte Schritt in der Regel mit Root-Rechten ausgeführt werden muss. Bei der Ausführung des `configure`-Skripts können Sie Optionen angeben. Eine Liste möglicher Optionen erhalten Sie mit dem Befehl `./configure --help`. Häufig genutzt wird beispielsweise die Option `--prefix`, um `libevent` an einen anderen Ort im Dateisystem zu installieren. Wenn `make install` erfolgreich beendet wurde, können Sie nun mit der Installation von Tor fortfahren.

```
user@linux:~ $ wget https://www.torproject.org/dist/tor-0.2.2.35.tar.gz
user@linux:~ $ tar xfz tor-0.*.tar.gz
user@linux:~ $ cd tor-0.2.2.35
user@linux:~/tor-0.2.2.35 $ ./configure
```

Auch hier sind Optionen für `configure` möglich, um beispielsweise ein abweichendes Installationsverzeichnis festzulegen. Zusätzlich können Sie

29 https://www.torproject.org/download
30 http://libevent.org/
31 http://openssl.org/

angeben, wo sich die OpenSSL-, `zlib`- und `libevent`-Bibliotheken befinden. Die Optionsnamen lauten `--with-openssl-dir`, `--with-zlib-dir` und `--with-libevent-dir`. Weiterhin können Sie durch die Verwendung der Option `--enable-debug` eine Variante von Tor bauen, die besser zur Fehlersuche (Debugging) geeignet ist. Eine Übersicht aller Optionen gibt der Befehl `./configure --help`. Nach der Beendigung des `configure`-Befehls wird das Makefile angelegt. Sie können die Tor-Software nun übersetzen und installieren.

```
linux:~ # make && make install
```

Wenn die Befehle erfolgreich beendet wurden, ist Tor auf dem System installiert und kann durch den Aufruf `src/or/tor` gestartet werden.

4.3.3 Installation eines HTTP-Proxys

Die Tor-Software arbeitet als Proxy. Es nimmt also die Anfragen des Clients entgegen, leitet sie an einen Server weiter und reicht die Antworten des Servers an den Client zurück. Zur Kommunikation benutzt Tor das SOCKS-Protokoll. SOCKS war ursprünglich dafür vorgesehen, Nutzern hinter einer Firewall den Kontakt zu externen Servern zu ermöglichen.

Wenn diese eine Verbindung zu einem externen Dienst aufnehmen wollen, verbinden sie sich mit einem SOCKS-Server. Dieser kontrolliert, ob der Client hierzu berechtigt ist, und leitet dann die Anfrage weiter. SOCKS kann auch dazu benutzt werden, Clients, die sich außerhalb der Firewall befinden, den Zugriff auf Dienste innerhalb einer durch eine Firewall geschützten Umgebung zu erlauben. SOCKS gibt es in den Versionen 4, 4a und 5. Die Version 5 ist als Request for Comments (RFC) spezifiziert.[32]

Der Vorteil des Protokolls liegt in seiner Flexibilität. Der Benutzer muss nicht für jede Anwendung eine Extrasoftware einsetzen, sondern es genügt ein Proxy, der das SOCKS-Protokoll beherrscht. Dies ist ein wesentlicher Unterschied zu den früheren Versionen des Onion Routing, die in Abschnitt 4.1 vorgestellt wurden.

Einige Anwendungen haben jedoch mit dem Protokoll noch Schwierigkeiten. Sie lösen zuerst den angegebenen Hostnamen auf und nutzen hierfür *nicht* den SOCKS-Proxy. Erst wenn sie eine IP-Adresse erhalten haben, wird die weitere Kommunikation über den Proxy geführt. Diese Vorgehensweise ist gerade bei Anonymisierungsdiensten kontraproduktiv, denn ein Angreifer kann aus den DNS-Abfragen erkennen, auf welche Rechner zugegriffen wird. Um diesen Nachteil auszugleichen, ist es empfehlenswert, einen HTTP-Proxy zwischenzuschalten. Die Tor-Entwickler empfahlen lange Zeit den oben erwähnten Privoxy. Mittlerweile sind sie auf Polipo umgeschwenkt, denn dieser scheint die Verbindungen schneller als Privoxy

[32] `http://www.ietf.org/rfc/rfc1928.txt`

weiterzuleiten. Daher wird der Proxy als Standardvariante im Tor-Browser-Paket angeboten.

Privoxy

Die Möglichkeiten, die der Filter-Proxy Privoxy bietet, sind im Abschnitt 2.3 ab Seite 50 dargestellt. Seine Installation ist denkbar einfach (siehe Abschnitt 2.3.1). Nutzen Sie Windows oder Mac OS X, laden Sie Privoxy von der Homepage herunter und installieren die Software. Bei den meisten Linux-Distributionen ist Privoxy als Paket in den offiziellen Paketquellen enthalten. Somit können Sie die Software einfach mit dem jeweiligen Paketmanager verwalten. Auch für eine Vielzahl anderer Betriebssysteme bieten die Entwickler vorgefertigte Pakete an.[33] Nach der Installation wird der Privoxy zwischen die Anwendungssoftware, z. B. den Browser, und Tor geschaltet (siehe Abbildung 4.4).

Abbildung 4.4: Aufbau einer Anwendung zwischen Nutzer und Internet

Das geschieht zum einen dadurch, dass Sie Ihre Anwendung anweisen, Privoxy als HTTP-Proxy zu verwenden. Der Proxy nimmt hierzu standardmäßig Verbindungen auf dem Port 8118 der lokalen Schnittstelle (127.0.0.1) entgegen. Die Details zur Konfiguration eines Webbrowsers werden in Abschnitt 4.3.4 erklärt. Zum anderen müssen Sie Privoxy so einstellen, dass das Programm alle Verbindungen an Tor weitergibt.

Nutzer von Vidalia sind hier im Vorteil, denn die Software übernimmt die Arbeit für Sie. Um die Einstellungen selbst vorzunehmen, öffnen Sie die Datei `config`. Bei den meisten Linuxvarianten finden Sie die Datei im Verzeichnis `/etc/tor`. SUSE legt sie ins Verzeichnis `/etc/privoxy/config`. Bei Windows ist Privoxy in dem von Ihnen zuvor gewählten Verzeichnis installiert. Standardmäßig wird das Verzeichnis `C:\Programme\Privoxy` genutzt. In diesem Verzeichnis finden Sie dann auch die Konfigurationsdatei. Diese trägt hier den Namen `config.txt`. Nachdem Sie die Datei geöffnet haben, tragen Sie dort die Zeile

```
forward-socks4a / 127.0.0.1:9050 .
```

ein. Die Anweisung `forward-socks4a` weist Privoxy an, bestimmte Verbindungen über einen SOCKS-Proxy zu leiten und dabei die Protokollversion 4a von SOCKS zu verwenden. Der Schrägstrich bedeutet, dass alle URLs an den angegebenen Hostnamen bzw. die IP-Adresse weiterzuleiten sind.

[33] `http://sourceforge.net/project/showfiles.php?group_id=11118`

Tor benutzt den Port 9050 der lokalen Schnittstelle (localhost) für die Kommunikation über SOCKS. Der Punkt am Ende der Zeile sagt aus, dass keine HTTP-Weiterleitung erfolgen soll. Privoxy ist in der Lage, Anfragen an weitere Proxys zu verteilen. Diese würden statt des Punktes eingetragen.[34] Nachdem die Konfigurationsdatei gespeichert wurde, muss Privoxy neu gestartet werden und nutzt ab sofort Tor als SOCKS-Proxy.

Hin und wieder äußern Nutzer den Wunsch, dass Privoxy nicht filtern soll. Das heißt, der HTML-Quellcode sowie Cookies, JavaScript und weitere Bestandteile von Webseiten sollen unangetastet bleiben. Im Allgemeinen ist der Proxy Polipo (siehe nächster Abschnitt) dafür eine gute Alternative. Sollten Sie jedoch Privoxy einsetzen wollen, lässt sich die Filterung dadurch ausschalten, dass man die Dateien mit der Endung `.action` umbenennt oder verschiebt. Diese Dateien befinden sich im selben Verzeichnis wie die Datei `config` und enthalten die Filterregeln. Wenn diese umbenannt bzw. verschoben werden, wendet Privoxy keinerlei Regeln mehr an. Eine weitere Möglichkeit, die Filterung auszuschalten, bietet die Konfigurationsoption `toggle`. Wenn die Option auf 0 gesetzt wird, verhält sich Privoxy wie ein Proxy ohne jegliche Filterung. Der Abschnitt 2.3 nennt weitere Anpassungsmöglichkeiten zu Privoxy.

Polipo

Polipo ist ein Proxy, der Webseiten zwischenspeichert (Cache). Die Software ist durch die Verwendung von Pipelining und das Zwischenspeichern schneller als Privoxy. Normalerweise öffnet der Browser eine Webseite und versucht zu erkennen, welche Elemente (Bilder, CSS etc.) in der Webseite eingebunden sind. Er öffnet dann weitere Verbindungen zum Webserver und lädt darüber die gefundenen Elemente herunter. Im Unterschied dazu nutzt Pipelining dieselbe Verbindung, um die anderen Elemente herunterzuladen. Der Browser schickt mehrere Anfragen, ohne jeweils die Antwort des Webservers abzuwarten. Dadurch verbessern sich die Antwortzeiten. Das Pipelining ist in der Version 1.1 von HTTP spezifiziert.[35]

Der Nachteil von Polipo in Verbindung mit einem Anonymitätswerkzeug ist die fehlende Filtermöglichkeit. Privoxy-Filter sorgen bereits in den Standardeinstellungen dafür, dass Cookies und JavaScript von verschiedenen Werbeseiten ausgefiltert werden. Polipo kann lediglich HTTP-Kopfdaten filtern. Insofern schützt Privoxy die Privatsphäre seiner Benutzer besser. Wenn Sie sich trotzdem entscheiden, Polipo einzusetzen, sollten Sie Ihren Browser restriktiver einstellen. Im weiteren Verlauf dieses Kapitels wird darauf näher eingegangen.

[34] Siehe hierzu den Eintrag im Handbuch: `http://www.privoxy.org/user-manual/config.html#SOCKS`

[35] `http://www.ietf.org/rfc/rfc2616.txt`

Polipo ist für GNU/Linux, Mac OS und Windows erhältlich. Die Webseite des Projekts[36] liefert die Links zu den entsprechenden Paketen. Nutzer des Tor-Browser-Pakets erhalten Polipo vorkonfiguriert. Die Unterstützung für Tor wurde in der Version 1.0 eingebaut. Somit sollten Sie mindestens diese Version installieren. Falls Polipo auf Ihrer Plattform in einer älteren Version oder gar nicht angeboten wird, müssen Sie Polipo aus dem Quellcode installieren; Sie benötigen keine weitere Zusatzsoftware. Lediglich zum Erzeugen der Dokumentation muss das Paket Texinfo[37] installiert sein. Polipo setzt kein `configure`-Skript ein. Gehen Sie daher nach dem Herunterladen und Entpacken des Quellcodes wie folgt vor.

```
linux:<polipo> # make all && make install
```

Durch den Befehl `make all` wird sowohl eine ausführbare Datei als auch die Dokumentation erzeugt. Sollten Sie nur die ausführbare Datei erzeugen wollen, reicht es, statt `make all` nur den Befehl `make polipo` einzugeben. Nach der Installation muss Polipo entsprechend angepasst werden. Unter GNU/Linux wird im Verzeichnis `/etc/polipo` die Datei `config` angelegt, unter Windows befindet sich die Datei `config.txt` im Verzeichnis `C:\Programme\Polipo`. Öffnen Sie diese Datei mit einem Texteditor und fügen Sie die Zeile

```
socksParentProxy = localhost:9050
```

hinzu. Damit wird Polipo angewiesen, alle Verbindungen an einen SOCKS-Proxy weiterzugeben. Dieser Proxy ist Tor. Denn das Programm nimmt Verbindungen auf dem Port 9050 des eigenen Rechners entgegen. Der Entwickler von Polipo schlägt des Weiteren vor, bei der Benutzung mit Tor auch das Speichern der Webseiten abzuschalten. Dies hat den Vorteil, dass nicht ersichtlich wird, welche Seiten Sie aufgerufen haben. Allerdings verlieren Sie damit auch den Zwischenspeicher, einen der Vorteile von Polipo. Tragen Sie hierzu die folgende Zeile in die Konfigurationsdatei ein.

```
diskCacheRoot = ""
```

Die Entwickler des Tor-Projekts stellen eine Beispielkonfiguration für den Polipo zur Verfügung. Diese wird für das Tor-Browser-Paket verwendet und ist nach der Analyse der Entwickler eine gute Balance zwischen Sicherheit und Geschwindigkeit. Eventuell ist es empfehlenswert, diese Datei herunterzuladen[38] und als Basis für den Polipo zu verwenden.

Nach einem Neustart des Programms werden die geänderten Einstellungen eingelesen, und Polipo sendet seine Anfragen nun an Tor weiter. Sie müssen Ihren Browser so einstellen, dass dieser seine Anfragen an Polipo übergibt. Abbildung 4.4 zeigt den entsprechenden Aufbau. Polipo öffnet

[36] http://www.pps.jussieu.fr/~jch/software/polipo/
[37] http://www.gnu.org/software/texinfo/
[38] https://gitweb.torproject.org/torbrowser.git/blob_plain/HEAD:/build-scripts/config/polipo.conf

den Port 8123 der lokalen Schnittstelle für Anfragen. Somit müssen Sie diese Kombination von Rechnernamen und Port in Ihrem Browser einstellen. Details der Browserkonfiguration beschreibt Abschnitt 4.3.4.

Sowohl Privoxy als auch Polipo haben Vor- und Nachteile. Es ist empfehlenswert, beide Programme auszuprobieren und sich dann auf eines der beiden festzulegen.

4.3.4 Einstellungen für Webbrowser

Nunmehr sind Tor und ein HTTP-Proxy eingerichtet, und der letzte Schritt besteht darin, die Anwendung in die Kette von Proxy und Tor einzubinden. Jede Anwendung, die über das Transmission Control Protocol (TCP) kommuniziert, kann prinzipiell mit Tor verwendet werden. Im Rahmen dieses Kapitels soll zunächst vorgestellt werden, wie der Webbrowser mit Tor benutzt wird und welche Fallstricke eventuell lauern.

Die Einstellung des Webbrowsers kann auf verschiedenen Wegen erfolgen. So existiert meist ein Menü für Netzwerkverbindungen, eine Konfigurationsdatei oder eine Umgebungsvariable. Darin lässt sich der HTTP-Proxy einstellen. Für den Open-Source-Browser Firefox gibt es zusätzlich Erweiterungen wie Torbutton oder SwitchProxy (Abschnitt 2.2.10). Mit beiden Paketen können Sie sehr schnell und bequem die Benutzung eines Proxys an- bzw. ausschalten. Dieser Abschnitt stellt Ihnen die Einstellungen für den Firefox, Opera, Internet Explorer sowie für textbasierte Browser vor.

Mozilla Firefox

Um die Einstellung im Firefox vorzunehmen, wählen Sie den Menüpunkt **Bearbeiten** (GNU/Linux) bzw. **Extras** (Windows). Daraufhin öffnet sich ein Fenster. Dort wählen Sie aus der oberen Liste **Erweitert | Netzwerk | Einstellungen**. Sie sehen jetzt den Dialog mit den Verbindungseinstellungen. Wählen Sie darin **Manuelle Proxy-Konfiguration** und tragen Sie als HTTP- wie auch als SSL-Proxy `localhost` ein. In das Feld **Port** tragen Sie entweder `8118` (Privoxy) oder `8123` (Polipo) ein.

Darüber hinaus sollten Sie auch den **FTP-Proxy** auf `localhost` und den entsprechenden Port einstellen. Zwar sind weder Privoxy noch Polipo in der Lage, FTP-Anfragen zu bearbeiten, FTP wird also auf diesem Weg nicht funktionieren. Jedoch stellen Sie so sicher, dass eine Webseite nicht durch einen `ftp://`-Link Ihre Identität enthüllt. In Abschnitt 4.3.10 erfahren Sie, wie Sie FTP mit Tor nutzen.

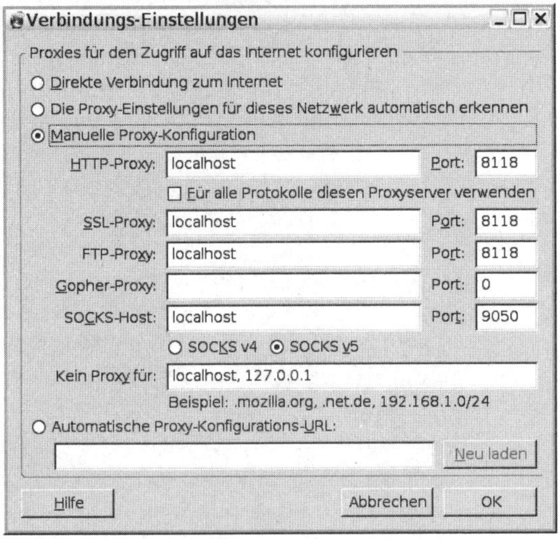

Abbildung 4.5: Verbindungseinstellungen im Firefox

Danach bestätigen Sie die Änderungen mit dem **OK**-Button und schließen die Einstellungen. Wenn Sie jetzt `https://check.torproject.org/` besuchen, sollte die Seite den grün gefärbten Text „Herzlichen Glückwunsch. Du benutzt gerade Tor.“ oder das Äquivalent in einer anderen Sprache ausgeben. Außerdem sehen Sie dort Informationen zum Austrittsserver (siehe Abbildung 4.6).

Abbildung 4.6: Webseite bei aktivierter Tor-Software

Erscheint stattdessen der rote Schriftzug „Leider scheint Tor bei dir nicht aktiviert zu sein.“ oder ein Äquivalent in einer anderen Sprache, so gab es wahrscheinlich Probleme mit der Einrichtung von Tor. Einige Lösungen werden in Abschnitt 4.3.13 besprochen.

Sie werden bei der Verwendung von Tor wahrscheinlich feststellen, dass die Webseiten langsamer aufgebaut werden als gewohnt. Das hat verschiedene Gründe. Die Verwendung kryptografischer Verfahren kostet in der Regel Rechenzeit. Weiterhin existieren Onionrouter mit langsamen Verbindungen, und zuletzt kann es sein, dass Ihre aktuelle Verbindungsstrecke über Onionrouter aufgebaut wurde, die quer über den Erdball verteilt sind (siehe Abbildung 4.7 für ein Beispiel). Auch die aktuelle Anzahl der Benutzer des Netzwerks spielt bei der verfügbaren Bandbreite eine wichtige Rolle.

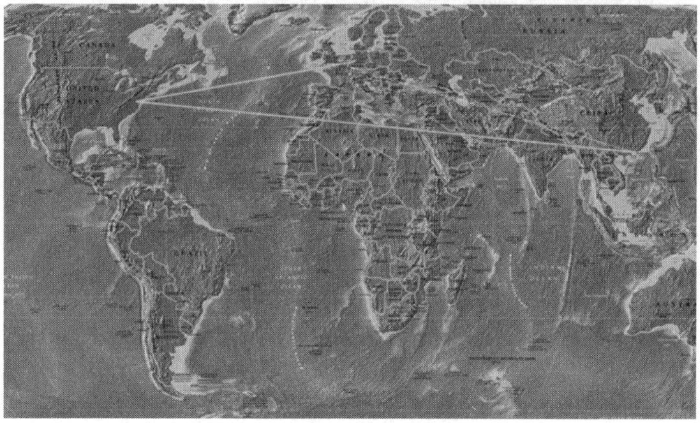

Abbildung 4.7: Screenshot einer Verbindungsstrecke zwischen Hongkong, USA und Deutschland

Um diesen Nachteil etwas abzumildern, bietet Firefox einige Optionen, mit denen der Aufbau von Webseiten beschleunigt werden kann. Zugriff darauf erhalten Sie, wenn Sie in der Adresszeile `about:config` eingeben. Es öffnet sich eine Liste mit den Einstellungen des Browsers. Am Beginn dieser Liste steht die Eingabezeile **Filter:**. Dort geben Sie als Suchbegriff `network.http` ein. Die nun aufgeführten Einstellungen bestimmen das Verhalten des Firefox bei der Anfrage von Webseiten. Ein Klick der rechten Maustaste öffnet ein Kontextmenü. Um Werte zu ändern, können Sie dort **Bearbeiten** oder **Umschalten** wählen. Zur Verbesserung des Antwortverhaltens sollten Sie die Werte wie folgt anpassen:

```
network.http.keep-alive.timeout 600
network.http.max-persistent-connections-per-proxy 16
network.http.pipelining true
network.http.pipelining.maxrequests 8
network.http.proxy.keep-alive true
network.http.proxy.pipelining true
```

Die erste Option befasst sich mit der Eigenschaft Keep Alive von HTTP. Das Protokoll legt fest, dass für jede Anfrage nach einer HTML-, CSS-, JPG-Datei etc. eine separate Verbindung zum Webserver zu öffnen ist. Mittels Keep Alive umgeht der Browser diese Festlegung und ruft mehrere Dateien über dieselbe Verbindung ab. Der Wert 600 legt fest, dass Firefox maximal für 600 Sekunden die Verbindung offenhält. Wenn Sie einen Proxy nutzen, legt `network.http.max-persistent-connections-per-proxy` fest, dass maximal 16 gleichzeitige Verbindungen zum Proxyserver geöffnet werden. Der Maximalwert kann bei 255 liegen. Es ist aber nicht empfehlenswert, sehr hohe Werte einzugeben, da diese die Rechenlast des Proxyservers stark erhöhen. Die Option `network.http.pipelining` legt fest, dass Firefox HTTP-Pipelining nutzt, d. h. verschiedene Anfragen werden direkt und ohne auf die Antwort zu warten über dieselbe Verbindung versendet. Dabei stellt der Browser maximal acht gleichzeitige Anfragen. Die beiden letztgenannten Optionen wenden Keep Alive und Pipelining auch auf eventuell eingestellte Proxyserver an.

Nachdem Sie diese Werte geändert haben, muss Firefox neu gestartet werden. Sie sollten nun eine Beschleunigung beim Aufbau der Webseiten feststellen.

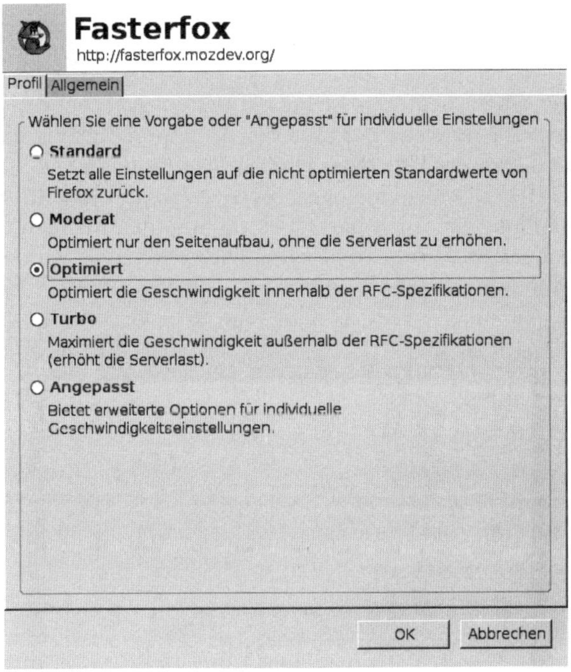

Abbildung 4.8: Menü der Erweiterung FasterFox

Eine automatisierte Lösung bietet die Erweiterung FasterFox Lite.[39] Diese versucht sowohl die Netzwerkeinstellungen als auch die Konfiguration des Zwischenspeichers zu optimieren. Die Administratoren haben die möglichen Einstellungen als eventuell schädlich für das Internet kategorisiert und die Erweiterung als experimentell markiert. Vor dem Herunterladen müssen Sie daher eine Bestätigung anklicken, dass die Erweiterung wirklich installiert werden soll. Nach der Installation werden Ihnen verschiedene

39 `https://addons.mozilla.org/de/firefox/addon/9148`

Anpassungsstufen angeboten. Sie sollten den Eintrag **Optimiert** auswählen. Dieser versucht, die Geschwindigkeit des Browsers bestmöglich zu steigern und dabei alle Standards zu berücksichtigen. Der Eintrag **Turbo** steigert die Geschwindigkeit, ohne Rücksicht auf Standards zu nehmen. Hierbei werden Einstellungen genutzt, die dem Webserver sehr viel Rechenzeit abfordern. Wenn diese Einstellung von der Mehrzahl der Nutzer gewählt wird, kann das beim betreffenden Server zu starken Beeinträchtigungen oder gar zum Ausfall führen.

Weitere Möglichkeiten zur Anpassung des Firefox werden im Wiki des Tor-Projekts gepflegt.[40] Diese Seiten enthalten, neben den bereits genannten Hinweisen, auch spezifische Möglichkeiten, um Firefox unter Windows zu optimieren.

Opera

Beim Browser Opera heißt das Menü mit den entsprechenden Einstellungen **Proxyserver**. Sie erreichen es über den Menüpunkt **Extras**. Dort navigieren Sie zu **Einstellungen | Netzwerk | Proxyserver** (Abbildung 4.9) und tragen bei **HTTP** und **HTTPS**jeweils `localhost` und bei **Port** entweder 8118 (Privoxy) oder 8123 (Polipo) ein. Auch hier ist es wichtig, den Menüeintrag **FTP** mit den entsprechenden Werten zu belegen. Dies schützt Sie vor der unfreiwilligen Preisgabe Ihrer IP-Adresse.

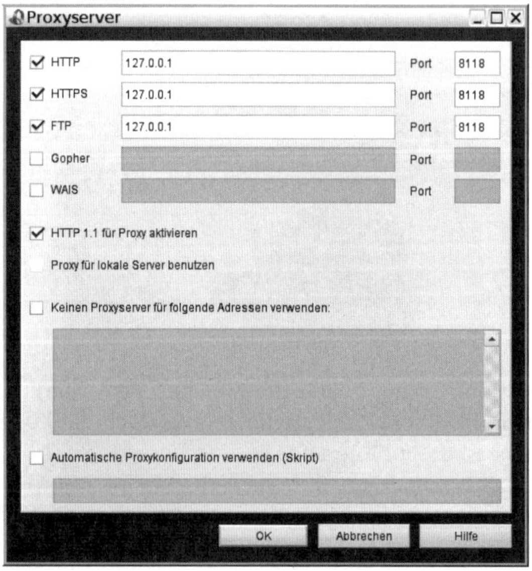

Abbildung 4.9: Proxyserver im Opera-Browser

[40] `https://trac.torproject.org/projects/tor/wiki/doc/FireFoxTorPerf`

Internet Explorer und Google Chrome

Im Internet Explorer befinden sich die Einstellungen zur Änderung des Proxyservers in **Extras | Internetoptionen | Verbindungen | LAN-Einstellungen**. Der von Google entwickelte Browser Google Chrome verwendet unter Windows die Proxy-Einstellungen des Internet Explorer. Daher gelten alle Empfehlungen auch für diesen Browser. Im unteren Teil des daraufhin erscheinenden Dialogs (Abbildung 4.10) finden Sie den Abschnitt **Proxyserver**. Dort aktivieren Sie das Feld **Proxyserver für LAN verwenden (diese Einstellungen gelten nicht für VPN- oder Wählverbindungen)**. Im Eingabefeld **Adresse** tragen Sie `localhost` und als Port `8118` (Privoxy) bzw. `8123` (Polipo) ein. Anschließend bestätigen Sie diese Änderungen und können ab sofort den Internet Explorer mit Tor nutzen.

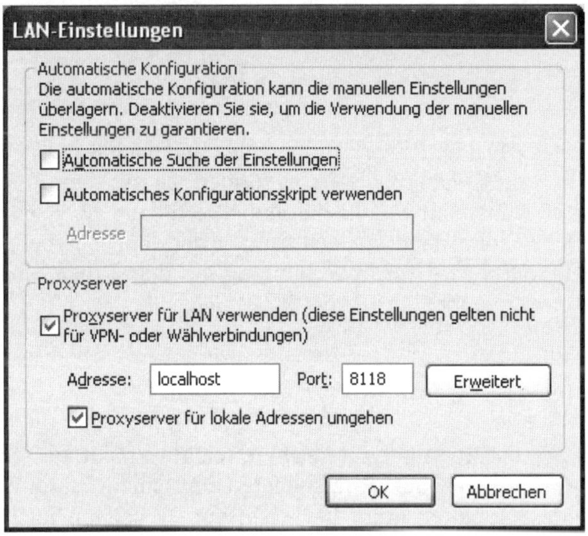

Abbildung 4.10: Proxyserver im Internet Explorer

Konqueror

Der Konqueror wird meist in Verbindung mit der Desktopoberfläche KDE eingesetzt. Innerhalb von KDE gibt es die Möglichkeit, zentral einen Proxyserver einzustellen. Diese Einstellung wird auch von Konqueror respektiert.

Im Konqueror stellen Sie den Proxyserver über **Einstellungen | Konqueror einrichten | Proxy | Proxy-Einstellungen manuell vornehmen | Einrichtung** ein. Tragen Sie dort bei **HTTP**, **HTTPS** und **FTP** jeweils `localhost` sowie im dahinterstehenden Feld für den Port `8118` (Privoxy) oder `8123` (Polipo) ein. Bestätigen Sie die Änderungen mit **OK**. Damit ist Konqueror für die Benutzung mit Tor eingerichtet.

Textbasierte Browser

Neben den grafischen Browsern gibt es eine Reihe von Textbrowsern. Diese werden in der Regel über spezielle Optionen eingestellt oder über eine Textdatei konfiguriert. Optionen können als Umgebungsvariablen übergeben werden. Der letztgenannte Weg ist unabhängig vom verwendeten Browser. Der Autor hat die Browser lynx, links, elinks und w3m getestet. Diese Browser lesen und akzeptieren die Umgebungsvariable. Daher soll im weiteren Verlauf nicht auf die Konfiguration jeder einzelnen Software eingegangen werden. Stattdessen wird der allgemeine Weg über die Umgebungsvariable vorgestellt.

Öffnen Sie die Konfigurationsdatei Ihrer Shell (`.bashrc`, `.zshrc` etc.). Dort setzen Sie die Variablen `http_proxy` und `https_proxy`.

```
export http_proxy="http://localhost:8118"
export https_proxy=$http_proxy
export HTTP_PROXY=$http_proxy
export HTTPS_PROXY=$http_proxy
```

Statt des Wertes `8118` für Privoxy können Sie oben auch `8123` für Polipo eintragen. Nach dem Speichern der Datei können Sie mit dem Befehl `source <shellrc>` die Einstellungen in die aktuell laufende Shell einlesen. Der Wert `<shellrc>` steht dabei für den Namen der oben bearbeiteten Konfigurationsdatei. Nun wird Tor in Verbindung mit dem Proxy zum Besuchen der Webseiten verwendet.

4.3.5 Fallstricke beim anonymen Surfen

Um vollständige Anonymität zu erreichen, reicht es nicht aus, Tor oder andere Anonymitätswerkzeuge zu installieren und einzurichten. Es ist auch nötig, über das Verhalten beim Besuchen von Webseiten nachzudenken. Denn neben dem reinen HTML-Code liefern Webserver meist auch Cookies und sogenannte aktive Inhalte mittels JavaScript, Java, ActiveX und anderen Technologien aus. Cookies werden meist dazu genutzt, um über mehrere Sitzungen hinweg benutzerspezifische Informationen zu speichern. Beispielsweise sind das Login-Daten oder welche Sprache der Nutzer favorisiert. Die aktiven Technologien werden in der Regel benutzt, um Webseiten interaktiver zu gestalten. Oft führt ihr Einsatz aber dazu, dass Anonymisierungswerkzeuge umgangen werden und die wahre IP-Adresse des Nutzers zum Server gelangt.

Um dieser Gefahr aus dem Wege zu gehen, sollten Sie den Browser entsprechend restriktiv einstellen. Dazu gehört sowohl das Verbieten bzw. selektive Freischalten von Cookies als auch die Deaktivierung von Plugins, die erweiterte Funktionalität bereitstellen. In Abhängigkeit von Ihrem persönlichen Surfverhalten kann dies jedoch anstrengend sein. Denn manchmal benötigt man Cookies oder bestimmte aktive Inhalte. Somit muss immer wieder die Konfiguration geändert werden.

Ein Ausweg besteht darin, zwei verschiedene Browserprofile anzulegen, also ein Profil für das nicht anonyme Surfen. Hier können vorhandene Einstellungen beibehalten werden. Ein zweites Profil dient ausschließlich der Verwendung mit Tor oder einer anderen Anonymisierungslösung. Der Browser wird dabei so abgesichert, dass möglichst wenig Gefahr für den Verlust der Privatsphäre droht. Das Kapitel 2 hat Ihnen bereits einige Möglichkeiten der Absicherung mit Privoxy und zusätzlicher Software vorgestellt.

Firefox-Profile anlegen

Im Firefox legt jeder Nutzer beim ersten Start das Profil **default** an. Sie können aber später nachträglich weitere Profile für den Benutzer hinzufügen. Dazu öffnen Sie den Ausführen-Dialog (**Start | Ausführen**) und geben dort `firefox -P -no-remote` ein. Die Option `-P` startet den Profilmanager. Unter GNU/Linux lautet der Aufruf in einem Terminalfenster

```
user@linux:~ $ firefox -ProfileManager
```

In Mac OS X lautet die Option wie unter Windows `-P`. Im anschließend startenden Profilmanager können Sie ein neues Profil mit entsprechend restriktiven Einstellungen anlegen. Nun können Sie beide Profile nebeneinander betreiben, ohne umständliche Änderungen der Konfiguration im laufenden Betrieb vornehmen zu müssen. Sie müssen dafur aber Firefox immer mit der Option für den Profilmanager aufrufen oder das Profil direkt angeben, und zwar ist unabhängig vom Betriebssystem immer die Option `-P` zuständig, unter Windows lautet der Aufruf also

```
C:\> Programme\Mozilla Firefox\Firefox.exe -P <profilname> -no-remote
```

und unter GNU/Linux

```
user@linux:~ $ firefox -P <profilname> -no-remote
```

Um nicht immer wieder diese Befehle an der Kommandozeile eingeben zu müssen, können Sie sie mit einem Desktop-Icon verknüpfen. Hinweise dazu und noch mehr Informationen zum Umgang mit Profilen liefert das Firefox-Wiki.[41]

Risiken im Tor-Netzwerk

Auch durch den Einsatz der oben genannten Werkzeuge erreichen Sie unter Umständen keine vollständige Anonymität. Denn obwohl innerhalb des Tor-Netzwerks alle Pakete verschlüsselt werden, tritt dies nicht unbedingt

41 `http://www.firefox-browser.de/wiki/Profilmanager`

für die Verbindung zwischen dem Austrittsserver und dem Ziel der Kommunikation zu. Wenn Sie sich beispielsweise bei Ihrem Webmailzugang anmelden wollen und dieser nicht über eine verschlüsselte Verbindung verfügt, kann der Austrittsserver Ihre Anmeldedaten auslesen. Dies ermöglicht dem Betreiber des Servers, eventuell Schlüsse auf Ihre Identität zu ziehen. Daher gilt für anonyme wie auch für nicht anonyme Verbindungen die Grundregel, dass alle vertrauenswürdigen Daten verschlüsselt übermittelt werden sollten.

Das Prinzip, dass jeder Interessierte einen Tor-Server zur Verfügung stellen kann, führt zu einem weiteren Risiko für die Benutzer. Es ermöglicht sogenannte Man-in-the-middle-Angriffe durch Betreiber von Tor-Servern. Der Angreifer versucht hierbei, dem Benutzer eine verschlüsselte Verbindung vorzugaukeln und die Inhalte der verschlüsselten Verbindung auszulesen. Wenn Alice eine Verbindung zu der Seite `https://www.example.org/` aufbauen möchte, werden zunächst SSL-Zertifikate ausgetauscht. Der Angreifer fängt die Pakete ab und präsentiert Alice ein eigenes Zertifikat, das behauptet, von `https://www.example.org/` zu stammen.

Wenn Alice das Zertifikat als korrekt bestätigt, wird die verschlüsselte Verbindung fortan zum Angreifer aufgebaut. Dieser kann dann die Inhalte entschlüsseln, da er im Besitz des Zertifikats ist. Der Browser erkennt jedoch das falsche Zertifikat und warnt den Nutzer. Daher setzt der Angriff voraus, dass Alice diese Warnung missachtet und das Zertifikat als korrekt anerkennt. Derartige Angriffe sind innerhalb des Tor-Netzwerks bereits beobachtet worden. In den bislang aufgetretenen Fällen versuchten die Internetprovider offensichtlich, die SSL-Verbindung auszuhebeln und Einblick in die Verbindung zu nehmen. Hin und wieder ist dies auch innerhalb von Firmen oder Universitäten zu beobachten. Sie sollten daher Zertifikatswarnungen immer ernst nehmen und im Zweifel die Verbindung zu der betreffenden Seite schließen.

Diese Beispiele machen klar, dass man Anonymität nicht nach Belieben ein- und ausschalten kann und dass das eigene Verhalten immer einen Schwachpunkt darstellt und stets zu hinterfragen ist.

4.3.6 Pro und Contra Virtualisierung

Gelegentlich wird empfohlen, auf dem Rechner eine Virtualisierungssoftware (VMware, Virtualbox etc.) zu installieren. Diese erlaubt es, mehrere Betriebssysteme auf einem Rechner zur gleichen Zeit zu betreiben. Die Virtualisierungssoftware spiegelt dem Betriebssystem eine eigene Hardware vor. Somit können Sie innerhalb der zusätzlichen Umgebung beliebige Software installieren und Tor und weitere Komponenten nur dort nutzen. Ein weiterer Vorteil ist die einfache Neuinstallation. Die Software bietet in der Regel an, ein Abbild des aktuellen Zustands permanent zu speichern. Sollte das bisher genutzte Abbild unbenutzbar geworden sein, lässt sich das gespeicherte Abbild mit wenigen Anweisungen aktivieren. Somit lässt sich schnell auf eine funktionierende, saubere Installation zurückgreifen. Sollten Sie also annehmen, dass das bisher benutzte System angegriffen wurde, löschen Sie es und setzen ein gespeichertes Abbild ein.

Nachteilig an dieser Lösung sind die in der Regel hohen Anforderungen an die Hardware. Für ein flüssiges Arbeiten benötigt der Computer sowohl viel RAM (mehr als ein GB) sowie eine aktuelle CPU. Des Weiteren wird jedes Betriebssystemabbild auf der Festplatte gespeichert und benötigt entsprechend Platz. Der genaue Platzbedarf ist abhängig vom Betriebssystem und der installierten Software.

In vorigen Auflagen des Buches wurde JanusVM[42] als fertige Lösung vorgestellt. Diese Software wird seit einiger Zeit nicht mehr weiterentwickelt und sollte daher nicht mehr verwendet werden. Mittlerweile hat sich ein Ersatz namens TorBOX gefunden.[43] Im Gegensatz zu JanusVM basiert TorBOX auf der Virtualisierungssoftware VirtualBox.[44] Diese steht als Freie Software für alle gängigen Betriebssysteme zur Verfügung.

Die Entwickler von TorBOX stellen zwei vorgefertigte Pakete (Images) für VirtualBox zur Verfügung.[45] Eines stellt den Onionrouter zur Verfügung (`Tor-Gateway.ova`), während das andere alle Anwendungen bereitstellt (`Tor-Workstation.ova`). Beide Pakete basieren auf Ubuntu Linux. Die Verwendung von zwei getrennten Systemen soll die Anonymität für den Anwender erhöhen. Schwachstellen bei Tor verwunden nicht das System des Endnutzers, und umgekehrt ist es bei Schwachstellen in Anwendungen nicht möglich, Tor anzugreifen.

Beide Pakete werden nach dem Download in VirtualBox importiert und direkt gestartet. Wenn die Systeme hochgefahren sind, können sie sofort benutzt werden. Die Entwickler empfehlen, nach dem Start ein neues Benutzerpasswort zu vergeben sowie die Software zu aktualisieren.[46]

TorBOX ist noch ein recht neues Projekt, und es gibt einige Stellen, an denen gearbeitet wird. Dennoch ist es die derzeit vielversprechendste Virtualisierungslösung für Tor. Die oben genannten Webseiten werden laufend aktualisiert und geben Ihnen Informationen zum Projektfortschritt.

4.3.7 Hilfsanwendungen für andere Protokolle

Das WWW ist natürlich nicht der einzige Dienst, der mit Tor anonymisiert werden kann. Gerade E-Mail und Chat sind weitere wichtige Anwendungen,

[42] `http://janusvm.com/`
[43] `https://trac.torproject.org/projects/tor/wiki/doc/TorBOX`
[44] `https://www.virtualbox.org/`
[45] `http://sourceforge.net/projects/torbox/files/`
[46] `https://trac.torproject.org/projects/tor/wiki/doc/TorBOX/Download`

die im Folgenden vorgestellt werden. Einige der Programme unterstützen SOCKS, die Kommunikationsschicht von Tor, nicht von Haus aus. Daher gibt es für Windows und GNU/Linux Hilfsanwendungen, die die Anfragen der Programme abfangen und über Tor weiterleiten.

Einige der Anwendungen umgehen Tor, wenn sie Domainnamen in IP-Adressen umwandeln. Dann kann Ihr Internetprovider trotz der Verwendung von Tor Ihre Kommunikationsziele feststellen, denn alle Anfragen gehen an seinen DNS-Server. Um dies zu vermeiden, sollten Sie entweder vorher die Domainnamen in IP-Adressen umwandeln und in der Anwendung immer die IP-Adresse eintragen oder einen lokalen DNS-Server installieren, der alle Anfragen entgegennimmt und diese mittels Tor beantwortet.

Der erste Vorschlag lässt sich einfach umsetzen, falls sich die Zuordnung von Domainnamen zu IP-Adressen nicht häufig ändert. Die Installation eines DNS-Servers erfordert anfangs mehr Aufwand und Einarbeitung. Diese Mühen werden dafür später mit der einfacheren Bedienung der Programme belohnt. Denn eine Änderung der Konfiguration der anderen Anwendungen ist nicht mehr notwendig. Sie können nun gern die DNS-Anfragen „an Tor vorbei" stellen, da der lokale DNS-Server diese empfängt und an Tor weiterleitet.

Die Entwickler von Tor arbeiten aber an einer einfachen und allgemein einsetzbaren Lösung, um diese Komplikationen zu verhindern. Es soll künftig eine spezielle Systembibliothek geben, die alle DNS-Anfragen abfängt und an Tor weitergibt. Die Lösung befindet sich derzeit in der Designphase und ist noch nicht implementiert.

tsocks und Torify für GNU/Linux

Für GNU/Linux haben die Entwickler von Tor auf die Bibliothek tsocks zurückgegriffen. Der Name steht für „Transparent SOCKS Proxying Library". Das Programm nutzt die Umgebungsvariable `LD_PRELOAD`, um Anfragen von Programmen auf den SOCKS-Server umzuleiten. Diese Umgebungsvariable sorgt dafür, dass zuerst die dort festgelegte und dann weitere Bibliotheken genutzt werden. Für tsocks wird dort die Bibliothek `libtsocks.so` eingestellt. Diese Bibliothek nimmt den Verbindungsaufbau entgegen und prüft, ob die übergebene IP-Adresse eine lokale Adresse, wie beispielsweise 10.0.2.31 oder 192.168.2.54, ist. Sollte das nicht der Fall sein, wird die Verbindung zum eingestellten SOCKS-Server weitergeleitet. Die Bibliothek überträgt später die Antwort des Servers zum Programm. Die beschriebene Aufgabe wird als Wrapper (Hülle, Umschlag) bezeichnet. Dabei stellt tsocks einen Wrapper für den Aufruf `connect()` dar. Die Einstellungen werden in der Datei `/etc/tsocks.conf` vorgenommen.

Um tsocks mit Tor zu benutzen, müssen Sie diese Konfigurationsdatei jedoch nicht bearbeiten. Dafür gibt es ein kleines Programm namens `torify`.

Es konfiguriert tsocks für die Bedürfnisse der Tor-Nutzer und kann einfach mittels `torify <programm>` aufgerufen werden. Hierbei kann `<programm>` eine beliebige ausführbare Datei sein. Der Aufruf sorgt dafür, dass die Verbindungsanfragen des Programms über Tor als SOCKS-Proxy geschickt werden.

Allerdings existiert auch hier das bereits bekannte Problem, dass DNS-Anfragen ohne Verwendung des Proxys ausgeführt werden. Daher sollten Sie die IP-Abfrage vorher mit dem Programm `tor-resolve` bestimmen. Das Programm nutzt Tor, um eine DNS-Abfrage zu stellen, und gibt die betreffende IP-Adresse zurück:

```
user@linux:~ $ tor-resolve example.org
192.0.2.42
```

Wenn Sie beispielsweise eine SSH-Sitzung über Tor initiieren wollen, können Sie beide Programme kombinieren:

```
user@linux:~ $ torify ssh $(tor-resolve example.org)
```

Dabei wird `tor-resolve` in einer Subshell ausgeführt und der Ausdruck `$(tor-resolve example.org)` durch die zurückgegebene IP-Adresse ersetzt. In diesem Falle erfolgt die komplette Kommunikation inklusive DNS über Tor.

Tsocks und torify anonymisieren sehr viele Programme unter GNU/Linux. Gerade für Anwendungen, die keine Möglichkeiten zur SOCKS-Nutzung bieten, sind diese Hilfsanwendungen unersetzlich.

FreeCap

Auch für Windows existiert mit FreeCap eine Hilfsanwendung, die die Verbindungsanfragen von Programmen an Tor weiterleitet. Sie wird als Freie Software unter der GPL entwickelt und kann sowohl als ausführbare Datei als auch im Quellcode heruntergeladen werden.[47]

Der Autor von FreeCap bietet je eine Version mit und eine ohne das Installationsprogramm sowie den Quellcode zum Herunterladen an. In der Regel sollten Sie sich für die erste Version entscheiden. Die Installation entspricht den unter Windows üblichen Gepflogenheiten, d. h. Sie müssen den Installationspfad angeben, und nach der Bestätigung der Angaben kopiert sich das Programm dorthin. Nach dem Start zeigt es zunächst eine leere Oberfläche. Zuerst wird der Proxyserver eingetragen. Dazu klicken Sie auf **File | Settings**. Es öffnet sich das Menü mit den Proxyeinstellungen (siehe Abbildung 4.11)

[47] `http://freecap.ru/eng/`

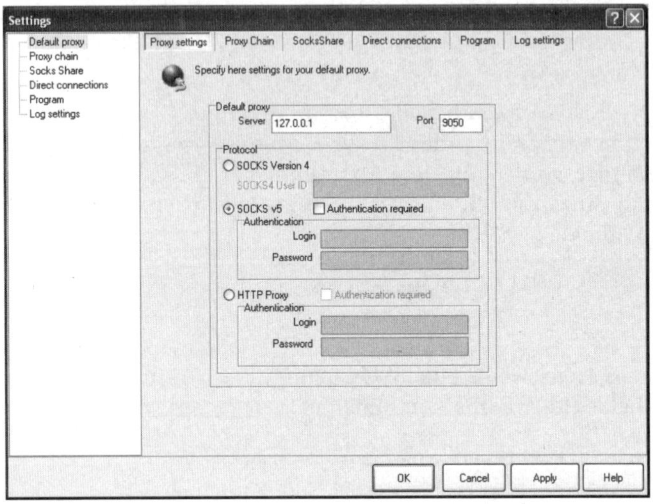

Abbildung 4.11: Einstellungen zum Proxyserver in FreeCap

Tragen Sie im Feld **Server** `localhost` oder `127.0.0.1` und als **Port** 9050 ein. Dies ist der Port, den Tor für die Kommunikation per SOCKS nutzt. Wählen Sie als **Protocol SOCKS v5**. FreeCap kann Domainnamen über Tor auflösen, in der Standardeinstellung ist diese Eigenschaft aber abgeschaltet. Klicken Sie auf den Reiter **Program** und danach im unteren Menü **DNS name resolving** auf die Schaltfläche **Local**, um die Einstellung zu korrigieren. Dies reicht aus, um FreeCap mit Tor zu verknüpfen.

Jedes Programm, das Sie mit FreeCap nutzen wollen, muss noch in der Software eingetragen sein. Am einfachsten ziehen Sie dafür das Icon der entsprechenden Anwendung in das Fenster von FreeCap (Drag & Drop). Dadurch werden alle Einstellungen automatisch vorgenommen. Sie können diese Einstellungen auch selbst vornehmen, indem Sie **File | New application** (Abbildung 4.12) wählen.

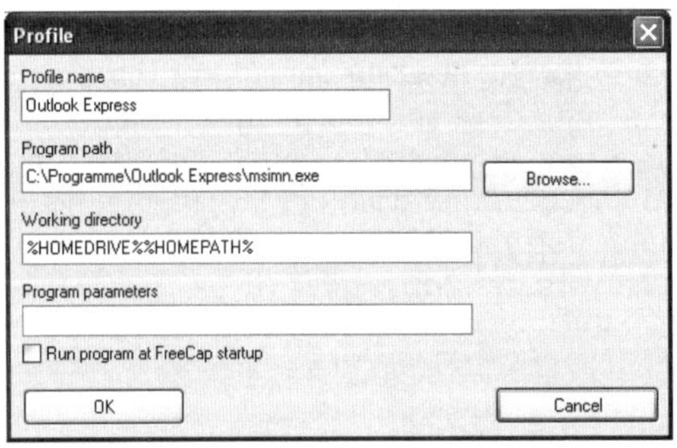

Abbildung 4.12: Einstellungen eines Programms am Beispiel von Outlook Express

Im anschließenden Dialog können Sie Pfade, Programmparameter und anderes einstellen. Wenn Sie die Anwendungen per Drag & Drop oder durch manuelle Konfiguration eingestellt haben, erscheinen die Icons innerhalb von FreeCap (Abbildung 4.13).

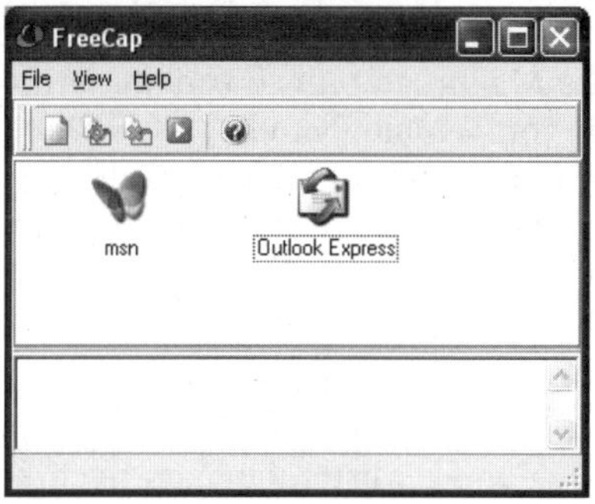

Abbildung 4.13: Ansicht von FreeCap mit zwei Anwendungen

Öffnen Sie *immer* FreeCap, wenn die Anwendungen anonymisiert benutzt werden sollen. In der Oberfläche von FreeCap (Abbildung 4.13) können Sie das entsprechende Programm durch Doppelklick starten. Starten Sie hingegen ein Programm außerhalb von FreeCap (z. B. über den Desktop oder die Startleiste), so erfolgt keine Anonymisierung.

Eine Vielzahl von Anwendungen lassen sich mittels FreeCap anonymisieren. Jedoch gibt es es auch spezielle Programme, wie beispielsweise stunnel[48], die nicht in Verbindung mit FreeCap funktionieren. Wer darauf angewiesen ist, kann sein Glück mit der Software SocksCap[49] versuchen, dem Closed-Source-Vorbild von FreeCap, das aber nicht mehr weiterentwickelt wird. Die letzte Version 2.4 der Software steht noch zum Download bereit.

4.3.8 E-Mail über Tor

Neben dem Besuchen von Webseiten ist auch das Versenden und Empfangen von E-Mails ein wichtiger Teil der täglichen Arbeit im Internet. Remailer wurden im Kapitel 3 als Mittel zum anonymen Versand von E-Mails bereits vorgestellt. Aber auch Tor eignet sich hierfür.

Im Unterschied zu vielen Remailern können Sie bestimmen, welche Absenderadresse in der E-Mail vermerkt wird. Es wird aber nur der Weg zwischen Ihrem Rechner und dem Mailserver anonymisiert. Die Zustellung der E-Mail erfolgt auf diesem Weg schneller als bei der Benutzung eines Remailers. Allerdings bieten Remailer einen höheren Grad an Anonymität. Denn meist muss man sich an einem Mailserver anmelden, und wenn E-Mails

48 Programm zur Verschlüsselung von Verbindungen, `http://www.stunnel.org/`
49 `http://www.beaglesoft.com/clwaproxysockscap.htm`

im Klartext versandt werden, kann der Betreiber des Austrittsservers die E-Mail mitlesen.

Der Versand oder Empfang von E-Mails per Tor bietet sich bei der Benutzung von Google Mail oder anderen Freemailern an, die es erlauben, unter einem Pseudonym ein Konto anzulegen. Das Pseudonym sollte dabei so gewählt werden, dass es keine Rückschlüsse auf die eigene Identität zulässt. Im Anschluss wird Ihr Mailprogramm so konfiguriert, dass es Tor zum Senden und Empfangen von E-Mails benutzt. Nun können Sie sich am Mailserver des Anbieters anmelden und E-Mails senden bzw. empfangen. Wenn der Empfänger nicht die Kopfdaten der E-Mail genauer analysiert, fällt es ihm schwer, die Benutzung einer Anonymisierungslösung aufzudecken. Bei der Verwendung eines Remailers ist dies wesentlich einfacher zu erkennen.

Um E-Mails über Tor zu versenden oder zu empfangen, benötigen Sie in den meisten Fällen die vorgestellten Hilfsanwendungen torify oder Free-Cap. Das Wiki des Tor-Projekts listet daneben noch einige andere Methoden auf.[50] Diese basieren auf Zusatzprogrammen wie 3proxy (siehe Abschnitt 4.3.10) oder SSH. Falls Sie mit den vorgestellten Lösungen nicht zufrieden sind, können Sie auf die Lösungen des Wikis zurückgreifen.

Mozilla Thunderbird

Mozilla Thunderbird ist eine Software, die sowohl zum Lesen und Versenden von E-Mails als auch von Usenetbeiträgen verwendet werden kann. Zusätzlich lässt sich das Programm auch zum Lesen von Blogbeiträgen (RSS-Feeds) verwenden.

Für Mozilla Thunderbird gibt es, wie für den Firefox, die Erweiterung Switch-Proxy, die bereits im Abschnitt 2.2.10 beschrieben wurde. SwitchProxy hat den Vorteil, dass es unabhängig vom verwendeten Betriebssystem benutzt werden kann. Um die Software einzusetzen, laden Sie die Erweiterung zunächst auf Ihren Rechner herunter.[51] Danach öffnen Sie das Menü **Extras | Add-ons** bzw. **Extras | Erweiterungen**. In dem darauffolgenden Dialog klicken Sie auf **Installieren** und wählen die zuvor heruntergeladene Datei aus. Diese wird nun auf dem Rechner installiert. Nach einem Neustart von Thunderbird sehen Sie im Menü **Extras** den Eintrag SwitchProxy. Wie ab Seite 47 beschrieben, richten Sie einen Eintrag für Tor ein. Nachdem die Angaben gespeichert sind, wählen Sie den neu eingerichteten Proxy aus der Liste aus. Zur Auswahl gelangen Sie über **Extras | SwitchProxy**. Jeweils die oberen Einträge sind die verfügbaren Proxys.

Weiterhin sollten Sie Ihre Einstellungen der SMTP- und POP- bzw. IMAP-Server anpassen. In der Regel werden dort die Domainnamen eingetragen. Um die bekannten Probleme mit der Auflösung des Namens zu vermei-

[50] `https://trac.torproject.org/projects/tor/wiki/doc/TorifyHOWTO/EMail`

[51] `https://addons.mozilla.org/de/thunderbird/addon/125`

den, können Sie die IP-Adresse der Server abfragen und die Domainnamen durch die IP-Adressen ersetzen.

Nach diesen Schritten ist die Software für den Einsatz mit Tor bereit. Sie können nun wie gewohnt E-Mails senden und empfangen. Die gesamte Kommunikation wird über Tor geleitet.

Die Entwickler des Tor-Projekts planen die Erweiterung Torbutton für Thunderbird wiederzubeleben. Jedoch soll diese nicht nur als Schalter für Proxy-Einstellungen dienen, sondern vielmehr weitere Schwachstellen, die die Anonymität gefährden, ausschalten. Dazu ist noch einiges an Forschung notwendig. Sollten Sie tieferes Wissen in dem Gebiet haben, freuen sich die Entwickler über Anregungen.

Fetchmail

Das Programm fetchmail dient dazu, mehrere E-Mail-Konten für viele Benutzer abzufragen. Fetchmail wird unter GNU/Linux sehr oft eingesetzt. Die Nutzer haben die Möglichkeit, das Programm zentral über ein automatisches Startprogramm (Initskript) oder über ein Programm, das regelmäßige Aufgaben erfüllt (Cron), zu starten.

Als Anwender können Sie fetchmail mit dem Wrapper torify nutzen. Ersetzen Sie in der Datei `.fetchmailrc` die Domainnamen der Server durch deren IP-Adressen. Danach rufen Sie `torify fetchmail` auf, und alle E-Mails werden über Tor abgeholt.

Im Falle eines Initskripts ist die Umstellung komplizierter. Auch hier sollten im ersten Schritt die Domainnamen durch IP-Adressen ersetzt werden. Im zweiten Schritt müssen Sie das Skript entsprechend anpassen. Ein Beispiel für ein Initskript befindet sich im Wiki des Tor-Projekts.[52] Sie können auch das bestehende Initskript Ihres System so modifizieren, dass torify mit fetchmail aufgerufen wird. Hierfür sollten Sie Grundkenntnisse in der Shellprogrammierung und insbesondere im Aufbau der Initskripte haben. Die Skripte variieren zwischen den einzelnen Distributionen, allgemeingültige Beispiele lassen sich hier also nicht angeben. Starten Sie nach den Änderungen das Skript neu.

```
linux:~ # /etc/init.d/fetchmail restart
Restarting mail retriever agent: fetchmail.
```

Jetzt lädt fetchmail neue E-Mails mittels Tor herunter. Es ist empfehlenswert, bei dem Versuch die Logdatei `/var/log/syslog` zu beobachten, in die fetchmail auftretende Fehlermeldungen schreibt. Falls Fehler auftreten, ist dies wahrscheinlich auf die Bearbeitung des Initskripts zurückzuführen.

52 https://trac.torproject.org/projects/tor/wiki/doc/TorifyHOWTO/EMail#Fetchmail

Sie sollten die Änderungen in diesem Falle nochmals genau prüfen und eventuell überarbeiten.

Weitere E-Mail-Programme unter GNU/Linux

Für GNU/Linux existiert eine Vielzahl grafischer und textbasierter Mailclients. In der Regel besitzen diese keine Einstellungen für Proxyserver. Wenn Sie diese Anwendungen mit Tor nutzen wollen, sollten Sie das Programm torify einsetzen.

Für textbasierte Programme ist es sinnvoll, sich einen Shell-Alias anzulegen. Hierzu öffnen Sie die Konfigurationsdatei Ihrer Shell und fügen den Alias hinzu. Das Beispiel illustriert die Vorgehensweise am Mailclient mutt.

```
alias mutt="torify mutt"
```

Hierdurch können Sie, wie gewohnt, den Namen des Mailprogramms verwenden. Sollten Sie das Programm ohne Tor verwenden wollen, geben Sie in der Kommandozeile den absoluten Pfad an (z. B. `/usr/bin/mutt`).

Grafische Programme werden in der Regel über einen Klick auf das entsprechende Icon gestartet. Meist lassen sich die Eigenschaften über einen Rechtsklick auf das Icon öffnen. In dem geöffneten Fenster lassen sich verschiedene Parameter zu dem Programm einstellen. Unter anderem findet sich dort der Befehl, mit dem das Programm gestartet wird. Zu diesem Befehl fügen Sie an den Anfang der Zeile `torify` hinzu. Speichern Sie nun die Änderungen ab. Jetzt wird Ihr E-Mail-Programm mit dem Wrapper torify aufgerufen, das für die Weiterleitung des Datenverkehrs an Tor sorgt.

Am E-Mail-Programm selbst sind nun noch einige Konfigurationsänderungen nötig. Meist sind SMTP-, POP- und IMAP-Server mit deren Domainnamen eingetragen. Sie sollten von diesen Servern die IP-Adresse ermitteln und den Domainnamen durch die IP-Adresse in der Konfiguration ersetzen. Dies vermeidet, dass DNS-Anfragen an Tor vorbei gestellt werden. Danach können Sie die Programme wie gewohnt benutzen. Der Empfang und Versand von E-Mails wird von nun an über Tor geleitet.

4.3.9 Chatprogramme mit Tor

Der Chat ist neben E-Mail eines der ältesten noch benutzten Dienste des Internet. Anfang der neunziger Jahre entstand der Internet Relay Chat (IRC). Dieser ist rein textbasiert, und noch heute gibt es viele Server und Chatkanäle. Gegen Ende des Jahres 1996 kam der Instant Messenger ICQ auf den Markt und zog eine hohe Zahl an Nutzern an. Auch heute noch gehört ICQ zu den weit verbreiteten Chatprotokollen. Später kamen AIM, Yahoo! Messenger oder MSN Messenger hinzu. Die neueste Entwicklung ist Jabber bzw. das Extensible Messaging and Presence Protocol (XMPP). Es wurde in kurzer Zeit sehr populär wird mittlerweile unter anderem für Google Talk, GMX Multimessenger und viele andere Chats eingesetzt.

Alle Chatprotokolle lassen sich mittels Tor anonymisieren. Dieser Abschnitt zeigt Ihnen, wie Sie die Chatsoftware mit Tor verknüpfen. Instant Messenger wie ICQ erfordern eine zentrale Registrierung. Wenn Sie sich mit Ihrer vorhandenen Identität einloggen, ist die Zuordnung Ihrer Identität für den Betreiber einfach. Daher sollten Sie sich über eine anonymisierte Verbindung unter einer neuen Identität registrieren und diese immer bei der anonymen Nutzung anwenden.

Zur Benutzung von IRC meldet sich der Nutzer auf einem Server an. Dort stehen nach Themen geordnete Chatkanäle bereit. In jedem Kanal diskutieren unterschiedlich viele Personen zu dem Thema. Der Betreiber eines IRC-Servers oder eines Chatkanals (Operator) kann entscheiden, wer sich mit dem Server oder einem Kanal verbinden darf. In manchen IRC-Netzen ist die Verbindungsaufnahme über einen Tor-Server verboten. Dann haben der Betreiber in der Vergangenheit schlechte Erfahrungen mit anderen Tor-Benutzern gemacht und daher eine Sperre angelegt. Sie können versuchen, die IRC-Serverbetreiber von den Vorteilen von Tor zu überzeugen und sie bitten, die Sperre aufzuheben, oder aber ein anderes Netz wählen.

Manche Anbieter von IRC-Servern informieren auf ihren Webseiten darüber, ob und wie man sich mit Tor verbindet. Ein Beispiel ist das IRC-Netzwerk Freenode. Die Betreiber bieten einen versteckten Service[53] an. Hierzu wird in der Datei `torrc` (siehe Abschnitt 4.3.13) eine Zuordnung von privater IP-Adresse zur Adresse des versteckten Service getroffen. Denn in der Regel kann ein Chatprogramm die Top-Level-Domain `.onion` nicht auflösen. Tragen Sie also folgende Zeilen in die `torrc` ein:

```
MapAddress  10.40.40.40 p4fsi4ockecnea7l.onion
```

Diese Adresse ist nur nach Anmeldung bei Freenode nutzbar. Zunächst muss also jeder Nutzer versuchen, einen Austrittsserver zu finden, der nicht von Freenode gesperrt ist. Alternativ muss eine andere Internetverbindung benutzt werden. Mit dieser Verbindung erfolgt eine Anmeldung bei Freenode. Das heißt, ein Nutzername mit zugehörigem Passwort wird registriert. Anschließend verbindet sich der Nutzer mit der obigen Adresse und authentifiziert sich über den SASL-Mechanismus. Informationen zu einzelnen Programmen sind im Tor-Wiki[54] oder bei Freenode[55] abrufbar.

Falls der Betreiber eines IRC-Dienstes weder Tor-Adressen entsperren will noch andere Angebote existieren, gibt es keine Möglichkeit, sich mit dem IRC-Server mittels Tor zu verbinden.

53 `http://freenode.net/irc_servers.shtml#tor`
54 `https://trac.torproject.org/projects/tor/wiki/doc/TorifyHOWTO/IrcSilc`
55 `http://blog.freenode.net/2010/01/connecting-to-freenode-using-tor-sasl/` sowie `http://freenode.net/sasl`

ChatZilla

ChatZilla ist der IRC-Client des Mozillaprojekts. Er existiert als eigenständiges Programm für die Mozilla-Suite oder als Erweiterung für Firefox.[56] In diesem Abschnitt sehen wir uns die Konfiguration der Erweiterung an.

ChatZilla wird als Erweiterung in den Browser installiert. Das heißt, dass es auf der Webseite des Programms einen Button **Installieren** gibt. Wenn dieser angeklickt wird, öffnet sich ein Dialog, der die Erweiterung installiert. Nach einem Neustart des Firefox ist die Software verfügbar. Sie können es über das Menü **Extras | ChatZilla** öffnen. ChatZilla wird über den Menüeintrag **ChatZilla | Preferences** konfiguriert. Das Fenster, das sich jetzt öffnet, hat etwa in der Mitte ein Dialogfenster **Proxy type** (siehe Abbildung 4.14). Tragen Sie dort das Wort `socks` ein.

Diese Einstellung sorgt dafür, dass ChatZilla auf die Konfiguration des Firefox zurückgreift. Daher ist es wichtig, dass Sie im Firefox einen SOCKS-Server eingestellt haben. Wenn Sie Torbutton verwenden, hat die Software diese Aufgabe für Sie übernommen.

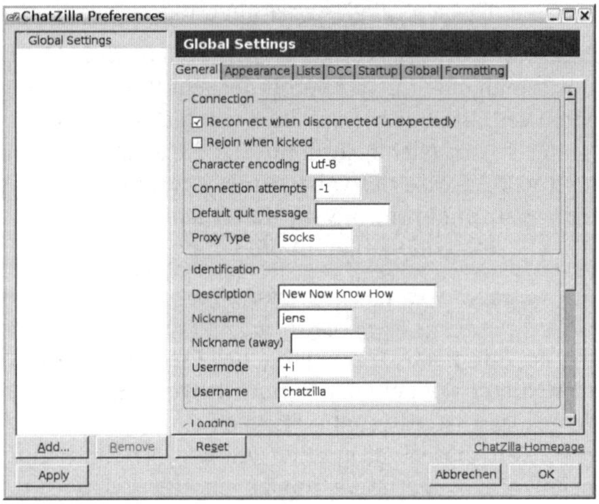

Abbildung 4.14: Einstellungsdialog von ChatZilla

Nachdem Sie die Änderungen in ChatZilla bestätigt haben, werden alle neu aufgebauten Verbindungen mit Tor anonymisiert.

XChat

Das IRC-Programm XChat ist für verschiedene Plattformen verfügbar, auch für Windows. Unter GNU/Linux zählt es zu den beliebtesten grafischen

56 `https://addons.mozilla.org/de/firefox/addon/16`

Chatprogrammen. XChat bietet Unterstützung für SOCKS-, HTTP- sowie weitere Proxyserver.

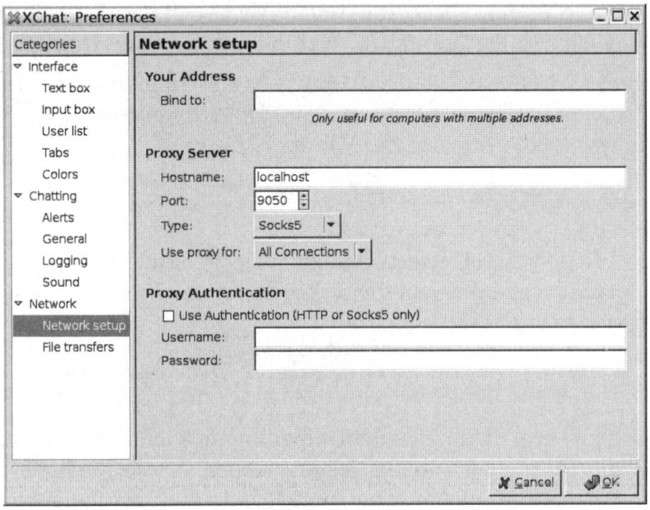

Abbildung 4.15: Einstellung für XChat

Die Einstellung für Tor als SOCKS-Proxy können Sie über den Menüpunkt **Settings | Preferences | Network setup** vornehmen. In der Mitte des Dialogfensters (Abbildung 4.15) finden Sie den Eintrag **Proxy Server**. Dort tragen Sie als **Hostname** `localhost` mit dem **Port** 9050 ein. Als **Type** wählen Sie **Socks5**.

Danach bestätigen Sie die Änderungen und verlassen den Dialog. Wenn Sie nun Verbindungen zu IRC-Servern aufnehmen, werden diese an Tor übergeben. XChat leitet hierbei auch die DNS-Abfragen zum eingestellten Proxyserver.

weechat und irssi

Viele Linuxnutzer chatten gern mit den textbasierten Programmen weechat und irssi. Sie unterscheiden sich in ihrer Konfiguration und in dem Weg, wie man sie mit Tor verknüpfen kann.

Das Programm weechat bringt Unterstützung für SOCKS mit. Hier muss die Datei `$HOME/.weechat/weechat.rc` angepasst werden.

```
[proxy]
proxy_use = on
proxy_type = socks5
proxy_ipv6 = off
proxy_address = localhost
proxy_port = 9050
```

Der Abschnitt [proxy] in der Konfigurationsdatei ist in der Regel schon vorhanden. Sie müssen die dort eingetragenen Werte entsprechend anpassen. Nachdem die obigen Zeilen geändert und gespeichert wurden, nutzt weechat für alle Verbindungen Tor. Neuere Versionen der Chatsoftware bieten die Möglichkeit, bestimmte IRC-Verbindungen zu anonymisieren.

Das Programm irssi hingegen hat keine SOCKS-Unterstützung. Das Wiki des Tor-Projekts schlägt vor, Privoxy als HTTP-Proxy einzusetzen.[57] Ein bequemerer Weg ist die Nutzung des Wrappers torify.

```
user@linux:~ $ torify irssi -c 192.0.2.42
```

Um DNS-Abfragen zu vermeiden, sollten Sie sich immer mit der IP-Adresse des IRC-Servers verbinden. Hierbei kann Ihnen das Programm tor-resolve behilflich sein.

```
user@linux:~ $ torify irssi -c $(tor-resolve irc.example.org)
```

Das Programm sorgt dafür, dass der Domainname zuerst über Tor aufgelöst wird und die IP-Adresse zurückgegeben werden. Diese Methode ist eine bequeme Möglichkeit, einem Programm IP-Adressen zu übergeben, ohne dass jeder Domainname manuell aufgelöst werden muss. Ein weiterer Fallstrick, der bei der Benutzung von irssi auftreten kann, ist die Verbindungsaufnahme zu einem anderen IRC-Server innerhalb von irssi. Normalerweise geschieht dies durch den Aufruf `/connect <server>`. Wenn `<server>` ein Domainname (z. B. `irc.example.org`) ist, leitet irssi die DNS-Anfrage an Tor vorbei. In dem Falle sollten Sie *immer* `/connect <ipadresse>` eingeben und die IP-Adresse des Servers vorher auflösen.

Zur leichteren Benutzung ist es empfehlenswert, sich, wie in Abschnitt 4.3.8 beschrieben, einen Shell-Alias für irssi anzulegen.

Pidgin

Pidgin ist ein Instant Messenger, der verschiedene Protokolle beherrscht. Sie können es sowohl für IRC als auch für die in Abschnitt 4.3.9 genannten Protokolle benutzen. Unter Umständen finden Sie das Programm noch unter dem Namen Gaim. Die Software wurde im April 2007 wegen Namensstreitigkeiten in Pidgin umbenannt.

Der Instant Messenger besitzt eine Einstellungsmöglichkeit für SOCKS. Jedoch werden auch hier die DNS-Anfragen am eingestellten SOCKS-Server vorbeigeleitet. Daher sollten Sie statt der Rechnernamen wieder IP-Adressen eintragen.

[57] https://trac.torproject.org/projects/tor/wiki/doc/TorifyHOWTO/IrcSilc#irssi

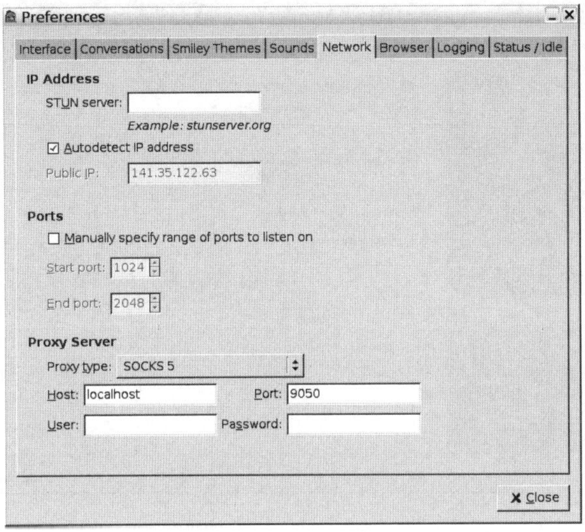

Abbildung 4.16: Einstellung für Pidgin

Die Einstellungen zum Netzwerk können über **Tools | Preferences | Network** aufgerufen werden. Im unteren Teil des Dialogs (Abbildung 4.16) befindet sich der Eintrag **Proxy Server**. Als **Proxy type** wählen Sie **SOCKS 5** und im Feld **Host** tragen Sie `localhost` mit dem **Port** 9050 ein. Damit sind die Grundeinstellungen für Pidgin vorgenommen. Beim Anlegen eines neues Kontos sehen Sie die zwei Reiter **Basic** und **Advanced**. Der letztgenannte enthält die Konfiguration der Server sowie die Proxyoptionen. Dort stellen Sie ein, ob die globalen Proxyoptionen genutzt werden sollen oder ob sich dieses Konto auf anderem Weg verbinden soll. Im Eingabefeld **Server** ist immer der Name des Servers angegeben. Hier müssen Sie die IP-Adresse eintragen, um DNS-Anfragen zu vermeiden.

Trillian

Trillian ist wie Pidgin ein Instant Messenger, der eine große Zahl an Protokollen abdeckt. Die Software ist ausschließlich für Microsoft Windows erhältlich und wird mit einer proprietären Lizenz ausgeliefert.

Innerhalb von Trillian stellen Sie den Proxyserver über das Menü **Trillian | Trillian Preferences | Advanced Preferences | Proxy Server** ein. Der Dialog (Abbildung 4.17) bestimmt, ob der Proxyserver für alle oder nur für bestimmte Chatdienste benutzt werden soll. Für die Auflösung der DNS-Namen über Tor ist es wichtig, den Eintrag **Use proxy server to resolve names** zu aktivieren. Nun klicken Sie auf **Use proxy server**, wählen als **Protocol SOCKS5** und tragen als **Host** `localhost` mit dem **Port** 9050 ein.

Abbildung 4.17: Einstellung für Trillian

Trillian leitet nach dem Speichern der Einstellungen alle Anfragen an Tor weiter. Dies gilt auch für DNS-Anfragen.

4.3.10 FTP mit Tor

FTP ist ein Protokoll zum Übertragen von Dateien. Eine Besonderheit des Protokolls ist die Verwendung zwei verschiedener Ports. Der Port 21 dient der Übertragung von Steuerungskommandos, Port 20 wird zur Übertragung der Daten genutzt. Man bezeichnet diese Version als aktives FTP. Eine zweite Version wird als passives FTP bezeichnet. Hier wird nur ein Port für alle Aktionen genutzt.

Die Funktionsweise des aktiven FTP ist unter Umständen in Verbindung mit Tor problematisch, da der FTP-Server in der Regel prüft, ob beide Datenkanäle von derselben IP-Adresse genutzt werden. Tor tauscht die Verbindungsstrecken in regelmäßigen Abständen aus. Somit kann es passieren, dass der FTP-Server unterschiedliche IP-Adressen feststellt und die Verbindung beendet.

Einige Programme, wie beispielsweise SmartFTP oder FileZilla, haben Unterstützung für einen SOCKS-Proxy und können nach Einstellung des Proxy mit Tor betrieben werden. Andere Programme, wie ncFTP oder lftp, benötigen die Hilfe der Wrapper-Programme torify oder FreeCap. Wenn Sie jedoch beispielsweise auch FTP im Browser nutzen wollen, helfen diese nicht weiter. Hierzu muss ein FTP-Proxy eingesetzt werden.

Das Tor-Projekt schlägt hierzu die Software 3proxy[58] vor. 3proxy ist sowohl für Windows wie auch für GNU/Linux verfügbar und wird unter einer freien Lizenz verteilt. Die Entwickler dieser Software haben Unterstützung für eine Vielzahl von Protokollen eingebaut. 3proxy kann sowohl als FTP-Proxy als auch als POP3-, SOCKS-, HTTP- oder DNS-Proxyserver betrieben werden.

Die Entwickler bieten nur Quellcode für GNU/Linux, aber ausführbare Versionen für Windows an.[59] Die Linuxvariante muss also noch kompiliert werden. Laden Sie hierzu die Software herunter, entpacken Sie die Datei und wechseln Sie in das neue Verzeichnis. Dort gibt es Konfigurationen (`Makefile`) für verschiedene Betriebssysteme oder Compiler. Unter GNU/Linux können Sie die Datei `Makefile.Linux` verwenden.

```
user@linux:~/3proxy $ make -f Makefile.Linux all
linux:~ # find src -type f -perm 755 -exec cp {} /usr/local/bin \;
```

Die Entwickler stellen in ihrem Makefile nur die Befehle `all` zum Kompilieren der Programmbestandteile und `clean` zum Löschen der kompilierten Dateien. Es fehlen Befehle zum Installieren und Deinstallieren. Daher wurde oben der Befehl `find` in Verbindung mit `cp` genutzt. Dieser sucht im Verzeichnis `src` alle ausführbaren Dateien und kopiert diese in das Verzeichnis `/usr/local/bin`. Nun muss 3proxy noch konfiguriert werden. Legen Sie hierzu eine Textdatei, etwa mit dem Namen `3proxy.cfg`, an. Der Name und Speicherort der Datei kann beliebig gewählt werden. Wenn Sie die Datei für Windows heruntergeladen haben, gibt es einen Unterordner `cfg`. Dieser enthält eine Beispielkonfiguration namens `3proxy.cfg.sample`. Sie können diese umbenennen und bearbeiten.

```
auth iponly
fakeresolve
allow *
parent 1000 socks4+ localhost 9050
proxy -a -i127.0.0.1 -p2222
```

Die obige Konfiguration ist ein Beispiel und stellt eine Minimalkonfiguration dar. Unten finden Sie eine Erklärung für die getroffenen Einstellungen. Das Programm kann über eine Vielzahl weiterer Optionen gesteuert werden. Die Entwickler haben eine Beispieldatei zur Konfiguration beigelegt und liefern sowohl Dokumentation als Manpage wie auch als HTML-Datei mit.

`daemon` bzw. `service`
: Diese Zeile wurde im Beispiel weggelassen. Wenn Sie 3proxy ohne diese Option ausführen, wird es im Vordergrund ausgeführt. Ausgaben erscheinen auf der Kommandozeile. Die Option `daemon` für

[58] `http://3proxy.ru/`
[59] `http://3proxy.ru/download/`

GNU/Linux bzw. `service` für Windows sorgt dafür, dass das Programm als Dienst im Hintergrund ausgeführt wird. Diese Zeile muss ganz am Anfang der Konfigurationsdatei stehen.

`auth iponly`
Die Option gibt an, wie der Nutzer authentifiziert werden soll. Als Argumente stehen `none`, `iponly`, `nbname` und `strong` bereit. Bei `none` findet keinerlei Authentifizierung statt. Im Fall von `iponly` werden IP-Adresse und Port verglichen. Das Argument `nbname` fügt noch den Vergleich des NetBIOS-Namens[60] als Authentifizierung hinzu. Benutzername und Passwort müssen bei dem Argument `strong` eingegeben werden.

`fakeresolve`
Das Setzen dieser Option sorgt dafür, dass die Antwort auf jegliche DNS-Anfrage die IP-Adresse 127.0.0.2 ist. Die eigentliche DNS-Anfrage wird über den SOCKS-Proxy geleitet.

`allow *`
Die Option legt fest, dass jeder Anwender Zugriff auf den Proxy hat. 3proxy erlaubt hier eine sehr detaillierte Konfiguration über Zugriffskontrolllisten. Für einen nur selbst genutzten Proxy ist die Option hinreichend. Wenn Ihr Rechner als Proxy für ein Netzwerk dient, können restriktivere Einstellungen angebracht sein.[61]

`parent 1000 socks4+ 127.0.0.1 9050`
Dieses Kommando erlaubt es, eine Kette von Proxyservern aufzubauen. Im Falle von Tor ist nur ein Eintrag nötig. Die Zeile sagt aus, dass immer[62] eine Verbindung zur IP-Adresse 127.0.0.1 auf dem Port 9050 aufzubauen ist. Dabei wird das SOCKS-Protokoll in der Version 4a genutzt.

`proxy -a -i127.0.0.1 -p2222`
Die letzte Zeile weist 3proxy an, ein Programm mit den angefügten Optionen zu starten. Das Programm proxy wird mit 3proxy ausgeliefert und ist ein HTTP-Gateway mit Unterstützung für FTP. Mit den Optionen wird das Programm angewiesen, Informationen über das Clientprogramm zu anonymisieren und auf dem lokalen Port 2222 Verbindungen anderer Programme entgegenzunehmen.

60 Das unter Windows verbreitete Protokoll NetBIOS ordnet eine IP-Adresse einem NetBIOS-Namen zu, ähnlich wie DNS eine IP-Adresse einem Domainnamen zuordnet.

61 Die Feineinstellung auf der Ebene einzelner Rechner oder Gruppen von Rechnern folgt einer komplexen Syntax. Diese ist im mitgelieferten Handbuch oder auf der Seite `http://3proxy.ru/doc/html/man3/3proxy.cfg.3.html` nachzulesen.

62 Der zweite Wert in der Zeile steht für eine Gewichtung der Server. Bei einem Wert von 1000 nutzt 3proxy den eingestellten Server für die Verbindung.

Starten Sie 3proxy mit dem Befehl `3proxy 3proxy.cfg`. Im Folgenden müssen Sie Ihr FTP-Programm so konfigurieren, dass es sich mit dem localhost auf dem Port 2222 verbindet. Die Abbildung 4.18 zeigt die Einstellung am Beispiel des Firefox.

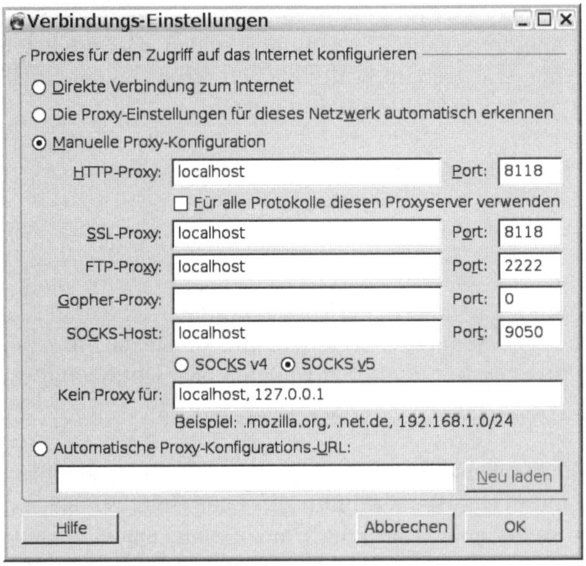

Abbildung 4.18: Einstellung des FTP-Servers im Mozilla Firefox

Sobald die Einstellungen vorgenommen sind, wird Tor für FTP-Verbindungen genutzt. Hin und wieder kommt es vor, dass statt der gewünschten Daten die Fehlermeldung 404 des HTTP-Protokolls (Seite nicht gefunden) erscheint. Dabei ist ein Fehler in der Verbindung entstanden. Es reicht dann in der Regel aus, die Daten erneut anzufordern.

4.3.11 SSH mit Tor

Viele Systembetreuer oder Besitzer von Servern haben keine Gelegenheit, die Rechner vor Ort zu betreuen. Stattdessen wird eine Verbindung über das Internet aufgenommen und der Rechner über einen sicheren Kanal administriert. Dafür hat sich die Secure SHell (SSH) durchgesetzt. Unter GNU/ Linux wird hierfür meist OpenSSH eingesetzt. Windowsnutzer können das Programm PuTTY verwenden, um sich mit einem SSH-Server zu verbinden.

OpenSSH

Dieser Abschnitt stellt Ihnen zwei Möglichkeiten vor, SSH-Verbindungen zu anonymisieren. Der einfachste Weg, SSH mit Tor zu nutzen, ist die Verwendung von torify. Da das Programm über die Shell aufgerufen wird, kann man auch die Auflösung des Domainnamens automatisieren.

```
user@linux:~ $ torify ssh $(tor-resolve example.org)
Password:
```

Sie können an das SSH-Programm auch, wie gewohnt, weitere Optionen übergeben. Allerdings kann es recht umständlich sein, die Befehlszeile immer wieder neu einzugeben. Daher können Sie sich einen Shell-Alias definieren oder auch eine Shell-Funktion nutzen.

```
tor-ssh() {
  HOST=$1
  shift
  torify ssh $* $(tor-resolve $HOST)
}
```

Diese Funktion können Sie in die Konfigurationsdatei der Shell aufnehmen. Um nun eine SSH-Sitzung zu beginnen, müssen Sie die Funktion zuerst mit dem Domainnamen und dann mit weiteren SSH-Optionen aufrufen.

```
user@linux:~ $ tor-ssh example.org -l testnutzer -i $HOME/.ssh/key
```

Eine weitere Möglichkeit, SSH mit Tor zu nutzen, bietet das Zusatzprogramm `connect.c`[63], das Verbindungen über einen SOCKS- oder HTTPS-Proxyserver weiterleitet. Das Programm besteht aus einer einzigen Datei und kann als Quellcode[64] heruntergeladen werden.[65] Für Windows stellt der Autor des Programms eine ausführbare Datei zur Verfügung. Nachdem Sie den Quellcode heruntergeladen haben, muss das Programm kompiliert werden. Die ausführbare Datei sollte in das Verzeichnis `/usr/local/bin` verschoben werden. Dies hat den Vorteil, dass sich das Verzeichnis im Pfad befindet und somit zur Ausführung des Programms nicht unbedingt der volle Pfad angegeben werden muss:

```
user@linux:~ $ gcc connect.c -o connect
linux:~ # cp connect /usr/local/bin
```

Zur Nutzung des Programms muss die Konfigurationsdatei von SSH angepasst werden. Hierzu öffnen Sie die Datei `$HOME/.ssh/config` und fügen die Option `ProxyCommand` hinzu.

```
Host *
  ProxyCommand connect -4 -S localhost:9050 %h %p
```

Jetzt können Sie wie gewohnt eine SSH-Sitzung starten. SSH liest die Konfigurationsdatei aus und verbindet sich im Hintergrund mit dem Proxy. Auch

[63] http://www.meadowy.org/~gotoh/projects/connect

[64] http://www.meadowy.org/~gotoh/projects/connect/browser/trunk/connect.c

[65] Einige Linux-Distributionen bieten die Software in der Paketverwaltung an.

hier findet keine DNS-Auflösung über Tor statt. Das heißt, Sie müssen entweder IP-Adressen verwenden oder auf das Programm tor-resolve zurückgreifen.

PuTTY

PuTTY[66] kann sowohl zu SSH- als auch zu Telnet-Servern Kontakt aufnehmen. Das Programm wurde zunächst für Windows entwickelt. Seit der Version 0.54 steht es auch unter GNU/Linux und Unix zur Verfügung.

Nach dem Starten von PuTTY erhalten Sie den Konfigurationsdialog. Wählen Sie zuerst **Connection | Proxy** (Abbildung 4.19). Stellen Sie dort als **Proxy Type SOCKS 5** und als **Proxy hostname** `localhost` mit dem **Port 9050**. Eine weitere wichtige Einstellung ist **Do DNS name lookup at proxy end**. Nur wenn diese auf **Yes** steht, nutzt PuTTY den Proxyserver für DNS-Anfragen.

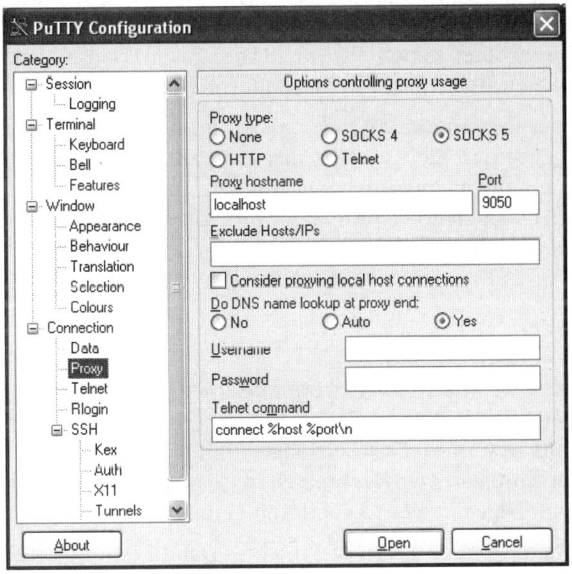

Abbildung 4.19: Proxyeinstellungen von PuTTY

4.3.12 Weitere Anwendungen

Neben den vorgestellten Programmen lassen sich zahlreiche andere Anwendungen anonymisieren. Das Wiki des Tor-Projekts listet verschiedene auf.[67] Falls Sie das gewünschte Programm dort nicht finden, versuchen Sie,

66 `http://www.chiark.greenend.org.uk/~sgtatham/putty/`
67 `https://trac.torproject.org/projects/tor/wiki/doc/TorifyHOWTO`

die vorgestellten Programme torify bzw. FreeCap zu nutzen. In der Regel werden Sie damit Erfolg haben. Ein weiterer Weg ist, auf der Mailingliste or-talk[68] nachzufragen.

Toraliases

Benjamin Schieder hat für verschiedene Shell-Programme ein Skript geschrieben.[69] Dieses stellt Shell-Aliase für verschiedene, bereits vorgestellte Programme (IRC-Chat, SSH etc.) bereit. Diese Aliase lassen sich über einen Schalter aktivieren bzw. deaktivieren. Um das Programm zu nutzen, laden Sie die Datei herunter und benennen sie in `tor_aliases` um. Danach binden Sie das Programm in Ihre Shell-Umgebung ein. Dazu geben Sie entweder `source tor_aliases` ein oder öffnen die Konfigurationsdatei der Shell (beispielsweise `.bashrc` oder `.zshrc`) und tragen dort die Zeile `source tor_aliases` ein. Mit dem Befehl `Tor_enable` aktivieren Sie die Benutzung von Tor. Wenn Sie jetzt z. B. irssi oder SSH nutzen, wird für die Verbindung automatisch Tor genutzt. Sollten Sie die Verwendung von Tor abschalten wollen, geben Sie `Tor_disable` ein. Damit werden die Umgebungsvariablen und Aliase wieder entfernt.

Gerade bei der Systemadministration wird immer wieder auf die Textkonsole zurückgegriffen. Hierfür stellt das Programm eine einfache Wechselmöglichkeit für die Benutzung von Tor dar. Toraliases unterliegt stetiger Entwicklung. Es ist daher empfehlenswert, die Webseite von Zeit zu Zeit auf eine neue Version zu prüfen.

Live-CDs mit Tor

Live-CDs enthalten meist ein vorkonfiguriertes Betriebssystem mit einigen Anwendungen. Der Nutzer kann die CD einfach in das Laufwerk einlegen und den Rechner starten. Das Betriebssystem startet von CD und die Software ist sofort nutzbar. Der Nachteil ist, dass gespeicherte Einstellungen in der Regel beim Neustart der CD verloren sind.

Für Tor existieren einige Live-CD-Projekte. Darauf befindet sich neben einer von CD bootbaren Version eines freien Betriebssystems – meist GNU/ Linux – die Tor-Software selbst; hinzu kommen meist Privoxy, Firefox sowie weitere voreingestellte Anwendungen.

ROCKate[70] basiert auf der Distribution ROCK Linux. Die CD enthält Tor, Privoxy, Firefox mit einigen Erweiterungen, irssi und die Toraliases (Abschnitt 4.3.12). Der Autor des Pakets, Benjamin Schieder, hat aber die Weiterentwicklung der CD vorerst eingestellt und begründet dies mit der Ein-

[68] `http://archives.seul.org/or/talk/`
[69] `http://shellscripts.org/project/toraliases`
[70] `http://xsanr2oqmett7ovm.onion/wiki/show/HomePage`

führung des „Hackerparagrafen" (§ 202c StGB).[71] Falls es Änderungen an diesem Gesetz gibt, ist zu erwarten, dass er die Entwicklung wieder aufnimmt.

Eine zweite Lösung heißt „The Amnesic Incognito Live System" oder kurz Tails.[72] Diese Live-CD basiert auf der Distribution Debian und nutzt die Oberfläche GNOME. Die Live-CD bringt eine Vielzahl von Software mit. Neben Tor, Polipo und Firefox[73] finden Sie das Mailprogramm Mozilla Thunderbird, das Chatprogramm Pidgin, OpenOffice.org sowie vieles mehr.

Die Live-CD wird aktiv weiterentwickelt und ist derzeit die vom Tor-Projekt empfohlene Variante. Mit der CD können Sie gefahrlos die Anonymisierungslösungen Tor und sogar diverse Verschlüsselungswerkzeuge ausprobieren. Nach dem Entfernen der CD und Neustart des Rechners steht Ihnen wieder die gewohnte Umgebung zur Verfügung.

Systeme auf USB-Sticks mit Tor

Seit einiger Zeit werden USB-Sticks gern als Träger von Betriebssystemen verwendet, denn sie sind in Größen von mehreren Gigabyte erhältlich und können von aktuellen PCs problemlos gebootet werden. Daher gibt es sowohl Versuche, portable Anwendungen[74] zu schaffen, die ohne Installation vom USB-Stick zu starten sind, oder von kompletten Live-Systemen zu starten. Im Kapitel 1 haben wir bereits das Paket Tor-Browser kennengelernt. Es lässt sich auf einen USB-Stick kopieren und von jedem Rechner nutzen.

Der FoeBud e. V.[75] ist ein Verein, der sich seit mehr als zwanzig Jahren für die Bürgerrechte und den Datenschutz einsetzt. Daher ist es nur konsequent, dass der Verein mit dem PrivacyDongle[76] eine Lösung für den Schutz der Privatsphäre bietet. Die Software kann unter der oben angegebenen Adresse heruntergeladen und auf den USB-Stick kopiert werden.[77] Gleichzeitig können Sie die Software inklusive Stick im Shop des Foebud ab 20 Euro erwerben und so die Arbeit des Vereins unterstützen. Wenn Sie den USB-Stick mit der Software in den Rechner stecken, finden Sie ein Icon, das den Mozilla Firefox startet. Er ist so eingestellt, dass er automatisch eine Verbindung über das Tor-Netzwerk aufnimmt, und ähnelt dem Tor-Browser-Paket – eine bequeme Möglichkeit, unterwegs anonym zu surfen.

Eine weitere Lösung stellt der Journalist Markus Mandalka zur Verfügung.

71 `http://anonymous.livelyblog.com/2007/07/15/the-end-of-rockate-livecd`
72 `https://tails.boum.org/`
73 Da Tails auf Debian basiert, heißt der Firefox hier Iceweasel.
74 `http://www.portableapps.com/`
75 `https://www.foebud.org/`
76 `https://www.foebud.org/datenschutz-buergerrechte/vorratsdatenspeicherung/privacydongle/index`
77 Bauanleitung auf `https://www.foebud.org/datenschutz-buergerrechte/vorratsdatenspeicherung/privacydongle/index#installation`

Sein Privatix Live-System[78] wird ebenfalls vom USB-Stick betrieben. Im Gegensatz zum PrivacyDongle ist ein lauffähiges Betriebssystem auf der Basis von Debian GNU/Linux integriert. Das bedeutet, dass ein Anstecken des USB-Sticks an einen bereits gebooteten Rechner keine Auswirkung hat. Stattdessen muss der Computer vom USB-Stick gebootet werden. Stecken Sie also *vor* dem Einschalten des Rechners den USB-Stick an und starten Sie danach. Eventuell startet der Rechner nicht sofort vom Stick. Schauen Sie dann im BIOS nach, ob die Bootreihenfolge entsprechend eingestellt ist, und ändern Sie gegebenenfalls die Einstellungen. Der Entwickler stellt Lösungen für Rechner zur Verfügung, die nicht von USB booten können.[79] Nach dem Systemstart steht Ihnen verschiedene Software zur Verfügung. Sie können mit Firefox und Tor anonym surfen. Weiterhin sind Programme zur Verschlüsselung von Festplatte und Daten sowie zum Mailen, Chatten und für Büroarbeiten vorhanden.[80] Das Privatix Live-System stellt Ihnen somit ein arbeitsfähiges Komplettsystem zur Verfügung. Falls Sie Software vermissen, lässt sich diese einfach nachinstallieren.

Das Wiki des Tor-Projekts listet die Live-CDs auf.[81] Darunter sind sowohl Lösungen, die nicht mehr weiterentwickelt werden, wie auch Neuzugänge. Sie finden dort eventuell Lösungen, die hier noch nicht vorgestellt werden konnten.

4.3.13 Fehler erkennen und beheben

Sie sind der Installationsanleitung gefolgt und haben sowohl Privoxy oder Polipo wie auch Tor installiert und trotzdem funktioniert Tor bei Ihnen nicht? Dieser Abschnitt gibt Ihnen Hinweise, wie Sie eventuelle Fehler finden und beheben.

Tor wird in der Konfigurationsdatei `torrc` angepasst. Dort stellen Sie einerseits ein, ob Ihre Version der Software zusätzlich als Server oder versteckter Service agieren soll. Andererseits lässt sich der Tor-Client damit an Ihre Umgebung anpassen. Unter GNU/Linux befindet sich die Datei im Verzeichnis `/etc/tor`. Das Vidalia-Paket unter Windows speichert die Datei im Verzeichnis `C:\Programme\Vidalia`. Sie können die Konfigurationsdatei mit einem Texteditor öffnen und die Optionen in der Datei ändern oder neue hinzufügen. Eine Alternative ist das Vidalia Kontroll-Panel. Über den Menüpunkt **Einstellungen** sind wichtige Optionen zugänglich.

78 `http://mandalka.name/privatix/`
79 `http://mandalka.name/privatix/doc.html#bootiso`
80 Auflistung der enthaltenen Software unter `http://mandalka.name/privatix/software.html`
81 `https://trac.torproject.org/projects/tor/wiki/WikiStart#LiveCDUSB`

DNS-Probleme finden

Einige Programme sind für die Zusammenarbeit mit dem SOCKS-Protokoll konfiguriert und fragen dennoch die IP-Adressen nicht über den eingestellten SOCKS-Server ab. Mit der Software Wireshark[82] prüfen Sie, ob Ihr Programm dieses Verhalten zeigt. Wireshark dient der Analyse von Netzwerken und steht für sehr viele Betriebssysteme zur Verfügung. Für Windows und Mac OS kann die Installationsdatei von der Webseite heruntergeladen werden. Linuxnutzer installieren die Software über den Paketmanager. Die Installation von Wireshark muss mit Rechten des Hauptbenutzers (Administrator unter Windows, root unter GNU/Linux und Mac OS) erfolgen, da Wireshark Bibliotheken installiert, die auf die Netzwerkkarte zugreifen.

Nach der Installation starten Sie Wireshark ebenfalls als Hauptbenutzer. Über **Capture | Options** oder mit der Tastenkombination `[Strg]+[K]` öffnet sich der Optionsdialog (Abbildung 4.20) für eine neue Analyse. Hier stellen Sie die Schnittstelle zum Netzwerk sowie das Protokoll, das analysiert werden soll, ein. Der Menüpunkt **Interface** zeigt eine Auswahlliste aller erkannten Netzwerkschnittstellen. Wählen Sie die betreffende aus.[83]

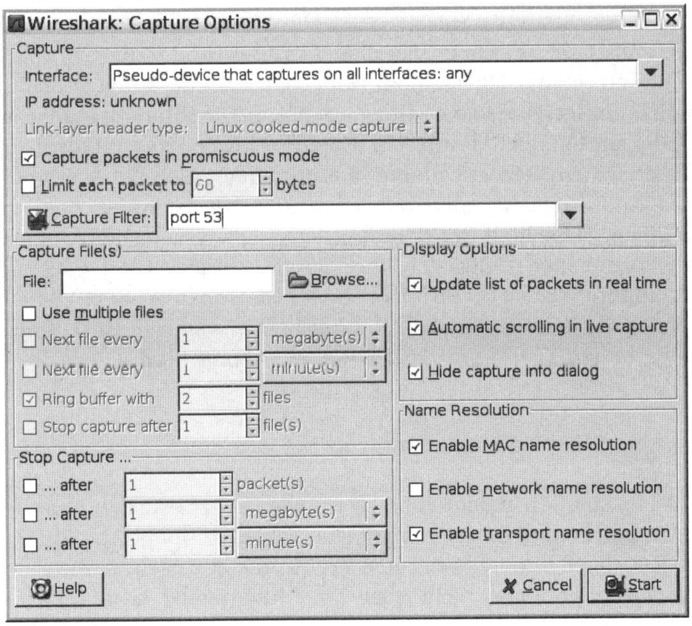

Abbildung 4.20: Optionsmenü in Wireshark

[82] `http://www.wireshark.org/`

[83] Unter Windows wird in der Regel der Name des Herstellers der Netzwerkkarte angezeigt. Unter GNU/Linux sehen Sie in dem Feld den Gerätenamen, wie z. B. eth<X>, wlan<X>, ra<X>.

Sollten Sie unsicher sein, welche Schnittstelle verwendet werden soll, können Sie auch das Pseudogerät wählen. Dieses zeigt den Verkehr an allen Schnittstellen an. Im Eingabefeld **Capture Filter** tragen Sie `port 53` ein. Ohne diese Eingabe würden Sie sämtliche Pakete sehen und wahrscheinlich die Übersicht verlieren. Mit der Angabe wird festgelegt, dass nur Pakete von und zu Port 53 angezeigt werden. Damit filtert Wireshark die mitgeschnittene Kommunikation und zeigt nur DNS-Anfragen an. Diese beiden Angaben reichen für den Test aus. Starten Sie nun die Analyse mit einem Klick auf den Button **Start**.

Wireshark zeigt nun alle Pakete auf dem entsprechenden Port an. Starten Sie die Anwendung, die Sie testen wollen, und stellen Sie eine Verbindung ins Internet her. Wenn das Programm die DNS-Abfragen nicht über den eingestellten SOCKS-Proxy leitet, sehen Sie in Wireshark eine Ausgabe wie „Standard query response PTR example.org“. Somit wissen Sie, dass Sie das Programm weiter anpassen müssen. Wenn Wireshark keine Ausgabe liefert oder nur andere Domainnamen anzeigt, so schickt das betreffende Programm die DNS-Anfragen über den eingestellten SOCKS-Proxy und ist somit korrekt konfiguriert.

Eine zweite Möglichkeit, Problemen im DNS-Verkehr auf den Grund zu gehen, bietet die Software SmartSniff.[84] Die Firma NirSoft bietet die Freeware als ZIP-Datei an. Laden Sie diese herunter und entpacken Sie sie in ein leeres Verzeichnis. Nach einem Doppelklick auf die Datei `smsniff.exe` öffnet sich ein leeres Fenster. Über das Menü **File | Start Capture** oder die Taste `[F5]` starten Sie die Aufzeichnung. Der folgenden Optionsdialog fordert Sie auf, einen Netzwerkadapter auszuwählen. Nach der Auswahl zeichnet SmartSniff zunächst alles auf. Diese Ausgabe ist wahrscheinlich unübersichtlich. Sie sollten daher mittels eines Filters Einschränkungen treffen. Das Textfenster öffnet sich über **Options | Display Filter** oder die Tastenkombination `[Strg]+[F8]`. Dort tragen Sie `include:both:tcpudp:53` ein. Ebenso wie im Beispiel oben zu Wireshark wird nur noch Datenverkehr angezeigt, in dem der TCP- oder UDP-Port 53 benutzt wird.

Probleme beim Verbindungsaufbau

Nach der Installation möchten Sie Tor nutzen und besuchen eine Webseite. Jedoch präsentiert Ihnen Privoxy eine Fehlermeldung (Abbildung 4.21). Weder diese noch andere Webseiten lassen sich anzeigen, und auch andere Dienste funktionieren nicht über Tor. Dieser Fehler kann verschiedene Ursachen haben.

Prüfen Sie zuerst, ob Ihr Rechner eine funktionierende Verbindung ins Internet besitzt. Lässt sich die Webseite ohne die Verwendung von Tor und Privoxy öffnen? Weiterhin sollten sowohl Tor als auch Privoxy gestartet sein.

84 `http://www.nirsoft.net/utils/smsniff.html`

Sind diese Programme in der Prozessansicht zu sehen? Falls das nicht der Fall ist, sollte Sie der nächste Schritt zur Logdatei führen.

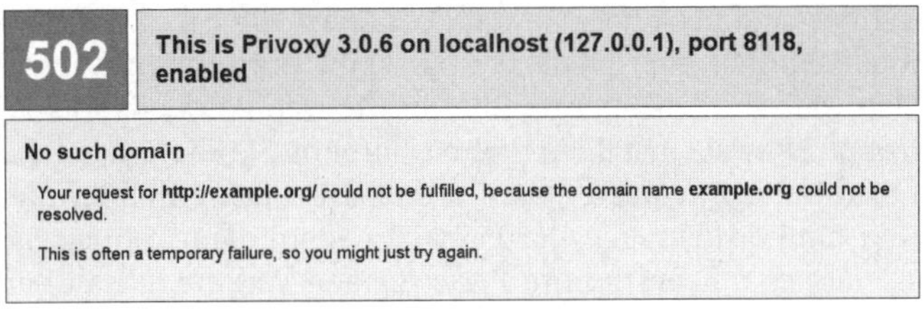

Abbildung 4.21: Typische Fehlermeldung von Privoxy bei einer fehlgeschlagenen Verbindung

Linuxnutzer finden diese Datei im Verzeichnis `/var/log/tor`. Unter Windows liegt sie im Ordner `C:\Dokumente und Einstellungen\<benutzer>\Anwendungsdaten\tor`. Nutzer von Vidalia wählen im Vidalia Kontroll-Panel den Eintrag **Nachrichtenprotokoll**. Dort finden Sie einen Reiter **Basic** mit einer Beschreibung zu wichtigen Nachrichten und einen Reiter **Advanced**, der eine Liste der Logeinträge aufführt.

Wenn Sie die Logdatei nicht finden, öffnen Sie die Datei `torrc` und suchen nach der Zeile mit dem Inhalt `Log notice file`. Befindet sich am Anfang dieser Zeile ein Kommentarzeichen (#), so entfernen Sie dieses. Am Ende der Zeile müssen das Verzeichnis und der Dateiname stehen, in das Tor die Loginformationen schreibt. Unter Umständen müssen Sie dies anpassen. Speichern Sie danach die Datei und starten Sie Tor neu. Jetzt sollte die Logdatei auftauchen.

Tor versucht anfangs die Verzeichnisinformationen herunterzuladen und dann eine Verbindungsstrecke aufzubauen. Im Falle eines Fehlers schreibt das Programm eine Logmeldung wie die folgende:

```
Jul 31 19:53:35.593 [Warning] Received directory with skewed
  time (server '192.2.2.42:9001'): we are 24399 minutes ahead, or
  the directory is 24399 minutes behind.
```

Diese Meldung deutet darauf hin, dass die Uhrzeit Ihres Systems nicht korrekt eingestellt ist. Tor weigert sich, Verbindungsstrecken aufzubauen, wenn die Uhrzeit des Systems um mehrere Stunden von der korrekten Uhrzeit abweicht. Prüfen und ändern Sie gegebenenfalls die Uhrzeit und starten Sie Tor neu. Sollte der Fehler öfter auftreten, ist es empfehlenswert, die Uhrzeit mit einem Zeitserver zu synchronisieren.

```
Jul 31 20:00:03.000 [Warning] Couldn't parse network status.
Jul 31 20:00:12.906 [Warning] couldn't find start of hashed
  material "network-status-version"
Jul 31 20:00:22.953 [Warning] Unable to compute digest of
  network-status
Jul 31 20:01:43.390 [Notice] I learned some more directory
  information, but not enough to build a circuit.
```

In diesen Fällen konnte Tor keine Verbindung zum Netzwerk aufbauen. Dafür kann es verschiedene Ursachen geben. In vielen Fällen ist eine Firewall oder ein zwangsweise zu verwendender Proxy die Ursache. Haben Sie auf Ihrem Rechner eine Personal Firewall (Windows Firewall, ZoneAlarm, Norton Personal Firewall etc.) installiert bzw. gibt es in Ihrem Netzwerk eine zentrale Firewall, die nur Zugriffe über bestimmte Ports erlaubt? Wenn Sie eine Personal Firewall installiert haben, ändern Sie die Einstellungen so, dass Tor Verbindungen nach außen aufnehmen kann. Sollten Sie keinen Einfluss auf die Einstellungen der Firewall haben, dann können Sie Tor so anpassen, dass es nur bestimmte Ports für den Verbindungsaufbau nutzt. Die Datei `torrc` muss um die Einstellung `ReachableAddresses` ergänzt werden:

```
ReachableAddresses accept *:80
ReachableAddresses accept *:443
```

In dem Beispiel werden Verbindungen zu beliebigen Rechnern auf den Ports 80 bzw. 443 erlaubt. Sie können statt des Sterns bestimmte IP-Adressen oder Bereiche von IP-Adressen angeben. Des Weiteren ist es möglich, verbotene IP-Adressen mit dem Schlüsselwort `reject` zu kennzeichnen. Die Syntax der Option entspricht den in Abschnitt 24 beschriebenen Exit Policys.

Manche Netzwerke benutzen einen zentralen Proxyserver als Zwischenspeicher für Webseiten oder für die Zugriffssteuerung auf externe Adressen. Der Server gilt für alle Verbindungsanfragen, direkte Verbindungen in das WWW sind nicht erlaubt. Da Tor zunächst kein Wissen von der Existenz des Proxy besitzt, versucht das Programm eine direkte Verbindung aufzunehmen und wird abgewiesen. Mit der folgenden Einstellung legen Sie den Proxyserver mit der IP-Adresse 192.0.2.42 und speziellen Ports für HTTP und HTTPS fest. Starten Sie nach der Änderung Tor neu.

```
HttpProxy 192.0.2.42:8080
HttpsProxy 192.0.2.42:8443
```

Gerade in Firmennetzwerken ist es oft üblich, dass ein Proxyserver nur mit vorheriger Authentifizierung seine Dienste anbietet. In dem Fall reicht es nicht aus, Tor die Adresse des Proxy mitzuteilen, sondern das Programm benötigt zusätzlich die Zugangsdaten. Im untenstehenden Beispiel lautet der Benutzername für den Proxy `meinname` mit dem Passwort `geheim`. Achten Sie besonders bei der Aktivierung dieser Option darauf, dass die Datei `torrc` nur von Ihnen gelesen und geschrieben werden kann. Sonst ist es einer fremden Person unter Umständen möglich, Ihren Nutzernamen und Passwort auszulesen.

```
HttpProxyAuthenticator meinname:geheim
HttpsProxyAuthenticator meinname:geheim
```

Tor meldet sich mit dieser Kombination am Proxy an und versucht, eine Verbindung zum Tor-Netzwerk aufzunehmen. Die obigen Änderungen führen im Allgemeinen zum Erfolg, und Tor verbindet sich mit dem Netzwerk. Dies wird von der Software mit einer Erfolgsmeldung quittiert:

```
Jul 31 20:05:50.001 [notice] Tor has successfully opened a circuit.
  Looks like client functionality is working.
```

Falls dennoch weiterhin Fehlern auftauchen, kann das viele, sehr verschiedene Ursachen haben. Sie sollten sich an die Mailingliste[85] des Tor-Projekts wenden und den Fehler so detailliert wie möglich beschreiben. Dazu gehören u. a. auch Angaben zur Version von Tor und des Betriebssystems. Dies erleichtert die Fehleranalyse.

Merkwürdiges Verhalten von Google

Sie benutzen Tor, um verschiedene Webseiten zu besuchen. Unter anderem greifen Sie auch auf die Suchmaschine Google zu. In unregelmäßigen Abständen erscheint Google in einer fremden Sprache.

Abbildung 4.22: Aufgrund weltweit verteilter Tor-Austrittserver kann Google plötzlich mit japanischen Schriftzeichen erscheinen

Der Austrittsserver aus dem Tor-Netzwerk ist aus weltweit verteilten Computern zufällig gewählt. Google erkennt die IP-Adresse des Servers und ordnet sie einer Region bzw. einem Land zu. Anschließend präsentiert Google seine Oberfläche in der Sprache des erkannten Landes. Mit der speziellen URL `http://www.google.com/intl/de/` bringen Sie die Suchmaschine dazu, immer eine deutschsprachige Oberfläche anzuzeigen.

Bei manchen Suchanfragen präsentiert Google nicht sofort das Ergebnis, sondern warnt in einer Seite vor Viren oder Spyware, wie beispielsweise in Abbildung 4.23.

85 `https://lists.torproject.org/cgi-bin/mailman/listinfo/tor-talk`

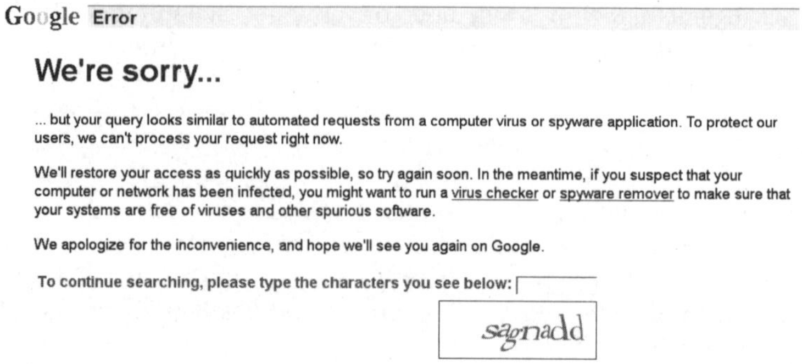

Abbildung 4.23: Fehlerseite von Google

Dies bedeutet nicht unbedingt, dass Ihr Rechner mit schadhaften Programmen infiziert ist. Vielmehr versucht Google zu erkennen, ob bestimmte IP-Adressen eine Vielzahl von Suchanfragen senden. Denn viele Schädlinge finden über eine Suchmaschine neue Angriffsziele. Dafür sind oft viele Anfragen nötig. Google erkennt ein solches Verhalten und warnt den Benutzer.

Bei der Verwendung von Tor nutzen manchmal viele Onionproxys denselben Austrittsserver. Wenn viele Anwender gleichzeitig eine Suchanfrage bei Google stellen, kommt die Suchmaschine zu der Überzeugung, dass es sich um einen Virus handeln könnte. Dem Suchergebnis wird eine Warnung (Abbildung 4.23) vorgeschaltet und eine Folge von verzerrten Buchstaben als sogenanntes *Captcha* angezeigt. Bei korrekter Eingabe der Zeichenfolge geht Google davon aus, dass ein Mensch die Suchanfrage gestellt hat, und leitet dann zu den Suchergebnissen weiter. Meist verschwindet die Meldung nach kurzer Zeit wieder.

4.4 Tor als Server und versteckter Service

Neben dem Betrieb als Proxy kann die Tor-Software selbst als Server agieren. Damit stellen Sie anderen Nutzern Bandbreite zur Verfügung und tragen zum Wachstum des Netzwerks bei. Gleichzeitig verschleiert ein eigener Server auch Ihre eigenen Verbindungen und verbessert so Ihre Anonymität.

Bei der Konfiguration des Tor-Servers entscheiden Sie selbst, ob der Server als Austrittsserver auftreten oder Verbindungen nur innerhalb des Netzwerks weiterleiten soll. Sie behalten auch die Kontrolle darüber, welches Datenvolumen Tor über Ihre Internetverbindung leiten darf und wie viel Bandbreite von dem Dienst in Anspruch genommen werden kann.

Bisher haben wir uns in praktischer Hinsicht immer mit dem anonymen Abrufen von Daten beschäftigt. Der vierte Abschnitt dieses Kapitels zeigt

Ihnen, wie Sie Daten oder Dienste mit Hilfe sogenannter versteckter Services anonym anbieten.

4.4.1 Tor als Server betreiben

Ein Tor-Server bzw. Onionrouter wird durch Modifikation der Konfigurationsdatei `torrc` (siehe Abschnitt 4.3.13) aktiviert. Die Entwickler haben beim Design von Tor Wert darauf gelegt, dass Server möglichst einfach einzurichten und schon mit kleiner Bandbreite zu betreiben sind. So reicht bereits ein Anschluss mit einer Mindestbandbreite von 20 kB/s aus. Diese Geschwindigkeit wird bereits von DSL-Anschlüssen erreicht.

Abbildung 4.24 zeigt die Verteilung der Bandbreite der Server im Tor-Netzwerk. Dabei wurden nur Rechner mit einer Bandbreite zwischen 20 und 820 kB/s betrachtet. Niedrigere Werte können für das Netzwerk nicht benutzt werden. Server mit höherer Bandbreite existieren, sind aber nur vereinzelt anzutreffen. Jedoch stellen die zehn trafficstärksten Rechner fast 40 % der Kapazität des Netzwerks zur Verfügung. Die weit zahlreicheren Router mit geringer Bandbreite sind nur für etwa 20 % des Gesamttraffic verantwortlich.

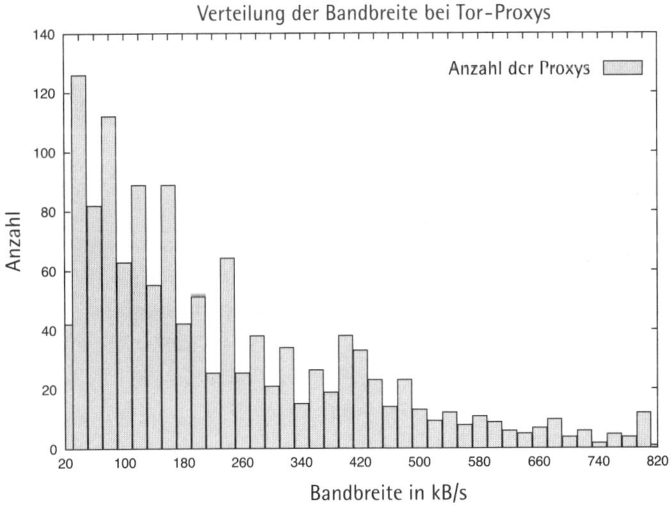

Abbildung 4.24: Verteilung der Bandbreite der Tor-Server

Einrichtung des Servers

Die Konfigurationsdatei `torrc` ist der zentrale Ort, um den Server zu steuern. An ihrem Ende finden Sie ein kommentiertes Beispiel, um einen Server einzurichten. Zuständig für das Aktivieren des Servers sind die Optionen `Nickname` und `ORPort`:

```
Nickname anonexample
ORPort 9001
DataDirectory /var/lib/tor
```

Der `Nickname` ist ein frei wählbarer Name, den Sie dem Server geben; der Wert des `ORPort` gibt an, auf welchem Port Ihr Server zu erreichen ist. Der Wert 9001 entspricht der Voreinstellung, kann aber beliebig verändert werden. Unter Umständen ist es sinnvoll, die Ports 80 oder 443 zu nutzen, denn Benutzer, die sich hinter einer restriktiv eingestellten Firewall befinden und diesen Zustand nicht ändern können, sind meist in der Lage, Verbindungen zu diesen Ports aufzubauen. Damit steht diesen Nutzern eine größere Auswahl an Onionroutern zur Verfügung. Die letzte Einstellung `DataDirectory` informiert Tor, wo die Informationen zum Server gespeichert werden. Unter Umständen ist diese Angabe nicht notwendig. Bei manchen Distributionen ist diese Option auskommentiert und muss reaktiviert werden.

Speichern Sie die Datei nach den Änderungen und starten Sie Tor neu. In dem unter der Option `DataDirectory` eingestellten Verzeichnis legt Tor nach einem Neustart verschiedene Dateien an. Die Datei `fingerprint` enthält eine eindeutige Prüfsumme, die Ihren Server identifiziert. Mit dem Befehl

```
user@linux: ~ $ /usb/sbin/tor --list-fingerprint
Jan 18 14:21:08.918 [notice] Tor v0.2.3.21 ...
Jan 18 14:21:08.919 [notice] Choosing default nickname anonexample'
Jan 18 14:21:09.087 [notice] Your Tor server's identity key
  fingerprint is 'anonexample 0123456789ABCDEFBAADF00DBADDCAFEFEE1DEAD'↘
 anonexample 0123 4567 89AB CDEF BAAD F00D BADD CAFE FEE1 DEAD
```

erhalten Sie den Fingerprint über die Befehlszeile. Benutzer von Windows öffnen den Ausführen-Dialog mittels **Start | Ausführen** und geben dort `cmd` ein. Es öffnet sich ein Terminalfenster. Dort wird ebenfalls der Pfad zur ausführbaren Datei zusammen mit der Option eingegeben. Beispielsweise könnte die Eingabe wie folgt aussehen:

```
C:\Programme\Tor\tor.exe  --list-fingerprint
```

Die eindeutige Identifikation eines Onionrouters könnte auch der Nickname übernehmen. Doch bei diesem ist nicht sicherzustellen, dass er nur einmalig vergeben wird. Die Prüfsumme ist jedoch eindeutig. Das Verzeichnis `keys` enthält die Dateien `secret_id_key` und `secret_onion_key`. Darin ist der private Schlüssel des Servers gespeichert.

Sie sind also die wichtigsten Dateien und dürfen auf keinen Fall in die Hände Dritter geraten, denn sonst hat ein Angreifer die Möglichkeit, unter der Identität Ihres Tor-Servers Verbindungen aufzubauen, Einträge zu signieren oder weitere – für andere Tor-Nutzer potentiell schädliche – Aktionen durchzuführen. Achten Sie daher darauf, dass die Dateien sicher auf der Festplatte verwahrt werden, fertigen Sie aber auch externe Sicherungskopien an, drucken Sie die Dateien aus und verwahren Sie die Ausdrucke an einem sicheren Ort. Falls der Tor-Server auf einen anderen Rechner umziehen soll, benötigen Sie beide Schlüsseldateien, um den Tor-Server auf dem neuen Computer zu reaktivieren.

Tor legt nach dem Neustart einen Verzeichniseintrag für den Server an und schickt diesen an den Verzeichnisserver. Die Software testet zuletzt die Erreichbarkeit des ORPort. Diese Schritte werden in der Logdatei notiert:

```
Jul 31 20:07:07.924 [notice] Your Tor server's identity key
  fingerprint is 'anonexample
  0123 4567 89AB CDEF BAAD FOOD BADD CAFE FEE1 DEAD'
Jul 31 20:07:07.928 [notice] Now checking whether ORPort
  192.0.2.23.63:9001 is reachable...
  (this may take up to 20 minutes -- look for log messages
  indicating success)
Jul 31 20:08:29.577 [notice] Self-testing indicates your ORPort
  is reachable from the outside. Excellent.
  Publishing server descriptor.
Jul 31 20:09:41.366 [notice] Performing bandwidth self-test...done.
```

In diesem Beispiel konnte sich Tor von außen mit dem ORPort verbinden. Der Server ist erreichbar. Er wird jetzt „freigeschaltet“ und jeder Nutzer kann sich mit ihm verbinden, um eine Verbindungsstrecke aufzubauen. In der Grundeinstellung leitet der Server jetzt nur Verkehr innerhalb des Netzwerks weiter und baut *keine* Verbindungen zu Rechnern außerhalb des Tor-Netzwerks auf.

Fehler bei der Verbindungsaufnahme

Tor versucht für ca. 20 Minuten, den eingestellten Port des Servers zu erreichen. Sollte das fehlschlagen, gibt das Programm eine Logmeldung aus und versucht in größeren Abständen herauszufinden, ob sich der Status geändert hat. Der Grund für das Fehlschlagen des Verbindungsaufbaus kann darin liegen, dass der Server hinter einem Router betrieben wird und der Router keine Anfragen weiterleitet. Sollte dies bei Ihnen der Fall sein, müssen Sie die Einstellungen des Routers ändern. Er muss Anfragen auf dem eingestellten Port an Ihren Rechner weiterleiten. Dieses Merkmal wird häufig als *Portweiterleitung* oder *Port Forwarding* bezeichnet. Eventuell gibt es innerhalb Ihres Netzwerks auch Ports, bei denen eine Weiterleitung und somit eine Portfreigabe eingestellt ist. Falls keine andere Anwendung diesen Port nutzt, können Sie die Variable `ORPort` auch auf diesen Wert festlegen.

Tor versucht, Ihre aktuelle IP-Adresse zu ermitteln. Der Versuch schlägt fehl, wenn der Rechner innerhalb eines privaten Netzwerks steht. Dort werden den Computern beispielsweise Adressen der Form 192.168.x.x oder

10.x.x.x vergeben. Allen privaten IP-Adressen ist gemein, dass sie außerhalb des privaten Netzwerks nicht weitergeleitet werden. Daher ist Ihr Rechner auch für das Tor-Netzwerk nicht erreichbar. Eine Lösung für dieses Problem ist abhängig vom Netzwerk, in dem sich der Rechner befindet. Wenn der Rechner, der die Verbindung in das öffentliche Netzwerk herstellt (Gateway), eine feste IP-Adresse verwendet, können Sie diese in der Datei `torrc` speichern. Die Option hierfür heißt `Address`.

Diese Lösung ist für DSL oder andere Dienste, die dynamisch IP-Adressen vergeben, nicht praktikabel. Es gibt Anbieter, die Ihrem Rechner einen feststehenden Domainnamen geben und diesen immer an die aktuelle IP-Adresse anpassen. Diese Dienste werden als dynamischen DNS bezeichnet. Der dort gewählte Domainname kann ebenfalls in der Option `Address` gespeichert werden. Tor löst diesen Namen zur richtigen IP-Adresse auf:

```
Address anon.example.org
```

Kontaktinformation

Neben den notwendigen Einstellungen, um einen Server aufzusetzen, gibt es zahlreiche weitere hilfreiche Optionen. Die Option `ContactInfo` speichert Informationen über den Betreiber des Servers, etwa Name, E-Mail-Adresse oder auch Key-ID oder Fingerprint des PGP-Schlüssels:

```
ContactInfo Max Mustermann <mm@example.org>
ContactInfo Max Mustermann mm (at) example (dot) org
ContactInfo 1024D/DEADBEEF Max Mustermann <mm@example.org>
```

Die Kontaktinformationen werden meist dann benutzt, wenn es Probleme mit dem Server gibt. Die Entwickler versuchen zunächst den Betreiber des Servers zu erreichen, um ihn von den Problemen zu informieren und Lösungsvorschläge zu unterbreiten. Wenn keine oder falsche Informationen hinterlegt sind, wird der Rechner aus dem Tor-Netzwerk ausgesperrt. Somit liegt es auch im Interesse der Betreiber, eine gültige Adresse zu hinterlegen.

Bandbreite und Durchsatz begrenzen

Je länger der Server ohne Unterbrechung betrieben wird, desto mehr Kapazität wird er verbrauchen. Dies betrifft sowohl die Rechenzeit der CPU als auch die Bandbreite. Ohne besondere Einstellungen beansprucht Tor die maximal verfügbare Bandbreite. Ein typischer DSL-Anschluss verbraucht etwa 400 GB im Monat. Server mit schnellen Verbindungen können ohne weiteres mehrere Terabyte pro Monat in das Tor-Netzwerk weiterleiten.

DSL-Anschlüsse werden derzeit größtenteils mit verbrauchsunabhängigen Tarifen (Flatrate) benutzt. In dieser Konfiguration spielt der Traffic keine tragende Rolle. Anders ist die Lage bei gemieteten Servern. Die Mehrzahl dieser Verträge legt einen monatliches Transfervolumen fest. Was darüber hinausgeht, muss extra bezahlt werden. Damit ergibt sich die Notwendigkeit, die Kontrolle über Bandbreite und Transfervolumen zu haben.

Tor ermöglicht es Ihnen, sowohl das Volumen als auch die benutzte Bandbreite zu begrenzen. Dabei überwacht das Programm den einkommenden und ausgehenden Datenstrom. Wenn einer der beiden über einer festgelegten Grenze liegt, nimmt Tor keine weitere Verbindungen entgegen und beendet alle bestehenden. Dieser Prozess wird als *Hibernating* bezeichnet. Nach Ablauf eines konfigurierten Zeitraums aktiviert sich Tor wieder. Das Transfervolumen wird über die Optionen `AccountingMax` und `AccountingStart` gesteuert:

```
AccountingMax 10 GB
AccountingStart day 10:00
```

Hier startet die Messperiode täglich um 10:00 Uhr, und Tor nimmt solange neue Verbindungen entgegen, bis 10 GB Daten herein- oder hinausgegangen sind. Dies bedeutet, dass der Server insgesamt täglich etwa 20 GB benutzen kann. Tor startet am Beginn der Messperiode nicht sofort, sondern wartet noch einen zufälligen Zeitraum. Der Grund liegt darin, dass erfahrungsgemäß die Betreiber den Startzeitpunkt auf eine „runde" Uhrzeit festlegen. Wenn dies in großem Umfang zur selben Uhrzeit passiert, wäre es möglich, dass die Verzeichnisserver dem Ansturm der Serverrückmeldungen nicht gewachsen sind. Die zufällige Wartezeit soll dieses Problem verringern.

```
AccountingMax 8 TB
AccountingStart month 10 18:30
```

Das zweite Beispiel zeigt eine Konfiguration für das monatliche Transfervolumen. Diesem Server wird erlaubt, monatlich acht Terabyte mit dem Tor-Netzwerk auszutauschen. Auch hier gilt wieder, dass ein- und ausgehende Daten separat gemessen werden. Insgesamt wird der Server also etwa sechzehn Terabyte in Anspruch nehmen. Die Messperiode beginnt hier am Zehnten des Monats gegen 18:30 Uhr.

Tor versucht nun, maximalen Datendurchsatz zu erreichen. In Abhängigkeit von der CPU-Leistung und der zur Verfügung stehenden Bandbreite liegt der vorkonfigurierte Höchstwert bei drei MB pro Sekunde. Dieser Wert wird in der Praxis selten erreicht. Der Großteil der Server bietet weniger als 300 KB pro Sekunde an.

Für die Steuerung der Bandbreite stehen Ihnen drei Optionen zur Verfügung, die Sie unabhängig voneinander verwenden können.

`BandwidthRate`
: Hiermit legen Sie fest, welche Bandbreite Ihr Server *im Durchschnitt* nutzen darf. Dieser Durchschnittswert kann kurzfristig überschritten werden. Tor überwacht den ein- und ausgehenden Durchsatz.

`BandwidthBurst`

Diese Option gibt an, wie hoch der Durchsatz einer kurzfristigen Spitze sein darf. Es wird empfohlen, hier den doppelten Wert der konfigurierten durchschnittlichen Bandbreite anzugeben.

`MaxAdvertisedBandwidth`

Tor versucht anfangs, die zur Verfügung stehende Bandbreite zu erraten. Dieser Wert wird in die Beschreibung des Servers aufgenommen. Je höher dieser Wert ist, desto mehr Tor-Proxys versuchen, Verbindung mit diesem Onionrouter aufzunehmen. Dies erzeugt eine hohe CPU-Last. Wenn Sie die Option `MaxAdvertisedBandwidth` nutzen, schränken Sie unter Umständen die Rechenlast ein. Tor veröffentlicht dann den eingestellten Wert als Maximum.

Einige exemplarische Szenarien sollen den Einsatz der oben beschriebenen Optionen verdeutlichen. Ein Nutzer besitzt eine schnelle Internetverbindung und möchte einen Teil dieser Verbindung für den Tor-Server nutzen. Ihm reicht die Option `BandwidthRate`:

```
BandwidthRate 30 KB
```

Ein anderer Nutzer besitzt einen Server mit einer schnellen Internetverbindung, muss aber feststellen, dass seine CPU nicht in der Lage ist, alle Verbindungsanfragen zu beantworten, und daher Verbindungen verwirft. Er kann gezielt `MaxAdvertisedBandwidth` einsetzen:

```
MaxAdvertisedBandwidth 800 KB
```

Die genannten Optionen lassen sich kombinieren. Der Server im folgenden Beispiel bietet eine Bandbreite von 230 KB pro Sekunde an. Der Wert kann für einen kurzen Zeitraum bis auf 800 KB pro Sekunde ausgeweitet werden. Um nicht zu viele Verbindungsanfragen anzuziehen, gibt er an, über 500 KB Bandbreite zu verfügen:

```
BandwidthRate 230 KB
BandwidthBurst 800 KB
MaxAdvertisedBandwidth 500 KB
```

Je nach Leistung Ihres Servers und der verfügbaren Bandbreite müssen Sie probieren und entscheiden, welche der Optionen für Sie die günstigste ist.

Im Allgemeinen sollten Sie die Bandbreite nicht zu weit heruntersetzen. Für das Netzwerk sind wenige schnelle Router besser als viele langsame. Wenn Ihnen ein begrenztes Transfervolumen zur Verfügung steht, sollten Sie Ihren Onionrouter so einstellen, dass er einen halben Monat Verkehr für das Tor-Netzwerk weiterleitet und dann ruht. Dies hat sich bislang als guter Kompromiss erwiesen.

Exit Policy

Ein weiterer Baustein in der Flexibilität von Tor ist die Exit Policy. Hiermit legen Sie fest, ob Ihr Server Verbindungen nur innerhalb des Netzwerks weitergibt oder ob er als Austrittsserver agieren soll. Im Falle eines Austrittsservers bestimmen Sie, zu welchen Hosts bzw. mit welchen Diensten sich Ihr Tor-Server verbinden darf.

Die Regeln werden von oben nach unten ausgewertet, und die erste zutreffende Regel wird angewendet. Diese Funktionsweise sollten Sie bei der Konfiguration der Exit Policys berücksichtigen, um unerwünschte Effekte zu vermeiden.

```
ExitPolicy reject *:*
```

Dies entspricht der Standardeinstellung. Sie legt fest, dass zu keinem Rechner außerhalb des Tor-Netzwerks eine Verbindung aufgenommen werden darf. Standardmäßig werden zudem Verbindungen zu privaten IP-Adressen (127.0.0.1, 10.0.0.0/8, 192.168.0.0/16 usw.) *nicht* weitergeleitet. Tor erlaubt es, explizit Verbindungen zuzulassen (`accept`) oder zurückzuweisen (`reject`). Dies kann sowohl von IP-Adressen als auch von Ports abhängig gemacht werden. Folgende Beispiele verdeutlichen dies:

```
ExitPolicy accept *:80
ExitPolicy accept *:443
ExitPolicy reject *:*
```

Hiermit wird dem Server erlaubt, zu allen HTTP- bzw. HTTPS-Servern außerhalb des Tor-Netzwerks Kontakt aufzunehmen. Alle anderen Verbindungen werden blockiert.

```
ExitPolicy accept 192.0.2.42:*
ExitPolicy reject 192.0.2.0/24:*
ExitPolicy accept *:20-100
ExitPolicy reject *:*
```

Dieses Beispiel zeigt eine komplexere Einstellung. Der Zugriff auf alle Ressourcen, die mit der IP-Adresse 192.0.2 beginnen, wird mit einer Ausnahme verboten. Die Ausnahme besagt, dass auf die IP-Adresse 192.0.2.42 zugegriffen werden darf. Weiterhin erlaubt diese Einstellung alle Verbindungen zu einem Port, der zwischen 20 und 100 liegt. Alle weiteren Verbindungen werden nur innerhalb des Netzwerks weitergeleitet.

```
ExitPolicy accept 192.0.2.42:*
ExitPolicy accept *:20-100
ExitPolicy reject 192.0.2.0/24:*
ExitPolicy reject *:*
```

Diese Einstellung sieht der oben aufgeführten sehr ähnlich. Jedoch ist die zweite mit der dritten Zeile vertauscht. Damit ändert sich die Exit Policy.

Zunächst wird jegliche Verbindung zur IP-Adresse 192.0.2.42 und zu beliebigen Ports zwischen 20 und 100 erlaubt. Danach werden sowohl Verbindungen zu IP-Adressen der Form 192.0.2.x als auch zu anderen IP-Adressen verboten. Der wesentliche Unterschied zu der obigen Exit Policy ist, dass dieses Regelwerk auch Verbindungen zu den IP-Adressen 192.0.2.x auf den Ports zwischen 20 und 100 zulässt. Dies war im vorigen Beispiel verboten.

In der Praxis empfiehlt es sich, zumindest Verbindungen zu den bekannten Tauschbörsenports zu unterbinden. Tauschbörsen verursachen einerseits hohen Traffic und andererseits beansprucht die Vielzahl der Verbindungsanfragen eine hohe Rechenlast auf Ihrem Tor-Server.

Brücken zum Tor-Netzwerk

Es gibt Institutionen oder Jurisdiktionen, die die Benutzung des Internet zensieren. Am bekanntesten ist die *Great Firewall of China*. Mittels verschiedener Techniken wird versucht, kritische Webseiten zu sperren. Da sich Tor eignet, diese Sperren zu umgehen, wird den Anwendern dessen Benutzung verboten. Die Entwickler von Tor versuchen deshalb, Techniken einzubauen, die Blockaden umgeht. Eines davon sind sogenannte Brückenserver. Wie der Name schon sagt, bauen diese Server anderen Nutzern eine Brücke in das Tor-Netzwerk. Diese verbinden sich mit dem Brückenserver, der eine Verbindungungsstrecke ins Netzwerk aufbaut, die Daten empfängt und an die Nutzer wieder zurückgibt. Die Software verschleiert nach Möglichkeit die Identität der Brückenserver. Ein zentraler Server, auf dem diese sich bekannt machen müssen, ist ebenfalls nicht zwingend vorgeschrieben. Dadurch wird es einem Angreifer sehr schwer gemacht, Tor effektiv zu sperren.

Um als Client einen Brückenserver zu nutzen, benötigen Sie zunächst Angaben zu den Servern. Wie in Abschnitt 4.2.2 beschrieben, erhalten Sie diese direkt vom Betreiber (`https://bridges.torproject.org/`) oder per E-Mail an die Adresse `bridges@torproject.org`. Beispielhaft sehen Sie unten eine Ausgabe der Webseite:

```
Here are your bridge relays:

bridge 192.0.2.12:9009
bridge 192.0.2.213:80
[...]
```

Nun können Sie die Funktion in der `torrc` aktivieren.

```
UseBridges 1
bridge 192.0.2.12:9009
bridge 192.0.2.213:80
```

Damit legen Sie fest, dass alle Verbindungen zu einem Verzeichnisserver verschlüsselt erfolgen (`TunnelDirConns`) und dass der Brückenserver auf der IP-Adresse 192.0.2.12 mit dem Port 9009 erreichbar ist. Der auf den Port folgende Fingerprint kann auch weggelassen werden. Nach dem Neustart versucht Tor nun, immer über diesen Server eine Brücke ins Tor-Netzwerk aufzubauen.

Vidalia erleichtert Ihnen die Einrichtung der Brückenserver. Öffnen Sie das Vidalia Kontroll-Panel und wählen Sie **Einstellungen | Netzwerk | Mein Provider blockiert Verbindungen zum Tor-Netzwerk**. Unterhalb der Textfelder ist eine Schaltfläche **Jetzt eine Brücke finden**. Nachdem Sie diese angeklickt haben, bezieht die Software automatisch drei Adressen von Brückenservern und trägt diese ein. Sie müssen die Änderungen nur noch mit **OK** bestätigen. Alternativ können Sie in die Eingabezeile mit der Aufschrift **Eine Brücke hinzufügen** einen Wert eintragen. Dazu kopieren Sie eine Zeile, die mit `bridge` beginnt, fügen diese ein und klicken auf die Schaltfläche mit dem grünen Plussymbol (siehe Abbildung 4.25).

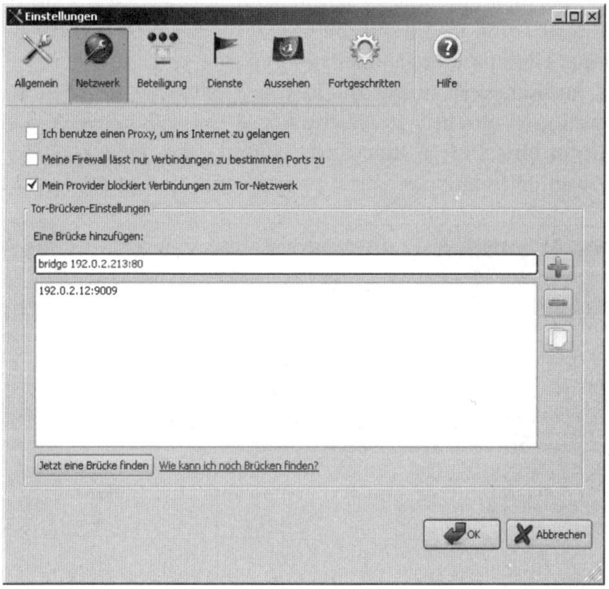

Abbildung 4.25: Einstellung eines Brückenservers in Vidalia

Die Einrichtung eines Brückenservers ist ähnlich der eines Tor-Servers (Seite 183). Sie vergeben einen `NickName`, legen den `ORPort` fest und beschränken eventuell die Bandbreite. Es ist empfehlenswert, den Port 443 als OR-Port zu wählen. Eine Exit Policy ist nicht notwendig, da der Server nur Verbindungen in das Tor-Netzwerk weiterleitet. Manchmal wird empfohlen, diese vorbeugend auf `ExitPolicy reject *:*` einzustellen. Zusätzlich können Sie einen Port festlegen, über den Ihr Server Verzeichnisinformationen verteilt (`DirPort`), und entscheiden, ob er in einem Verzeichnisserver aufgelistet werden soll:

```
Nickname meinebruecke
ORPort 443
RelayBandwidthRate 30 KB
RelayBandwidthBurst 100 KB
DirPort 9030
PublishServerDescriptor bridge
BridgeRelay 1
```

Im obigen Beispiel wird die maximal für den Brückenserver verfügbare Bandbreite auf 30 KB festgelegt. Einmalige Spitzen können bis zu 100 KB betragen. Die Optionen `PublishServerDescriptor` und `BridgeRelay` bestimmen, dass sich dieser Server bei einem Verzeichnisserver anmeldet. Wenn Sie dies nicht wollen, legen Sie als Wert 0 statt `<bridge>` fest oder setzen den Wert der Option `BridgeRelay` auf `0`.

Wie bei der Nutzung von Brückenservern erlaubt Vidalia auch die Konfiguration eines Servers über die Programmoberfläche. Hierzu öffnen Sie das Vidalia Kontroll-Panel und dann die Einstellungen zu einem Brückenserver (**Einstellungen | Beteiligung | Nutzern helfen, die einer Internetzensur unterliegen, das Tor-Netzwerk zu nutzen**. In die Textfelder sind die entsprechenden Informationen einzutragen (siehe Abbildung 4.26). Sollten Sie sich über die Bedeutung einzelner Felder im Unklaren sein, bewegen Sie die Maus über das jeweilige Eingabefeld und es erscheint eine kurze Erklärung.

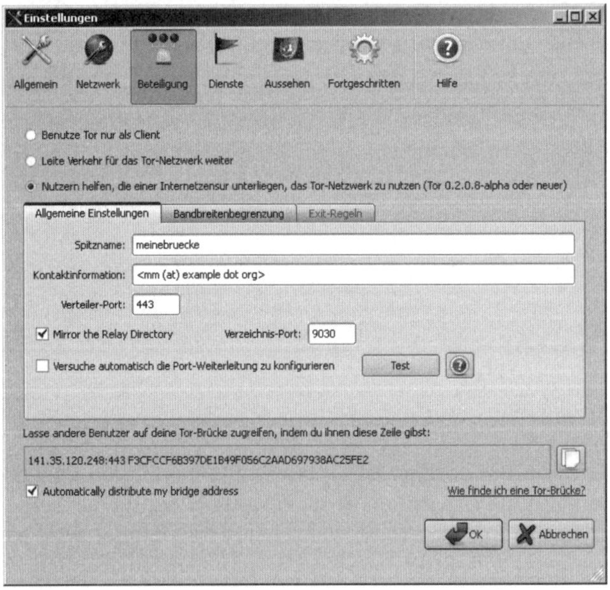

Abbildung 4.26: Einrichtung eines Brückenservers in Vidalia

Sie sollten nicht erwarten, dass Ihr frisch eingerichteter Server sofort viel Datendurchsatz an sich zieht. Denn zum einen muss dieser von anderen

Nutzern ausgewählt werden und zum anderen könnte es sein, dass Ihr Dienst nicht über das Web oder per E-Mail weitergegeben, sondern als Reserve nur zu besonderen Zwecken veröffentlicht wird.

4.4.2 Versteckte Services

Bisher ging es immer darum, dass Sie Informationen anonym abrufen wollen. Jedoch kann es auch sein, dass Sie Informationen *anbieten* möchten, ohne dass der Abrufende erkennt, welche IP-Adresse er gerade anspricht. Die versteckten Services von Tor erfüllen diese Aufgabe. Sie können sowohl Webseiten als auch beliebige andere Angebote anonymisieren.

Bevor Sie den versteckten Service anbieten, muss das betreffende Angebot eingerichtet werden. Wenn Sie beispielsweise eine anonyme Internetpräsenz betreiben wollen, müssen Sie zunächst den Webserver konfigurieren und die Webseiten dort bereitstellen. Der betreffende Dienst sollte so konfiguriert werden, dass seine Daten nicht über das öffentliche Netz erreichbar sind. Andernfalls könnte sich ein Angreifer mit dem versteckten Service verbinden und somit dessen Identität aufdecken.

Danach wird der versteckte Service eingerichtet. Tor bietet dazu eine einfache Schnittstelle. In `torrc` müssen die Optionen `HiddenServiceDir` und `HiddenServicePort` angepasst werden. Die erste Option legt fest, in welches Verzeichnis Informationen zum versteckten Service geschrieben werden. Das Verzeichnis enthält in der Regel den Hostnamen und den privaten Schlüssel des versteckten Service. Die Option `HiddenServicePort` konfiguriert den virtuellen Port für Ihren Service, der in der Regel dem realen Port entspricht.

```
HiddenServiceDir /var/lib/tor/hiddenservice
HiddenServicePort 80 127.0.0.1:80
```

In dem Beispiel werden die Informationen im Verzeichnis `/var/lib/tor/hiddenservice` gespeichert und Tor angewiesen, den versteckten Service auf dem virtuellen Port 80 anzubieten. Der Webserver, an den die Anfragen weitergegeben werden, ist an Port 80 an der lokalen Schnittstelle gebunden.

Tor wird nach der Änderung der Konfiguration neu gestartet. Der versteckte Service wählt einige Eintrittsserver und veröffentlicht den Hostnamen, die gewählten Eintrittsserver und einige weitere Daten bei einem Verzeichnisserver (siehe Abschnitt 4.2.1). In der Beispielkonfiguration befindet sich der Hostname in der Datei `/var/lib/tor/hiddenservice/hostname` und könnte `5zbnzbkgzdmjtjhc.onion` lauten.

Wenn Sie mehrere Dienste auf einem Rechner anbieten wollen, genügt es, die Option `HiddenServicePort` mehrfach anzugeben. Die Dienste sind dann unter demselben Hostnamen erreichbar. Möchten Sie die Dienste auf unterschiedlichen Hostnamen erreichbar machen, so legen Sie für jeden

Dienst die Option `HiddenServiceDir` und `HiddenServicePort` extra fest. Tor erzeugt dann pro Verzeichnis einen Hostnamen.

Ihr versteckter Service ist nun innerhalb des Tor-Netzwerks zu erreichen. Um mit dem Dienst Kontakt aufzunehmen, muss ein anderer Nutzer den Hostnamen kennen. Zur Publikation des Hostnamens bietet sich zum Beispiel das versteckte Wiki[86] an. Es listet verschiedene versteckte Dienste nach Themen auf. Sie können Ihren Dienst dort hinzufügen.

[86] `http://hy2644uxnz6zwt6c.onion/`

Kapitel 5

JonDonym

5.1 AN.ON und JAP/JonDonym

Eine hauptsächlich in Deutschland konzipierte und entwickelte Anonymisierungslösung ist das Projekt „AN.ON – Anonymität.Online", das aus einer Arbeit des Unabhängigen Landeszentrums für Datenschutz Schleswig-Holstein (ULD) hervorgegangen ist. Es startete unter dem Namen „WAU – Webzugriff anonym und unbeobachtbar" und sollte die Vorarbeit zu einem Anonymisierungsdienst bieten. Zum Jahreswechsel 2000/1 startete dann AN.ON als Kooperationsprojekt der TU Dresden und des ULD. Später kam als weiterer Partner die Universität Regensburg hinzu.

Die Software wurde unter dem Namen JAP (JAP AN.ON Proxy[1]) der Öffentlichkeit zur Verfügung gestellt. JAP basiert auf der Arbeit von Prof. Andreas

[1] Gelegentlich wird die Software auch als „Java Anon Proxy" bezeichnet. Sun Microsystems bzw. Oracle haben strenge Regeln für die Benutzung des Namens „Java".

Pfitzmann.[2] Er hatte Anfang der 1990er Jahre das Konzept der MIX-Netze vorgeschlagen. Damals begann die Deutsche Bundespost, bundesweit ISDN anzubieten. Pfitzmann erkannte, dass die Technik leicht abzuhören ist und ein Angreifer sowohl auf die Verbindungsdaten wie auch auf die Inhalte der Kommunikation Zugriff haben kann. Sein Vorschlag lehnte sich an die ursprünglich von David Chaum vorgeschlagenen Mixe an. JAP stellt verschiedene Mixkaskaden zur Verfügung. Innerhalb einer Mixkaskade stehen verschiedene Mixe. Jeder nimmt verschlüsselte Nachrichten entgegen und leitet diese an einen vorher feststehenden anderen Mix weiter.

Pfitzmann hatte in früheren Arbeiten erkannt, dass feststehende Routen in einem Netz theoretisch sicherer sind als frei vom Nutzer wählbare. Wie Chaum bereits beschreibt, genügt ein zuverlässiger Mix in der Kette, um die Anonymität der Nachrichten zu sichern. Dazu sollten die einzelnen Mixe möglichst in unterschiedlichen rechtlichen Gebieten liegen und von unabhängigen Organisationen betrieben werden. Doch gerade diese Anforderung konnte das Projekt in den Anfängen nicht erfüllen. Im Wesentlichen gab es eine nutzbare Mixkaskade namens Dresden–Dresden, über die der Hauptteil des gesamten Traffic lief. Die Kaskade bestand aus einem oder mehreren Rechnern innerhalb der TU Dresden und war letztlich einer der Gründe, warum der Dienst erfolgreich angegriffen werden konnte.

Mittlerweile ist die öffentliche Förderung für das Projekt ausgelaufen. Gegen Mitte des Jahres 2007 wurde der kommerzielle Dienst JonDonym der JonDos GmbH[3] vorgestellt. Er stellt die Software JonDo zur Verfügung, die nichts anderes als der umbenannte alte JAP Anon Proxy ist. Der Funktionsumfang ist derzeit noch mit JAP identisch, allerdings wird JonDo weiterentwickelt.

Die Firma JonDos übernimmt eine Mittlerrolle zwischen Benutzern und Betreibern von Mixen und erkauft über verschiedene Bezahlwege Zugangsberechtigungen an seine Kunden, die sogenannten *JonDonauten.* Der Zugang wird im Voraus bezahlt und dann nach genutztem Datenvolumen abgerechnet. Die Firma bezahlt mit ihren Einnahmen wiederum die Mixbetreiber und versucht, neue Betreiber für das Projekt zu gewinnen. Derzeit ist noch offen, ob genügend Kunden für den Dienst bezahlen werden, um weiterhin ein tragfähiges Angebot darstellen zu können.

5.1.1 Funktionsweise von JAP bzw. JonDonym

Die Anonymisierungslösung besteht aus dem Clientprogramm JAP bzw. JonDo, den verschiedenen Mixen und einem InfoService. Die Mixe sind mit

[2] Andreas Pfitzmann, Birgit Pfitzmann, Michael Waidner, „ISDN-Mixes: Untraceable communication with very small bandwidth overhead“, in: Proceedings of the GI/ITG Conference on Communication in Distributed Systems, Februar 1991, S. 451–463. `http://www.semper.org/sirene/publ/PfPW_91TelMixeGI_NTG.ps.gz`

[3] `http://www.jondos.de/`

den Chaumschen Mixen vergleichbar. Sie werden zu Ketten von Mixen, sogenannten Mixkaskaden, zusammengefasst. Die einzelnen Mixe einer Kaskade können vom Benutzer nicht bestimmt werden.

JonDo selbst läuft auf dem Rechner des Nutzers. Die Software ist in Java geschrieben und wird als Proxy im Browser eingestellt. Im Gegensatz zu Tor ist JonDo jedoch kein SOCKS-Proxy, sondern kann als normaler HTTP-, HTTPS- oder FTP-Proxy genutzt werden. Deshalb ist auch keine zusätzliche Hilfsanwendung nötig, um die SOCKS-Probleme zu lösen. Innerhalb des Programms wählt ein Nutzer eine Mixkaskade, die künftig für alle zu anonymisierenden Verbindungen genutzt wird. Nach der Wahl der Kaskade zeigt JonDo die derzeitige Nutzerzahl sowie den geschätzten Grad an Anonymität.

Wenn Sie eine Verbindung zu einer Webseite aufnehmen wollen, empfängt JonDo diese Anfrage und erzeugt einen ersten symmetrischen Schlüssel. Danach generiert er ein Paket aus dem Schlüssel, den Kopfdaten, der eigentlichen Anfrage des Browsers und eventuell zufälligen Daten. Die ersten 128 Byte werden mit dem öffentlichen Schlüssel des letzten Mixes in der Kaskade und der Rest der Nachricht mit dem erzeugten symmetrischen Schlüssel kodiert. Nun erzeugt JonDo einen zweiten symmetrischen Schlüssel und führt dieselbe Operation für den vorhergehenden Mix in der Kette aus. Dieser Vorgang wird für jeden weiteren Mix wiederholt. Am Ende erzeugt JonDo eine zufällige Nummer, die *Kanal-ID*. Diese wird zusammen mit den symmetrischen Schlüsseln gespeichert, und die Software sendet das Paket an den ersten Mix in der Kaskade.

Der erste Mix der Kaskade entschlüsselt die ersten 128 Bytes mit seinem geheimen Schlüssel. So erfährt er den symmetrischen Schlüssel und kann den Rest der Nachricht entschlüsseln. Er erzeugt eine Kanal-ID und merkt sich die vorige Kanal-ID, seine eigene Kanal-ID sowie den symmetrischen Schlüssel und schickt die Nachricht an den nächsten Mix. Jeder weitere Mix verfährt ebenso, bis das Paket den Endpunkt der Kaskade erreicht.

Der letzte Mix kann dann die Nachricht vollständig entschlüsseln und die Anfrage des Browsers erkennen. Er baut eine Verbindung zur Webseite auf und empfängt deren Antwort. Danach generiert er zwei Nachrichten. Eine besteht aus der Antwort des Webservers, die andere aus zufälligen Daten sowie einer Markierung, dass die Verbindung beendet wird. Der Mix verschlüsselt beide Antworten mit dem symmetrischen Schlüssel aus der ersten Nachricht und baut daraus wieder ein Mixpaket. Dieses schickt er über die Mixkaskade zum Empfänger zurück. Der nächste Server sucht in seinen gespeicherten Daten nach der Kanal-ID und dem zugehörigen Schlüssel. Er verschlüsselt wiederum die Nachricht und schickt sie weiter. Der letzte Mix in der Kette übergibt die Pakete an JonDo. Das Programm kann die Daten entschlüsseln und gibt die Antwort an den Browser weiter. Zudem erhält JonDo auch das markierte Paket, woraufhin es die Verbindung zum Browser beendet.

Alle Mixe innerhalb einer Kaskade sammeln zunächst Pakete und geben diese dann in zufälliger Reihenfolge an den nächsten Mix weiter. Dadurch soll es einem Angreifer schwerer gemacht werden, die Pakete zuzuordnen. Im Gegensatz zu Tor sind die Routen immer fest gewählt. Der Nutzer hat zwar meist die Wahl zwischen mehreren Mixkaskaden, jedoch bleiben diese solange gleich, bis der Nutzer eine neue Kaskade wählt. Weiterhin senden die Mixe untereinander Pseudonachrichten. Dies soll die Zuordnung der echten Pakete erschweren und ist wohl einer der Haupthinderungsgründe für die flächendeckende Verbreitung von Servern. Denn nach Angaben der Betreiber[4] erfordert JonDos einen Server mit mindestens 100 MB Datendurchsatz pro Sekunde.

Die bestehenden Mixe verbrauchen monatlich mehrere Terabyte Netzverkehr. Bislang waren derartige Volumina selbst für engagierte Privatnutzer kaum zu bezahlen. Mittlerweile gibt es einige Serveranbieter, die unbegrenzten Netzverkehr zu sehr günstigen Konditionen anbieten. Hier wird sich zeigen, ob diese auch für Anwendungen wie JonDo geeignet sind. Des Weiteren werden auch an den Betrieb und die Pflege eines Mixes hohe technische und organisatorische Anforderungen seitens der JonDos GmbH gestellt. Daher ist auch weiterhin zu erwarten, dass sich die Zahl der Server in engen Grenzen halten wird. Derzeit listet JonDos 16 Betreiber, davon mehr als die Hälfte mit Sitz in Deutschland, auf.[5]

5.1.2 Angriffe gegen JAP bzw. JonDonym

Ebenso wie Tor ist JonDonym auf kurze Antwortzeiten ausgelegt; daher sind die möglichen Angriffsarten ähnlich wie bei Tor. Zu JAP bzw. JonDonym liegen keine Forschungsergebnisse vor, wie dies bei Tor der Fall ist. Daher sind die folgenden Angriffsbetrachtungen eher theoretischer Art.

Ein Angreifer könnte ein Paket zurückhalten und dann JonDonym mit eigenen Paketen fluten (siehe auch Abschnitt 3.6.2). An einem bestimmten Punkt kann er dann sicher sein, dass nur noch seine Pakete im Netz sind, und das zurückgehaltene Paket auf die Reise schicken. Am Ende der Mixkaskade erkennt er, wohin das eine fremde Paket geht, und kann so Sender und Empfänger zuordnen. Dem Angreifer kommt hier die Architektur von JonDonym entgegen, denn er erkennt, welches der erste Mix in der Kaskade ist, und schließt aus den feststehenden Mixkaskaden auf den Ausgangsmix. Insofern muss er nicht das komplette Netz überwachen, sondern nur eine Teilmenge. Im derzeitigen Ausbau des Netzes ist wegen der relativ großen Anzahl von Benutzern ein solcher Angriff jedoch schwer durchzuführen. Diese senden in sehr schnellen Abständen Pakete an die Kaskaden. Somit ist es für den Angreifer sehr schwierig, nur eigene Pakete einzuschleusen.

[4] `http://www.jondos.de/de/mixOperators`

[5] `http://anonymous-proxy-servers.net/de/organisation/mix-betreiber`

Auch die bei Tor vorgestellte Fingerprintingattacke (Abschnitt 4.2.2), d. h. der Vergleich zwischen empfangenen Bytes mit der Struktur verschiedener Webseiten, ist auf JonDonym anwendbar. Die Erfolgsaussichten sind, wie auch bei Tor, schwer zu beurteilen.

Im Allgemeinen fehlt den Wissenschaftlern bisher eine genaue Erkenntnis, um den Einfluss zu bestimmen, den der Versand von Pseudonachrichten auf die Anonymität des Gesamtsystems hat.[6] Das Tor-Projekt hat sich aufgrund der bisher vorliegenden Forschungsergebnisse, eigener Einschätzungen der Entwickler und des negativen Einflusses auf die Antwortzeiten gegen den Versand der Pseudonachrichten entschieden. Die Entwickler von JAP hingegen hielten diesen Dummytraffic für sinnvoll. Bislang wurden keine Forschungsarbeiten veröffentlicht, die eine Tendenz erkennen lassen. Daher bleibt unklar, welche Strategie die bessere ist.

Ein weiterer wichtiger Angriff ist das Wiedereinschleusen von abgehörten Nachrichten (Replayattacke). Durch wiederholtes Einschleusen von Nachrichten lassen sich mit immer größerer Sicherheit Sender und Empfänger einander zuordnen. JAP schützt sich dadurch, dass jeder Mix Prüfsummen der bearbeiteten Pakete speichert. Wenn ein neues Datenpaket eintrifft, wird zuerst geprüft, ob dafür schon ein Eintrag vorliegt. Falls dem so ist, wird die Nachricht ignoriert. Der Mix prüft alle Pakete, die innerhalb eines bestimmten Zeitraums verarbeitet werden. Sollte ein eintreffendes Paket außerhalb des Zeitraums liegen, wird es ebenfalls verworfen. So schützt sich die Software vor einem übermäßigen Speicherverbrauch. Aufgrund der Maßnahmen kann dieser Angriff nicht erfolgreich durchgeführt werden.

Neben den obigen theoretischen Betrachtungen gab es bisher einen Vorfall, mit dem die Daten eines Nutzers aufgedeckt wurden. Es begann mit einem Beschluss des Amtsgerichts Frankfurt. Dieses verpflichtete die Entwickler, eine Funktion in die Software einzubauen, die festgelegte IP-Adressen über einen definierten Zeitraum speichert. Die entsprechende Funktion wurde unter dem Namen *Crime Detection* implementiert und ist auch heute noch einsatzbereit. Von Seiten des Projekts gab es darüber keine Benachrichtigung. Ende Juli 2003 entdeckte dann ein Nutzer die fraglichen Zeilen im Quellcode und machte diese öffentlich.[7] Diese Veröffentlichung führte zu einem Sturm der Entrüstung und einem massiven Vertrauensverlust. Zahlreiche Dokumente zeugen auch heute noch davon.

[6] Claudia Díaz und Bart Preneel, „Reasoning about the Anonymity Provided by Pool Mixes that Generate Dummy Traffic", in: Proceedings des 6th Information Hiding Workshop (IH 2004), Toronto, Mai 2004. `https://www.cosic.esat.kuleuven.be/publications/article-95.pdf`

[7] Captain FUD JAP compromised, privacy community panics. In Newsgruppen `alt.privacy`, `alt.privacy.anon-server`, `alt.fan.unabomber`, Juli 2003. `http://groups.google.com/group/alt.privacy.anon-server/msg/c5ee4bb5a0161f9e`

Die fehlenden Reaktionen von Seiten der Projektverantwortlichen trugen zusätzlich zur Verunsicherung bei. Als später weitere Details bekannt wurden, war auch klar, warum sie zu dem Vorfall geschwiegen hatten, denn es fanden Ermittlungen des Bundeskriminalamtes (BKA) statt. Wenn involvierte Personen Informationen zu laufenden Verfahren veröffentlichen, machen sie sich strafbar. Später wurde eingeräumt, nicht adäquat reagiert zu haben und zu unvorbereitet gewesen zu sein.

Die „Crime Detection" wurde also auf gerichtliche Anordnung hin aktiviert, um die Verbindungen eines bestimmten Nutzers aufzuzeichnen. Der Beschluss des Amtsgerichts wurde aber schon am 11. Juli 2003 wieder aufgehoben; wegen eines „technischen Fehlers" erhielten die Projektverantwortlichen diese Information aber erst Ende August 2003. Die Entwickler deaktivierten die Funktion in der Mixkaskade daraufhin wieder. Jedoch war in der Zeit der Aufzeichnung ein Datensatz angefallen. Dieser wurde in der TU Dresden aufbewahrt, und die Verantwortlichen verweigerten die Herausgabe an die Strafverfolgungsbehörden. Ihrer Meinung nach sollte das Landgericht über die weitere Verwendung entscheiden.

Der Vorgang nahm jetzt jedoch eine unerwartete Wendung: Den Beamten des BKA gelang es, einen Durchsuchungs- und Beschlagnahmungsbeschluss zu erlangen. Mit diesem suchten sie die private Wohnung des zuständigen Direktors des Instituts für Systemarchitektur auf. Er musste zwischen der Durchsuchung seines Instituts inklusive eventueller Beschlagnahmung wesentlicher Rechner oder der Herausgabe des Datensatzes abwägen. Er entschied sich, den entsprechenden Datensatz an die Beamten auszuhändigen. Die zuständigen Personen von AN.ON legten Beschwerde ein, und in mehreren Gerichtsverhandlungen wurde schließlich entschieden, dass das Vorgehen des BKA rechtswidrig war.[8] Zu dem Vorfall wurde im September 2003 ein Bericht veröffentlicht.[9]

Der Angriff wurde erst möglich bzw. enorm erleichtert durch die Tatsache, dass die Mixkaskade Dresden–Dresden, also Mixe innerhalb derselben Organisation, betroffen war. Ähnliche Probleme dürften auch bei Mixkaskaden nicht auszuschließen sein, die zwar aus räumlich und organisatorisch getrennten Servern bestehen, sich aber vollständig innerhalb eines einheitlichen Rechtsgebietes befinden. Eine erhöhte Sicherheit ist erst dann gegeben, wenn die Mixe sich in Gebieten mit unterschiedlicher Rechtsprechung befinden. Denn einerseits ist es dann möglich, die Protokollierungsfunktion nicht in die Software mit einzubauen. Damit sind die obigen Möglichkeiten ausgeschaltet. Andererseits wird es für Behörden deutlich schwieriger, in einem fremden Rechtsraum ihre Wünsche durchzusetzen.

8 Pressemitteilung des ULD: `https://www.datenschutzzentrum.de/material/themen/presse/anonip4.htm`

9 Helmut Bäumler, Hannes Federrath, Claudia Golembiewski, „Bericht zum Vorgehen von Strafverfolgungsbehörden gegen das Projekt 'AN.ON – Anonymität.Online'", September 2003. `http://anon.inf.tu-dresden.de/strafverfolgung/bericht.pdf`

Auf jeden Fall haben diese Vorfälle das Vertrauen in das Projekt schwer erschüttert. Erst nachdem die Projektpartner die Informationen an die Öffentlichkeit brachten, gelang es ihnen, einen Teil des Vertrauens wiederzugewinnen. Die Software enthält aber auch heute noch die Crime-Detection-Funktion; sie kann angeblich nach entsprechendem Ersuchen deutscher Behörden jederzeit aktiviert werden.

5.2 Der praktische Einsatz von JonDo

Nach den theoretischen Hintergründen soll dieser Abschnitt zeigen, wie JonDo zu installieren und zu benutzen ist. Dabei lernen Sie JonDoFox kennen. Dies ist ein speziell präpariertes Profil für den Mozilla Firefox zur Benutzung mit JonDo.

5.2.1 Vorbereitungen für die Installation

JonDo ist in der Programmiersprache Java geschrieben und steht für GNU/Linux, Mac OS X und Windows zum Download bereit.[10] Daher sollte das Java Runtime Environment (JRE) installiert sein.[11] Um das zu prüfen, öffnen Sie die Java-Webseite.[12] Nach kurzer Wartezeit zeigt die Seite die Java-Version und das verwendete Betriebssystem an. Wenn Sie stattdessen den Text „Something is wrong. Java is not working." sehen, so konnte das Java-Plugin im Browser nicht gestartet werden. Das heißt, dass entweder kein Java installiert ist oder dass im Browser die Ausführung von Java verboten wurde. Ein alternativer Weg geht über den Aufruf der ausführbaren Datei. Dazu öffnen Sie unter GNU/Linux ein Terminal (konsole, gnome-terminal, xterm etc.) oder drücken `[Strg]+[Alt]+[F1]`. Windows-Nutzer klicken auf **Start | Ausführen** und führen `cmd` aus. Geben Sie in der Kommandozeile `java -version` ein. Fehlt das JRE, liefert zum Beispiel GNU/Linux:

```
user@linux:~ $ java -version
java -version: Datei oder Verzeichnis nicht gefunden
```

Unter Windows sieht die Meldung ähnlich aus. Ist das JRE installiert, geben GNU/Linux und Windows jeweils Folgendes zurück:

```
C:\> java -version
java version "1.6.0_33"
Java(TM) SE Runtime Environment (build 1.6.0_33-b04)
Java HotSpot(TM) Client VM (build 1.6.0_33-b04, mixed mode, sharing)
```

10 `http://anonymous-proxy-servers.net/de/jondo/download`

11 Derzeit werden die Distributionen von Oracle (früher Sun), OpenJDK, IcedTea und Apple-Java unterstützt.

12 `https://www.java.com/de/download/testjava.jsp`

Bei einer Fehlermeldung müssen Sie vor der JonDo-Installation das JRE auf Ihrem Rechner installieren. Das JonDo-Paket für Windows bringt ein aktuelles JRE mit, das gegebenenfalls installiert wird. Die untenstehende Beschreibung richtet sich daher vorwiegend an Nutzer von GNU/Linux-Systemen.

Das Java Runtime Environment gibt es für verschiedene Betriebssysteme bei Oracle (früher Sun Microsystems).[13] Laden Sie es herunter und starten Sie das Installationsprogramm. Es installiert das JRE und trifft alle notwendigen Einstellungen.

Verschiedene Linux-Distributionen ermöglichen es, die Java-Variante von Oracle oder die Freie Software OpenJDK[14] über den Paketmanager zu installieren. Linuxnutzer, deren Distribution nicht über eine Installationsroutine verfügt bzw. die diesen Weg nicht gehen wollen, laden entweder bei Oracle die ihnen angebotene Datei herunter oder finden auf der Seite `http://openjdk.java.net/install/` reichhaltige Informationen zur Installation auf ihrer Linuxvariante. Bei der Version von Oracle handelt es sich um ein Shellskript, das die Installation startet:

```
linux:~ # sh jre-*-linux-*.bin
```

Mit der Leertaste gelangen Sie an das Ende der Lizenzinformationen und können der Lizenz zustimmen. Danach wird ein Verzeichnis angelegt und das JRE dahin entpackt. Sie finden dort die ausführbaren Dateien im Unterverzeichnis `bin`. Die Dokumentation von Oracle[15] empfiehlt, die Umgebungsvariable `PATH` anzupassen:

```
user@linux:~ $ PATH="/opt/jre1.6/bin:$PATH"
```

Hier wurde Java in das Verzeichnis `/opt/jre1.6` installiert und die Umgebungsvariable `PATH` um dessen Unterverzeichnis `bin` erweitert.

5.2.2 Installation von JonDo

Die Installation von JonDo kann auf verschiedenen Wegen erfolgen. JonDos bietet sowohl eine herkömmliche Installation auf der Festplatte wie auch als portable Anwendung zum Mitnehmen auf einem mobilen Datenträger an.

[13] `http://www.java.com/de/download/`
[14] `http://openjdk.java.net/`
[15] `http://docs.oracle.com/javase/6/docs/technotes/tools/linux/jdkfiles.html`

Installation unter Windows

Laden Sie die Software zunächst von den Downloadseiten[16] des Projektes herunter. Derzeit ist die Version 00.17.001 aktuell. Nach einem Doppelklick startet die Installationsroutine und fragt zuerst nach der Sprache, in der die Installation und später die Software ausgeführt werden soll. Nachdem Sie Ihre Auswahl getroffen haben, erscheint ein Begrüßungsbildschirm mit kurzen Informationen zum folgenden Installationsvorgang. Mit einem Klick auf **Weiter** erhalten Sie eine Auswahl zur Art der Installation. Sie können sich zwischen einer Installation auf die Festplatte (**JonDo-Desktop**) und einer Variante zum Mitnehmen (**JonDo-Portable**) entscheiden. Im ersten Fall werden Sie nach der Bestätigung Ihrer Auswahl (**Weiter**) aufgefordert, das Zielverzeichnis einzugeben. Standardmäßig wählt JonDo das Verzeichnis `C:\Programme\JonDo`. Das folgende Dialogfenster startet nach einem Klick auf **Installieren**, und nach erfolgreichem Abschluss wird Ihnen angeboten, die Software zu starten.

Wenn Sie sich für die portable Variante entschieden haben, müssen Sie im folgenden Fenster ein Verzeichnis wählen, in das alle zum Ausführen der Software benötigten Dateien kopiert werden, per Default `C:\Dokumente und Einstellungen\<nutzer>\JonDoPortable`. Nach dem Abschluss der Installation wird der Ordner in einem Explorerfenster geöffnet und gleichzeitig angeboten, die Software zu starten.

In beiden Fällen bietet das Installationsprogramm zuletzt den Download von JonDoFox an. Auf dessen Benutzung geht Abschnitt 5.2.3 ein.

Installation unter GNU/Linux

Nutzer debianbasierter Linux-Distributionen sind im Vorteil, denn JonDos bietet vorgefertigte Pakete an, die sich über den Paketmanager installieren lassen.

```
linux:~ # echo "deb http://debian.anonymous-proxy-servers.net \
  <VERSION> main"  >> /etc/apt/sources.list
user@linux:~ $ wget \
  http://anonymous-proxy-servers.net/downloads/JonDos_GmbH.asc
linux:~ # apt-key add JonDos_GmbH.asc
linux:~ # aptitude update && aptitude install jondo
```

Der Befehl in der ersten Zeile fügt der Datei `/etc/apt/sources.list` eine neue Quelle zum Download von DEB-Paketen hinzu. Dabei müssen Sie die Variable `<VERSION>` durch die entsprechende Variante der Linux-Distribution ersetzt werden. Laut JonDos[17] stehen derzeit lenny, squeeze, sid, karmic, lucid, maverick, natty und oneiric zur Verfügung.[18] Die Installa-

16 `http://www.anonym-surfen.de/jondo.html`
17 `http://anonymous-proxy-servers.net/de/jondo/download/linux`
18 Sollten Sie Linux Mint benutzen, so wählen Sie sid als `<VERSION>` aus.

tionsdateien sind mit dem OpenPGP-Schlüssel der JonDos GmbH signiert. Sie werden heruntergeladen und in den lokalen Schlüsselring eingebunden. Damit verifiziert das Installationsprogramm automatisch, ob das Paket wirklich unverändert heruntergeladen wurde. Die letzte Zeile aktualisiert die Paketinformationen und installiert das Paket `jondo`.

Nutzer anderer Distributionen finden ein gepacktes Archiv auf den Downloadseiten des Projekts.[19] Es ist einfach zu installieren.

```
user@linux:~ $ wget \
  http://anonymous-proxy-servers.net/downloads/jondo_linux.tar.bz2
user@linux:~ $ tar xvjf jondo_linux.tar.bz2
user@linux:~ $ cd jondo_linux
linux:~ # ./install_jondo <VERZEICHNIS>
```

Nach dem Download wird entpackt. Der Befehl `install_jondo` startet die Installation. Die Angabe des Verzeichnisses ist optional. Falls Sie sie weglassen, wird JonDo systemweit für alle Nutzer installiert. Hierfür sind die Rechte des Hauptbenutzers erforderlich. Geben Sie einen Verzeichnisnamen an, so installiert sich die Software in den entsprechenden Ordner.

Installation unter Mac OS

Unter Mac OS muss zuerst der Mozilla Firefox installiert sein. Sollte das noch nicht der Fall sein, holen Sie zunächst diesen Schritt nach und starten Sie den Browser einmal. Die Downloadseite[20] listet das Paket JonDo für MacOS.[21] Laden Sie dieses herunter. Im Ordner `Downloads` befindet sich die Datei und öffnet sich mit einem Doppelklick. Schließlich ziehen Sie das Programm JAP in den Ordner `Applications` bzw. `Programme`. Nun steht Ihnen die Software zur Benutzung zur Verfügung.

Persönliche Einstellungen

Beim ersten Start nach der Installation präsentiert JonDo ein Setup-Programm. In den zunächst erscheinenden Spracheinstellungen versucht es, voreingestellten Werte zu erkennen, und bietet diese als Vorauswahl an. Im nächsten Schritt ist zwischen der einfachen und der erweiterten Ansicht zu wählen. Beide sind sehr ähnlich; in der erweiterten Ansicht erhalten Sie lediglich einige Zusatzinformation zu den Verbindungen. Der nächste Bildschirm bietet detaillierte Informationen zur Browser-Einstellung. JonDo wird als Proxy auf der lokalen Schnittstelle (localhost) mit dem Port 4001 betrieben. Stellen Sie Ihre(n) Browser entsprechend der Anleitung ein und

[19] `http://anonymous-proxy-servers.net/downloads/jondo_linux.tar.bz2`
[20] `http://www.anonym-surfen.de/jondo.html`
[21] `https://anonymous-proxy-servers.net/downloads/JonDo.dmg`

wechseln Sie zum nächsten Installationsschritt. In diesem und im folgenden Dialog testet JonDo die Einstellungen.

Das Programm fordert Sie auf, die Anonymitätsfunktion zu aktivieren oder zu deaktivieren. Dazu gibt es in der Hauptansicht von JonDo eine Schaltfläche, die durch den Installationsdialog überdeckt im Hintergrund liegt. Verschieben Sie beide Fenster so, dass Sie zumindest den rechten Teil der Anwendung sehen. Die Schaltfläche zum Aktivieren und Deaktivieren der Anonymitätsfunktion ist etwa in der Mitte des Fensters. Klicken Sie auf **Aus** und öffnen Sie eine beliebige Webseite.

Sind sämtliche Einstellungen richtig getroffen, erscheint ein neues Fenster mit der Warnung „Der Anonymitätsmodus ist ausgeschaltet! Wollen Sie trotzdem weitersurfen?“. Bestätigen Sie die Meldung mit **Ja** und wechseln Sie zum Installationsassistenten. Sie können die grün hinterlegte Schaltfläche anklicken und zum nächsten Bildschirm wechseln (siehe Abbildung 5.1). Falls Sie diese Warnung nicht erhalten haben, bietet der Installationsassistent eine Reihe von Möglichkeiten zur Fehlerdiagnose. Wählen Sie die passende aus und wechseln Sie zum nächsten Dialog. Hier werden Ihnen Lösungsvorschläge unterbreitet. Sie sollten diese berücksichtigen und im Installationsassistenten den vorigen Schritt wiederholen.

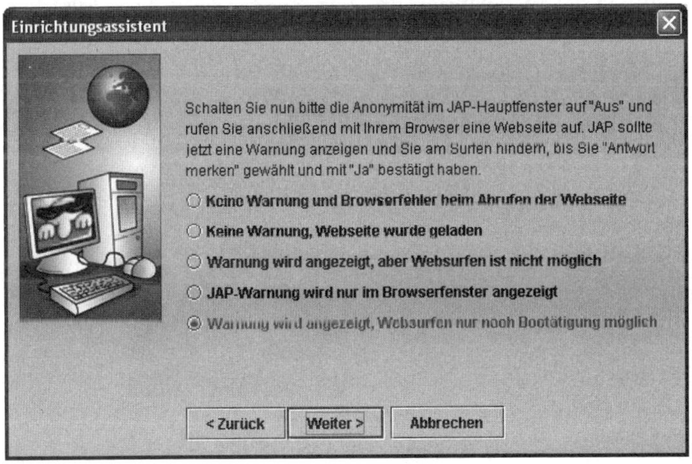

Abbildung 5.1: Installationsdialog für die ausgeschaltete Anonymitätsfunktion

Der nächste Dialog testet, ob Sie erfolgreich mit einer Mixkaskade verbinden können. Setzen Sie den Wert **Anonymität** in der Hauptansicht von JonDo auf **Ein** und rufen Sie erneut eine Webseite auf. Wenn die Webseite (eventuell nach kurzer Wartezeit) angezeigt wird, haben Sie erfolgreich eine Verbindung über JonDo aufgebaut. Sie können das grün unterlegte Feld bestätigen und zum nächsten Fenster wechseln (siehe Abbildung 5.2). Andernfalls bietet Ihnen der Installationsassistent wieder verschiedene Optionen mit passenden Lösungsvorschlägen an.

Abbildung 5.2:
Installationsdialog
für die aktivierte
Anonymitätsfunktion

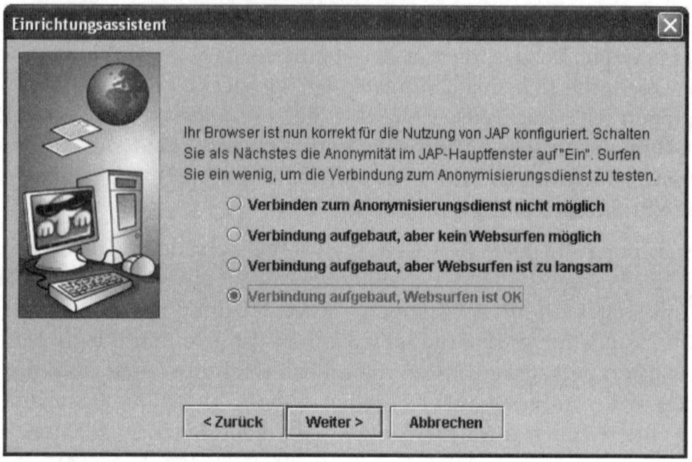

Die nächste Seite warnt Sie vor dem Einsatz aktiver Inhalte in Webseiten. Diese können Ihre Anonymität gefährden und sollten daher deaktiviert sein. Damit ist der Installationsvorgang abgeschlossen. Das Programm JonDo öffnet sich mit der gewählten Ansicht (Abbildung 5.3).

Abbildung 5.3:
Ansicht von JonDo
mit eingeschaltener
Anonymitätsfunktion

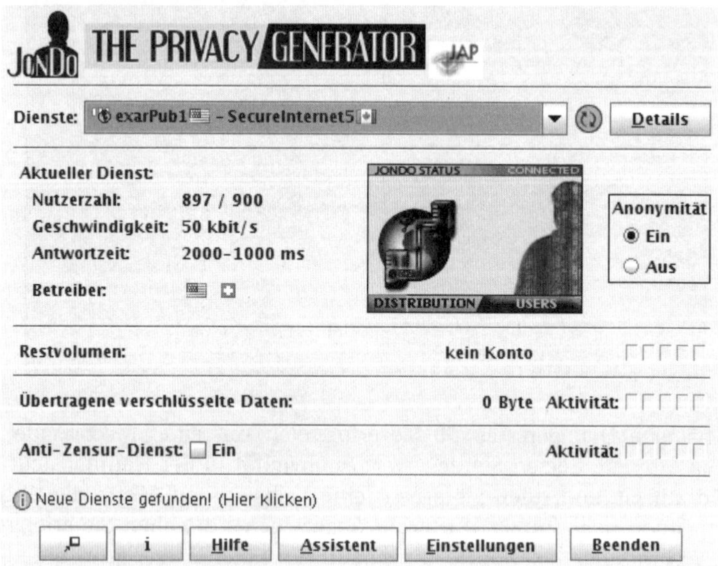

5.2.3 JonDoFox

JonDoFox ist ein Profil für den Mozilla Firefox. Es ist so eingestellt, dass alle Verbindung über JonDonym geleitet werden. Weiterhin werden eine Reihe nützlicher Erweiterungen für den Browser mitgeliefert. Damit versuchen die Entwickler von JonDonym sicherzustellen, dass jeder Nutzer gleiche Informationen über sich preisgibt, denn wenn es für jeden Betrachter den Anschein hat, als ob ein Nutzer mit Mozilla Firefox 10.0 und englischen Spracheinstellungen eine Webseite besucht, stärkt das die Anonymität des Einzelnen. Andernfalls lässt sich anhand der verschiedenen Versionen des Browsers, unterschiedlichen Spracheinstellungen und eventuell weiteren Unterschieden in der Konfiguration der Software eine Fragmentierung vornehmen. Ein Angreifer hat dann die Möglichkeit, Nutzergruppen oder sogar einzelne Nutzer zu identifizieren.

Die Downloadseite[22] von JonDoFox listet derzeit die Version 2.6.4 als aktuelle Variante und kann für Windows, GNU/Linux sowie Mac OS X heruntergeladen werden. Nach dem Download starten Sie `JonDoFox.paf.exe` (Windows) oder entpacken die Linuxvariante. Nutzer von Mac OS X öffnen zunächst die DMG-Datei und starten dann die Datei `JonDoFox_Install`.

Unter Windows öffnet sich ein Installationsdialog. Dieser fragt zuerst die Spracheinstellungen ab und zeigt danach einige Informationen zur Installation. Im Folgedialog wählen Sie zwischen einer portablen Variante oder einer Installation auf die Festplatte. Beide werden als Komplett- oder Minimalversion angeboten. Der Unterschied liegt in der Zahl der installierten Erweiterungen für den Firefox. Die Komplettversion liefert zahlreiche nützliche Helfer für den Browser mit. Erfahrene Benutzer haben zusätzlich die Möglichkeit, eine benutzerdefinierte Installation zu wählen. Hier können Sie jeden Bestandteil des Pakets selbst bestimmen. Nach Abschluss der Installation wird Firefox automatisch gestartet.

Linuxnutzer entpacken zunächst die Datei und starten danach das Skript. Dabei sollten Sie darauf achten, dass der Browser geschlossen ist.

```
user@linux:~ $ unzip profile_lite.zip
user@linux:~ $ ./install_linux.sh
installing profile.
JonDoFox successfully installed!
user@linux:~ $ firefox -P
```

Nach einem erneuten Aufruf des Firefox sehen Sie eine Übersicht der verfügbaren Profile. Wählen Sie JonDoFox aus, um das neu installierte Profil zu nutzen.

[22] `http://www.anonym-surfen.de/jondofox.html`

5.2.4 JonDo Live-CD

Ähnlich den Lösungen des Tor-Projekts (Abschnitt 4.3.12) bietet JonDonym ebenfalls eine Live-CD an.[23] Die Grundlage dieser CD ist die Linux-Distribution Debian. Neben der Anonymisierungssoftware JonDo und JonDo-Fox befinden sich das E-Mail-Programm Mozilla Thunderbird, die Videosoftware vlc, das Chatprogramm Pidgin sowie viele andere auf der CD. Die JonDo Live-CD ist in deutsch, englisch, französisch und spanisch erhältlich und hat derzeit die Version 0.9.11. JonDonym bietet des Weiteren eine Anleitung, wie von dem CD-Abbild ein bootfähiger USB-Stick kreiert werden kann.[24]

Nach dem Einlegen der CD erscheint zunächst das Menü **Boot menu**. In der Regel reicht es, die Vorauswahl **Live** zu bestätigen. Die Option **Live 686** hat Unterstützung für Pentium-II-kompatible Prozessoren. Sollten Sie einen solchen nutzen, so können Sie diesen Menüpunkt wählen. Im Zweifel sollte der erste Punkt genutzt werden. Erfahrene Nutzer können das Verhalten der CD weiter an die eigenen Bedürfnisse anpassen. Eine Übersicht aller Optionen erscheint nach dem Druck der Tab-Taste. Mit Enter startet die CD, und nach kurzer Wartezeit erscheint der Desktop. Die Live-CD verwendet als Desktop-Umgebung XFCE. Sie sehen nach dem Start einen blauen Bildschirm mit einigen Icons. Links unten befindet sich das Startmenü und rechts werden einige Applets angezeigt. Auf dem Desktop ist das Icon für JonDo zu finden. Ein Doppelklick ruft JonDo auf. Damit kann die Anwendung wie unten beschrieben benutzt werden.

Die Programme Thunderbird und Pidgin sind für die Benutzung mit JonDo vorkonfiguriert. Für Thunderbird müssen die Daten des Benutzerkontos eingetragen werden. Danach erfolgt der Abruf der E-Mails über eine anonymisierte Verbindung. Für Chats ist die Vorgehensweise ähnlich. Die Entwickler haben einige Accounts für XMPP/Jabber und IRC vorbereitet. Hier reicht es, den gewünschten Nutzernamen einzutragen. Bei beiden Angeboten ist es empfehlenswert, einen Premium-Dienst von JonDo zu besitzen. Sonst funktionieren der Versand und Empfang der E-Mails sowie die meisten der XMPP-Server nicht.

Weiterhin befinden sich die Programme dm-crypt sowie TrueCrypt[25] zur Festplattenverschlüsselung in der Sammlung. Damit lassen sich sowohl neue Datenträger verschlüsseln wie auch existierende verschlüsselte Datenträger einbinden und nutzen.

Metadaten in Bildern und Dokumenten schränken die Anonymität der Benutzer ein. So sind auf Fotos teilweise die Standortdaten zum Zeitpunkt der Aufnahme, das Kameramodell und anderes gespeichert. In Bürodokumenten finden sich die Namen der Nutzer, die das Dokument editiert ha-

[23] `http://www.anonym-surfen.de/jondo-live-cd.html`

[24] `http://www.anonym-surfen.de/help-live-cd/live-cd-2-usb-stick.html`

[25] `http://truecrypt.org/`

ben, Vorversionen der Dokumente und vieles mehr. Hierbei hilft die JonDo Live-CD. Die CD enthält Programme, die kompromittierende Daten entfernen. So ist das Metadata Anonymisation Toolkit[26] (MAT) enthalten. Das Programm anonymisiert Bürodokumente, Sound- und Torrentdateien. Metadaten von Fotos werden direkt vom Dateimanager entfernt.[27]

Insgesamt bietet die CD eine reichhaltige Auswahl an Zusatzsoftware, und es ist recht empfehlenswert, diese auszuprobieren.

5.2.5 Benutzung von JonDo

Bei der Installation wurde bereits die Anonymitätsfunktion von JonDo aktiviert. Die Software baut daraufhin zu der eingestellten Mixkaskade eine Verbindung auf. Sie können nun mit Ihrem Browser Webseiten aufrufen, und alle Abrufe werden durch JonDo anonymisiert.

Auswahl einer Mixkaskade

Die Hauptansicht von JonDo (Abbildung 5.3) zeigt im Menüeintrag **Dienste** an, welche Mixkaskade aktuell benutzt wird. Darunter folgen Informationen über diese Kaskade. JonDo berechnet aus der angezeigten Nutzerzahl und dem aktuellen Verkehrsaufkommen den Grad der Anonymität. Je mehr Nutzer in der Mixkaskade aktiv sind und Daten übertragen, desto höher ist der errechnete Wert. Sie können entscheiden, ob Sie über diese Kaskade Verbindungen aufnehmen oder zu einer anderen Kaskade umschalten wollen.

Klicken Sie zum Wechsel in eine andere Kaskade auf die Scrollliste **Dienste**. Das Programm öffnet eine Liste von Mixkaskaden bzw. Einzelmixen. Diese ist sortiert nach kostenlosen, kostenpflichtigen und allen Mixkaskaden sowie nach Einzelmixen. Kostenlose Kaskaden und Einzelmixe stehen sofort zur Benutzung bereit. JonDo nimmt nach der Auswahl eine Verbindung zu der Mixkaskade auf und zeigt ebenfalls die obigen Informationen dazu an.

Anders verhält es sich bei den kostenpflichtigen Mixkaskaden. Diese können Sie nur nutzen, wenn Sie ein Konto angelegt und einen Geldbetrag hinterlegt haben. Falls das Konto über ein Guthaben verfügt, erlaubt JonDo die Nutzung der kostenpflichtigen Mixe. Anfangs ist noch kein Konto oder Guthaben vorhanden. Daher öffnet die Software ein Dialogfenster und gibt Ihnen die Möglichkeit, ein anonymes Konto zu erstellen. Nachdem Sie diese Frage bejaht haben, müssen Sie in den folgenden Fenstern den Allgemeinen Geschäftsbedingungen sowie dem Widerrufsrecht zustimmen. Jetzt zeigt das Programm eine Auswahl der aktuell gültigen Tarife an. Diese glie-

[26] `https://mat.boum.org/`

[27] `http://www.anonym-surfen.de/help-live-cd/jondo-live-cd9.html`

dern sich in unterschiedliche Laufzeiten und umfassen unterschiedliche Datenvolumina.

Derzeit liegen die angebotenen Volumina zwischen 650 MB und 6,5 GB. Die Kosten für den sechsmonatigen Volume-S-Tarif betragen 5 Euro. Der maximal zweijährige Volume-L-Tarif kostet 40 Euro. Weiterhin existieren zwei Flat-Tarife. Zuletzt präsentiert der Dialog verschiedene Bezahlmöglichkeiten. Sie können den Betrag überweisen oder per Post versenden bzw. die Bezahlsysteme PayPal, Liberty Reserve, Bitcoin und paysafecard[28] nutzen. Abhängig von der gewählten Zahlungsmethode erscheinen im folgenden Dialog weitere Informationen. Danach erstellt JonDo das Konto. Die JonDos GmbH schaltet Ihr Konto nach dem Eingang des Geldes frei, und Sie können künftig auch kostenpflichtige Mixkaskaden nutzen.

Sie werden eventuell fragen, warum Sie kostenpflichtige Mixkaskaden verwenden sollen, wenn doch kostenlose zur Verfügung stehen. Die kostenlose Variante bietet derzeit nur Mixe in Deutschland, während die kostenpflichtigen Server auch über andere Länder verteilt sind. Die Verteilung bringt Ihnen eine stärkere Anonymität.

Weiterhin garantieren die kostenpflichtigen Server Mindestgeschwindigkeiten und -verfügbarkeiten. Das gewährleistet Ihnen, dass die Kaskade bei einer akzeptablen Geschwindigkeit jederzeit benutzt werden kann. Bei der täglichen Nutzung von JonDo sind das große Vorteile bei recht niedrigen Kosten. Wenn Sie daher JonDo dauerhaft nutzen möchten, sind die kostenpflichtigen Dienste eine empfehlenswerte Option.

Bei der Eröffnung des Kontos haben Sie das Datenvolumen ausgewählt. JonDo zeigt Ihnen das verbliebene Volumen in der Hauptansicht an. Dieser Wert wird laufend aktualisiert. Wenn das Volumen zur Neige geht, sollten Sie das Konto neu aufladen, also neues Datenvolumen kaufen. Daueraufträge und ähnlich wiederkehrende Zahlungsmöglichkeiten sind von der Firma nicht vorgesehen.

Damit ist JonDo vollständig eingerichtet und kann für das Besuchen von Webseiten, Dateiübertragung per FTP und anderes benutzt werden. JonDos arbeitet derzeit an weiteren Möglichkeiten der Nutzung. Auf der Webseite der Firma finden Sie hierzu aktuelle Informationen.

5.2.6 Fehler beheben

Sie haben JonDo eingerichtet und versuchen zu einer Mixkaskade Kontakt aufzunehmen. Doch jede der Kaskaden verweigert die Verbindungsaufnahme. Wie schon ab Seite 178 beschrieben, kann der Fehler bei einem zentralen Proxyserver liegen. Wenn ihr Netzwerk einen derartigen Server in Be-

[28] Die paysafecard ist eine Prepaid-Karte, die an verschiedenen Verkaufsstellen gegen Bargeld erworben werden kann. Jede Karte enthält eine PIN, mit der auf einer Webseite bezahlt wird. Mehr Informationen erhalten Sie auf `http://www.paysafecard.com/`.

trieb hat, muss dieser auch in JonDo eingestellt werden. Klicken Sie hierfür auf **Einstellungen | Netzwerk** und anschließend auf die Schaltfläche **Ich muss einen „Zwangs-Proxy" verwenden**. Jetzt werden mehrere Eingabefelder aktiviert. Tragen Sie dort den Proxyserver ein und bestätigen Sie die Eingabe mit **OK**. JonDo nutzt ab sofort den Proxyserver, und der Verbindungsaufbau zu den Mixkaskaden sollte möglich sein.

Weitere Probleme können von der gewählten Mixkaskade herrühren. Unter Umständen ist einer der Server ausgefallen oder nicht erreichbar. Wählen Sie in dem Fall eine neue Kaskade aus.

6

Kapitel

I2P

Einen anderen Weg als Tor oder JonDonym geht das Projekt I2P.[1] Während diese eine zentrale Instanz zur Verteilung der Informationen über bestehende Server, Routen etc. einsetzen, nutzt I2P den Peer-to-Peer-Ansatz. Dabei werden Informationen über Zuverlässigkeit des Netzes und Geschwindigkeit der Server von der Software errechnet. Zudem bietet I2P standardmäßig Anonymität für Sender wie auch Empfänger und verschlüsselt alle Nachrichten innerhalb des Netzwerks. Somit sind Angriffe wie bei Tor und JonDonym, wo der letzte Knoten alle Informationen im Klartext lesen kann, ausgeschlossen. I2P ist als geschlossenes Netzwerk konzipiert, das heißt, die gesamte Kommunikation findet innerhalb von I2P-Knoten statt, und danach gäbe es theoretisch keine Möglichkeit, Webseiten außerhalb des Netzwerks (wie beispielsweise Google oder Ihre Bank) zu besuchen. In der Praxis wird diesem Umstand durch sogenannte *Outproxys* Rechnung getragen. Einzelne Server übertragen Anfragen aus dem I2P-Netzwerk in das Internet und zurück. Damit ist es doch möglich, Webseiten zu besuchen, E-Mails von Absendern außerhalb von I2P zu empfangen oder mit Freun-

[1] Der ursprüngliche Name lautete „Invisible Internet Project" (i^2p).

den zu kommunizieren. Bei der Verwendung der Outproxys gelten jedoch die gleichen Vor- und Nachteile wie in den Kapiteln zu Tor und JonDonym besprochen.

Die Ursprünge des Projekts gehen in das Jahr 2003 zurück,[2] als das Freenet-Projekt[3] eine anonyme Verbindungsschicht für seine Software benötigte. Daraus entwickelte sich I2P. Die Entwickler der Software versuchen bis heute anonym zu bleiben. Auf der Seite der Projektmitglieder[4] finden Sie nur Pseudonyme, wie zzz, jrandom oder eche|on, was sie vor eventuellen Nachteilen im Job oder im Bekanntenkreis schützt. Jedoch sind die fehlenden Ansprechpartner für die Verbreitung der Software ein Nachteil, denn für viele Nutzer ist es wichtig, einen „realen“ Kontakt mit Namen und Gesicht zu haben.

Im Jahr 2008 wurde dieses Manko deutlich, als sich der Hauptentwickler jrandom zu einer Auszeit entschloss. In dieser Zeit musste einer der Server des Projekts neugestartet werden, doch niemand außer jrandom hatte darauf Zugriff, und es war unklar, wie man jrandom überhaupt finden und kontaktieren sollte. Die Folge: Webseite und Softwarearchiv waren nicht erreichbar. Mit einigem Zeit- und Arbeitsaufwand bauten die Entwickler unter `http://i2p2.de/` eine neue Präsenz auf und rekonstruierten den letzten Stand der Software. Sollten Sie noch auf Verweise auf die alte Seite stoßen, wundern Sie sich nicht, wenn sie nicht lädt – nach wie vor hat niemand außer jrandom Zugriff.

Dieses Desaster hat dem Projekt neues Leben eingehaucht, und seither findet wieder aktive Entwicklung statt. Zum einen versucht man durch eine verteilte Softwareverwaltung sowie Spiegelung der Webseiten die Auswirkungen eventueller Schäden so gering wie möglich zu halten. Der neue Hauptentwickler trägt das Pseudonym zzz, doch es gibt einige weitere Personen, die zur Software beitragen. Zudem macht das Projekt Werbung und konnte zahlreiche neue Nutzer gewinnen. Insbesondere die Gruppierung Anonymous entdeckte offenbar das Netzwerk für ihre Zwecke. In den Kreisen findet sich immer wieder die Empfehlung, I2P zu nutzen, und seitdem scheint die Nutzerzahl weiter zugenommen zu haben.

Die untenstehenden Beschreibungen stellen eine Übersicht zur Arbeitsweise der Software dar. Es wurde darauf verzichtet, jedes Detail zu erwähnen, denn innerhalb des Protokolls gab es seit dem Wechsel der Entwickler zahlreiche grundlegende Änderungen und weitere sind in Planung. Eine aktuelle Dokumentation der Arbeitsweise bietet die Homepage des Projektes, und der Autor versucht auf einer eigenen Seite, das Protokoll zu dokumentieren.[5]

2 Ein Archiv der ersten Mailingliste ist unter `http://news.gmane.org/gmane.comp.security.invisiblenet.iip.devel` einsehbar.

3 `http://freenetproject.org/`

4 `http://www.i2p2.de/team.html`

5 `http://anonymitaet-im-inter.net/wiki/i2p`

6.1 Funktionsweise von I2P

I2P verwendet eine etwas andere Terminologie als jene, die wir in den vorangegangenen Kapiteln vorgestellt haben. Das hat seinen Grund im unterschiedlichen Design der Software. Ein I2P-Programm wird als *Router* bezeichnet. Sofort nach dem Start ist es Teil des gesamten Netzwerks und leitet auch Daten für andere Router weiter. Dies ist ein wesentlicher Unterschied zu Tor und JonDonym. Da I2P als virtuelles privates Netzwerk (VPN) konzipiert ist, bereitet dies nicht die Schwierigkeiten, die unter Umständen bei den beiden anderen Projekten zu erwarten sind. Datenaustausch findet nur innerhalb des Netzwerks statt, und alle Verbindungen sind verschlüsselt. Folglich kann ein Angreifer den Verkehr nicht mitschneiden und sensible Daten abgreifen. Da weiterhin jeder Router sowohl Daten entgegennimmt wie auch für andere weiterleitet, bleibt unklar, für welchen Endpunkt die mitgeschnittenen Daten bestimmt sind.

Nach dem ersten Start hat ein Router keine Kenntnis von dem Netzwerk, und es gibt keinen zentralen Punkt, der Informationen liefern würde. Das bedeutet, dass der Router selbst eine Übersicht über verfügbare Router und deren Kontaktinformationen erstellen muss. Das geschieht in der Netzwerkdatendank, der sogenannten *netDb*. Diese Datenbank enthält die aktuelle Sichtweise eines Routers auf das Netzwerk. In der Software wird diese Information im Verzeichnis `netDB` repräsentiert. Die netDb verwaltet die sogenannten *RouterInfo*-Einträge, die die Software benötigt, um mit anderen Routern Kontakt aufzunehmen. Die RouterInfo gliedert sich in folgende Bestandteile:

- Der erste Bestandteil ist die Identität des Routers, bei I2P repräsentiert durch kryptografische Schlüssel. Dazu gehört ein 2048 Bit langer ElGamal-Schlüssel, mit dem die Daten verschlüsselt werden, ein 1024 Bit langer DSA-Schlüssel zum Signieren von Nachrichten sowie ein Zertifikat.
- Weiterhin enthält ein Eintrag die IP-Adresse und den Port, unter der ein Router erreichbar ist.
- Der dritte Bestandteil der RouterInfo sind Datum und Uhrzeit, wann die Informationen publiziert wurden.
- Schließlich können beliebige weitere Textoptionen enthalten sein. Derzeit dient das der Fehlererkennung (Debugging) im Netzwerk. Der Router veröffentlicht einige Parameter zu seinem Status. Laut der derzeitigen Planung wird die Übertragung der Informationen in einer späteren Version deaktiviert.[6] Denn hier ergeben sich eventuell negative Konsequenzen für die Anonymität der Nutzer.

[6] Die Webseite `http://www.i2p2.de/how_networkdatabase#routerInfo` bietet Informationen, wie die Übertragung bereits jetzt abzuschalten ist.

- Alle Bestandteile der RouterInfo werden mit dem DSA-Schlüssel signiert, um eine Manipulation zu erkennen bzw. zu vermeiden.

Doch woher bekommt ein Router diese Informationen nach dem ersten Start? Hierfür bedient er sich einiger Freiwilliger, die ihre netDb im Internet zur Verfügung stellen.[7] Die Adressen dieser Freiwilligen werden mit der I2P-Software ausgeliefert, und eine davon wählt der Router zufällig aus. Der Rechner des Freiwilligen sendet 100 Einträge an den eigenen Router. Der nimmt nun eine Verbindung zu jedem der 100 Rechner auf und fragt die Informationen ab. So ergibt sich für den Router Schritt für Schritt ein Gesamtbild des Netzwerks, das er für den Aufbau von Verbindungen nutzt.

Der Verbindungsaufbau geschieht über sogenannte *Tunnel*. Jeder Tunnel leitet Nachrichten in eine Richtung weiter, d. h. es werden jeweils Tunnel exklusiv für ein- und für ausgehende Verbindungen errichtet. Weiterhin besteht ein Tunnel aus einem oder mehreren Routern, über die eine Nachricht verschickt wird. Abbildung 6.1 zeigt Router mit einer verschiedenen Zahl aus- und einem eingehenden Tunnel. Meist bleibt unklar, wo ein Tunnel beginnt oder endet.

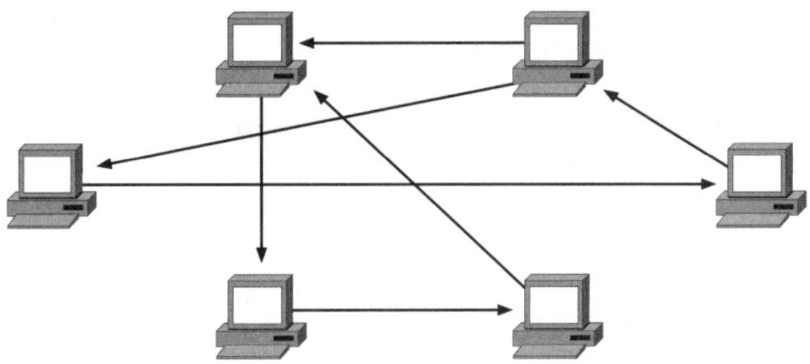

Abbildung 6.1: Schematischer Aufbau des I2P-Netzwerks mit Tunneln

Wenn die Nachricht Alice' Router verlässt, wandert sie entlang der Router, die am Tunnel beteiligt sind. Wie bereits in den vorigen Kapiteln beschrieben, ist die Nachricht so verschlüsselt, dass der aktuelle Router nur die äußere Schicht der Verschlüsselung entfernen und die Adresse des folgenden Routers auslesen kann. Der Endpunkt von Alice' Tunnel erhält eine Information zum Eingangspunkt von Bobs Tunnel (Gateway) und leitet die Nachricht dorthin weiter. Der Eingangspunkt kümmert sich dann um die korrekte Weiterleitung zu Bobs Router.

Die Information zu den bestehenden Tunneln eines Routers ist ein zweiter Bestandteil der Netzwerkdatenbank netDb. Denn neben den bereits beschriebenen RouterInfo-Einträgen enthält die Datenbank die sogenannten *LeaseSet*-Einträge. Ein LeaseSet dokumentiert die Eingangspunkte der Tunnel eines Routers und besteht aus folgenden Einträgen:

[7] Gelegentlich werden diese als *Reseeder* bezeichnet.

- Adresse des Gatewayrouters
- Prüfsumme seiner kryptografischen Identität
- vier Byte große Tunnel-ID
- Zeitpunkt, an dem der Tunnel verworfen wird
- kryptografische Identität des Zielrouters
- zusätzliches Schlüsselpaar zum Unterschreiben und Verschlüsseln

Wenn Bob eine Antwort an Alice versenden will, schickt er die Nachricht wiederum über die Router eines seiner ausgehenden Tunnel. Der Tunnelendpunkt übergibt die Nachricht an den Eingangspunkt von Alice' Tunnel. Der sendet die Antwort durch den Tunnel zu Alice' Router. Die Tunnel rotieren, d. h. nach bestimmten Zeiträumen werden neue aufgebaut und alte verworfen.

Die Software fragt die ihr bekannten Router in regelmäßigen Abständen nach weiteren Routern und misst Eigenschaften des Netzwerks. Alte, obsolet gewordene Einträge werden in der Netzwerkdatenbank gelöscht oder durch aktuellere ersetzt.

Insgesamt kann Kommunikation damit nur mit Computern erfolgen, die I2P-Identitäten besitzen. Insbesondere ist damit eine Kommunikation mit Rechnern außerhalb des Netzwerks ausgeschlossen. Weiterhin stellt I2P eine Ebene zur Übertragung von Nachrichten zur Verfügung. Es bedarf nun Anwendungen, die diese Ebene benutzen. Die Entwickler von I2P haben Software für verschiedene Nutzungszwecke geschrieben. Bisher liegt der Schwerpunkt auf Software zur Nutzung von Tauschbörsen, zur Veröffentlichung von Beiträgen in Weblogs und zum Austausch von E-Mails. I2P kann aber auch für den Besuch von Webseiten eingesetzt werden. Gleichzeitig erlaubt die Software auch die anonyme Veröffentlichung auf sogenannte *Eepsites*. Auf die Einrichtung dieser Seiten gehen wir in einem späteren Abschnitt noch ein.

6.2 Angriffe gegen I2P

I2P war bisher nicht Gegenstand umfangreicher wissenschaftlicher Forschung, so dass es schwer fällt, definitive Aussagen zur Sicherheit des Protokolls oder der Software zu machen. Weiterhin erschwert die fehlende oder unvollständige Dokumentation eine zuverlässige Bewertung. Während die Entwickler naturgemäß von der Qualität ihres Produkts überzeugt sind, äußern unabhängige Forscher Zweifel. Nach deren Meinung haben sich die

Tor-Entwickler beim Design des Netzwerks auf gut erforschte und als sicher geltende Ergebnisse gestützt. I2P verfolgt z. T. gegensätzliche Strategien, und man vermutet, dass das Protokoll einer genaueren Analyse nicht standhält. Letztlich sind dies aber nur Annahmen, die der unabhängigen Untersuchung bedürfen. Für den Nutzer bedeutet das, Vorsicht im Umgang mit der Software walten zu lassen und die Entwicklung des Projekts genau zu verfolgen.

Die zu Anfang des Abschnitts 4.2.2 geäußerte Warnung lässt sich ohne weiteres auf I2P übertragen: Aktive Inhalte, Cookies und andere Techniken eignen sich sehr gut, um die Anonymität des Benutzers aufzuheben. Benutzer sollten daher auf die in Abschnitt 2.2 vorgestellten Erweiterungen für den Mozilla Firefox zurückgreifen oder andere Vorsichtsmaßnahmen ergreifen.

In der Vergangenheit zeigte sich zudem, dass die Sicherheit von I2P stark von der zugrunde liegenden Java-Laufzeitumgebung (Java Runtime Environment, JRE) abhängt. Im Jahr 2009 gab es in der Implementation von Sun Microsystems (jetzt Oracle) zwei Sicherheitslücken[8], die gegebenenfalls die Nutzer von I2P deanonymisieren konnten. Ein Schutz gegen diese Lücken würde entweder eine Prüfung des JRE sowie der Aktualisierungen oder zumindest ein regelmäßiges Update der Software bieten. Der erste Fall ist für die meisten Nutzer nicht umsetzbar. Denn zum einen ist für eine solche Prüfung großes Detailwissen (korrekte Implementation von Algorithmen, Bewertung der Sicherheit von Programmroutinen etc.) notwendig, und zum anderen verlangt die Prüfung mehrerer Megabyte Quellcode enorme Zeitressourcen. Für den Normalnutzer bleibt daher in der Regel nur die Option, die jeweils aktuellste Version der Software einzusetzen. Dort sollten bekannte Lücken behoben sein.

Eine erfolgversprechende Möglichkeit, I2P selbst anzugreifen, besteht beim Aufbau der initialen Verbindung. Der Router lädt sich aktuelle Informationen für seine netDb von einem anderen Router herunter. Der Abruf geschieht über HTTP und ist damit unverschlüsselt. Ein Angreifer könnte ein in sich abgeschlossenes I2P-Netzwerk betreiben, das keine Verbindung zum wirklichen hat. Wenn der Router seine Anfrage sendet, leitet der Angreifer die Anfrage an einen von ihm kontrollierten Router weiter. Dieser übermittelt Informationen zum Netzwerk des Angreifers. Alle Verbindungsversuche laufen nun über den Angreifer. Da er im Besitz aller Router ist, kann er den Weg der Pakete nachverfolgen. Unter Umständen sind für den Angriff weitere Maßnahmen, wie die Manipulation des Adressbuchs, notwendig. Jedoch erscheint dies derzeit recht erfolgversprechend. Die Entwickler haben das Problem erkannt und arbeiten an einer Lösung. Geplant ist, dass die Abrufe künftig über eine gesicherte Verbindung abgewickelt werden. Damit ist diese Art der Manipulation ausgeschlossen.

[8] `http://www.heise.de/newsticker/Sicherheitsluecke-in-Suns-Java-Umgebung-/meldung/135213`
`http://www.cert.fi/en/reports/2009/vulnerability2009085.html`

Beim Design des Netzwerkes wurde ein Angriffsmodell definiert[9] und beschrieben, gegen welche Art von Angriffen I2P Schutz bietet. Derzeit befindet sich die Software noch im Betastadium, und einige der Schutzmechanismen sind noch nicht implementiert.

6.3 Der praktische Einsatz von I2P

Nach den theoretischen Vorbetrachtungen steht nun der Einsatz der Software im Vordergrund. Im Folgenden sehen Sie, wie Sie die Software installieren und einrichten. Weiterhin erfahren Sie, wie Sie eine `mail.i2p`-E-Mail-Adresse erhalten und Ihr E-Mail-Programm einstellen. Die Betrachtungen schließen mit der Vorstellung einiger Programme zum Tausch von Dateien ab.

6.3.1 Installation von I2P

Wie JonDonym setzt auch der Einsatz von I2P die Installation einer Java Runtime Environment voraus, und es sind sowohl die Variante von Sun/Oracle wie auch das OpenJDK geeignet. Zur Installation gehen Sie vor, wie in Abschnitt 5.2.1 beschrieben.

Auf den Downloadseiten von I2P[10] finden Sie die jeweils aktuelle Version der Software. Diese steht als JAR-Datei mit der Endung `.exe` oder im Quellcode zur Verfügung. In der Regel sollten Sie die erste Variante herunterladen. Nutzer von GNU/Linux oder Mac OS X sollten sich über die Endung der Datei nicht wundern: Es handelt sich um ein gepacktes Java-Archiv und nicht, wie der Name vermuten lässt, eine nur unter Windows ausführbare Datei. Sie können die Datei durch einen Doppelklick öffnen oder alternativ über die Kommandozeile aufrufen. Gerade für den Fall, dass I2P auf einem entfernten Server installiert werden soll, ist die letzte Variante nützlich.

```
user@linux:~ $ java -jar i2pinstall-0.8.13.exe -console
Welcome to the installation of i2p 0.8.13!
 - I2P <http://forum.i2p2.de/>
The homepage is at: http://www.i2p2.de/
press 1 to continue, 2 to quit, 3 to redisplay
1
Select target path [/home/jens]
/usr/local/i2p
press 1 to continue, 2 to quit, 3 to redisplay
1
[ Starting to unpack ]
[ Processing package: Base (1/1) ]
```

9 http://www.i2p2.de/how_threatmodel
10 http://www.i2p2.de/download

```
[ Unpacking finished ]
[ Console installation done ]
```

Nun startet die Installationsroutine und fordert Sie auf, eine Sprache zu wählen. Der folgende Dialog informiert über die zu installierende Version der Software und gibt Ihnen Hinweise, wo Sie weitere Informationen erhalten. Ein Klick auf **Weiter** bringt Sie zu einer Übersicht der geltenden Lizenzen. I2P nutzt verschiedene Pakete, und diese werden unter einer Vielzahl von Lizenzen zur Verfügung gestellt – der Dialog gibt Ihnen eine Übersicht. Im nächsten Schritt gelangen Sie zu einem Auswahlfenster, in dem der Installationspfad anzugeben ist. Dort speichert I2P alle zum Ausführen der Software notwendigen Dateien. Benutzerspezifische Dateien werden im Verzeichnis `C:\Dokumente und Einstellungen\<nutzer>\Anwendungsdaten\i2p` (Windows) oder `/home/<nutzer>/.i2p` (GNU/Linux) abgelegt. Nachdem Sie sich für einen Installationspfad entschieden haben, klicken Sie auf **Weiter**. Sind alle Dateien installiert, wählen Sie im folgenden Dialog, ob die Routine Verknüpfungen anlegen soll, wie der Name der Programmgruppe ist und welche Benutzer Zugriff auf die Software haben. Schließlich informiert ein letztes Fenster über den erfolgreichen Abschluss der Installation.

Unter Windows startet nun der Standardbrowser und zeigt Ihnen die I2P Router Console an. Nach einer kurzen Wartezeit hat die Software Verbindungen in das Netzwerk aufgenommen und steht Ihnen zur Verfügung.

Für Benutzer von debianbasierten Distributionen gibt es des Weiteren vorgefertigte Pakete. Diese werden auf dem Launchpad-Server des Ubuntu-Projektes gepflegt. Wenn Sie diese nutzen wollen, fügen Sie das Repository hinzu:

```
linux:~ # add-apt-repository ppa:i2p-maintainers/i2p
```

Jetzt steht die Software zur Installation zur Verfügung. Sie können diese mit den üblichen Werkzeugen installieren. Das Beispiel unten zeigt die Installation auf der Kommandozeile.

```
linux:~ # apt-get update
linux:~ # apt-get install i2p
```

6.3.2 Start der Software

I2P startet in der Regel nicht automatisch. Sie müssen die Software daher von Hand starten. Unter Windows legt die Installationsroutine drei Icons auf dem Desktop ab. Dabei eignen sich **Start I2P (no window)** und **Start I2P (restartable)** für den Aufruf des Programms. Der Menüpunkt **I2P Router Console** ruft lediglich den Browser mit der Startadresse `http://127.0.0.1:7657/` auf. Das Starticon **Start I2P (no window)** ruft I2P im Hintergrund auf,

d. h. nach einem Doppelklick sehen Sie keine weiteren Meldungen. I2P legt ein Symbol in der Taskleiste ab. Im Gegensatz dazu steht **Start I2P (restartable)**: Hier öffnet sich ein Kommandofenster mit I2P-Systemmeldungen, die auch über die I2P Router Console abrufbar sind. Daher ist es sinnvoller, die erstgenannte Option zum Start der Software zu wählen.

Für GNU/Linux befindet sich im Installationsordner von I2P ein Skript, das die Software steuert. Wenn Sie beispielsweise in das Verzeichnis `/usr/local/i2p` installiert haben, können Sie mit folgenden Optionen das Programm starten und stoppen.

```
user@linux:~ $ cd /usr/local/i2p
user@linux:/usr/local/i2p $ ./i2prouter start
Starting I2P Service...
user@linux:/usr/local/i2p $ ./i2prouter stop
Stopping I2P Service...
Stopped I2P Service.
```

Weiterhin stehen die Optionen `console`, `restart`, `status` und `dump` zur Verfügung. Die Option `console` startet ebenfalls die Anwendung. Hierbei werden alle Systemmeldungen auf die Konsole geschrieben, was zur Fehlerbehebung nützlich ist. Die Optionen `restart` und `status` starten entweder die Software neu oder zeigen Ihnen an, ob die Software gestartet ist. Schließlich sendet `dump` das Signal SIGQUIT an I2P und fordert das Programm auf sich zu beenden. Dabei wird ein Core Dump erzeugt, der die Speicherinhalte des Programms und andere Details enthält. Erfahrene Linuxnutzer können das Skript `i2prouter` als Startskript einbinden und so die Software bei jedem Systemstart automatisch starten.

Wenn Sie das oben beschriebene Debian-Paket nutzen, so liegt die Datei `i2prouter` im Verzeichnis `/usr/bin`. Mit dem Paket wird ein Initskript mitgeliefert, welches I2P beim Hochfahren des Rechners startet. Dazu muss die Datei `/etc/default/i2p` bearbeitet werden. Dort befindet sich die Option `RUN_DAEMON`. Standardmäßig ist diese auf den Wert `false` gesetzt. Eine Änderung auf `true` sorgt für ein geändertes Startverhalten. Ein anderer Weg besteht in der Benutzung des Befehls `dpkg-reconfigure`.

```
linux:~ # dpkg-reconfigure -plow i2p
```

Im nun folgenden Dialog ist die Frage „Soll der I2P-Router beim Hochfahren mitgestartet werden?“ mit **Ja** zu beantworten. Das mitgelieferte Initskript startet nun die Software.

```
linux:~ # /etc/init.d/i2p start
```

6.3.3 I2P Router Console

Die I2P Router Console ist der zentrale Informations- und Konfigurationspunkt für die Software. Diese öffnet sich automatisch, wenn Sie I2P unter

Windows starten. Alternativ öffnen Sie einen beliebigen Browser und geben dort die Adresse `http://127.0.0.1:7657` ein. Für Windowsnutzer steht auf dem Desktop das Icon **I2P Router Console** zur Verfügung. Falls beim Öffnen der Seite eine Fehlermeldung erscheint, ist die Software nicht gestartet.

Die Router Console unterlag in der letzten Zeit starken Designänderungen, und weitere Anpassungen sind auch zukünftig zu erwarten. Daher ist es möglich, dass unten angesprochene Punkte nicht mehr in der neuesten Version zu finden sind. Der Autor versucht auf einer Webseite eine aktuelle Beschreibung der Router Console zu pflegen.[11]

Die Startseite der I2P Router Console besteht aus drei Teilen. Am linken Rand finden Sie ein Menü und Informationen zum Zustand des Routers (Abbildung 6.2 zeigt die Seitenleiste in drei Teilen). Über einzelne Menüpunkte gelangen Sie zu Einstellungen der Software oder weiteren Informationsfenstern. Der erste Kasten oben rechts enthält aktuelle Nachrichten zum Projekt. In der Regel sehen Sie Meldungen zur aktuellen Version der Software. Unterhalb des Kastens stehen dann ausgewählte Eepsites (Webseiten mit der Top-Level-Domain `.i2p`) sowie Hinweise zur Einrichtung der Software.

Das Menü auf der linken Seite der I2P Router Console zeigt Informationen zur Software und zum Netzwerk. So sehen Sie die aktuell verwendete Versionsnummer sowie die Laufzeit Ihres Routers. In Abbildung 6.2 wird die benutzte Version seit etwa 20 Stunden eingesetzt.

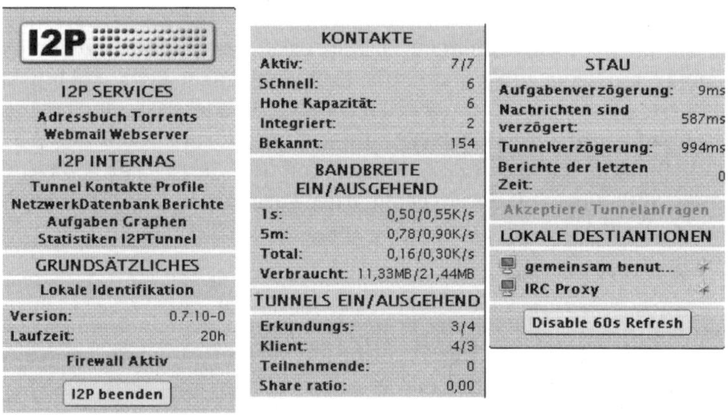

Abbildung 6.2: Seitenleiste der I2P Router Console (zur besseren Übersicht in drei Teilen)

Direkt darunter befindet sich die Aufschrift **Firewall aktiv**. Dies deutet darauf hin, dass sich der Router hinter einer Firewall befindet und der betreffende Port gesperrt ist. In der Regel sollte der Schriftzug **OK** oder **Firewall aktiv** lauten bzw. mit **WARN** beginnen. Mit einem Klick auf den Schriftzug

[11] `http://anonymitaet-im-inter.net/wiki/i2p`

gelangen Sie auf die Seite `http://127.0.0.1:7657/config.jsp` mit weiteren Erklärungen. Diese Seite beschreibt, wo die Ursache der Meldung liegt und wie eventuelle Fehler zu beseitigen sind.

Weitere Informationen zur Netzwerkverbindung sind in der Mitte der Abbildung 6.2 zu sehen. Die Zahlen hinter dem Eintrag **Aktiv** geben an, zu wie vielen Routern der eigene in den letzten fünf bzw. 60 Minuten Kontakt hatte. Die nächsten drei Einträge zeigen die Anzahl der Router, die als schnell, mit hoher Kapazität oder als gut in das Netzwerk eingebunden sind. **Bekannt** gibt die Anzahl der eindeutigen Router an, die der eigene in den letzten 24 Stunden wahrgenommen hat. Darunter folgen Angaben zur benutzten Bandbreite. Der letzte Bereich in der Mitte der Abbildung enthält Informationen zu den aufgebauten Tunneln. Unter **Erkundungs** (sic!) ist die Zahl der Tunnel zu finden, die der Router gerade für Tests der Verbindung aufgebaut hat, und **Klient** enthält die Zahl der Tunnel, über die Daten versendet werden. Wenn andere Tunnel existieren, die über den eigenen Router geleitet werden, steht eine Zahl im Eintrag **Teilnehmende**.

Auf der rechten Seite von Abbildung 6.2 sind unter anderem Wartezeiten zu sehen. Dabei bedeutet die **Aufgabenverzögerung** die Wartezeit, bis die Software eine Aufgabe erfüllt, **Nachrichten sind verzögert** die Wartezeit, bis eine Nachricht den Router verlässt, und **Tunnelverzögerung** die Zeit, die ein Datenpaket innerhalb eines Tunnels benötigt.

Neben den oben angeführten Informationen enthält die Seitenleiste zahlreiche Links auf Einstellungen der Software. **I2P INTERNAS** und **BANDBREITE EIN/AUSGEHEND** verweisen auf `http://127.0.0.1:7657/config.jsp`, die die Netzwerkeinstellungen anpasst. Die Standardwerte für ein- und ausgehende Verbindungen entsprechen wahrscheinlich nicht der Realität Ihrer Anbindung. Es ist zu empfehlen, die Konfiguration an Ihre Vorstellungen anzupassen.

Obwohl noch eine Vielzahl weiterer Möglichkeiten vorhanden sind, ist eine Änderung nicht notwendig. Die Software funktioniert mit den Standardwerten gut. Sollten Sie später Anpassungen vornehmen wollen, machen Sie zunächst eine Sicherungskopie der Einstellungen. Die Dateien befinden sich in `C:\Dokumente und Einstellungen\<nutzer>\Anwendungsdaten\I2P` (Windows) oder `/home/<nutzer>/.i2p` (GNU/Linux) und haben die Dateiendung `.config`. Nun testen Sie die Software eine Weile mit den neuen Werten. Sollte die Änderung Ihren Vorstellungen entsprechen, bleibt alles unverändert. Andernfalls können Sie die Sicherungskopien nutzen, um die alten Einstellungen wiederherzustellen.

6.3.4 Eepsites und Webseiten besuchen

sEine der häufig genutzten Anwendungen ist das Browsen, also das Aufrufen von Informationen auf Webseiten. Sie können jeden beliebigen Browser mit I2P benutzen. Dafür muss ein Proxy mit der Adresse `127.0.0.1` oder `localhost` und dem Port 4444 eingestellt sein. Der Abschnitt 4.3.4 zeigt die Schritte für verschiedene Programme auf. Nach der Speicherung lassen sich alle Eepsites wie auch beliebige Webseiten außerhalb des I2P-Netzwerks öffnen. Für den letzteren Schritt bedient sich die Software eines sogenannten Outproxys. Dieser übersetzt die Anfragen aus dem Netzwerk, ruft die Seite ab und überträgt sie an den Router.

Falls Ihr Browser nicht entsprechend eingestellt ist, können auch hier aktive Inhalte oder andere Techniken Ihre IP-Adresse verraten. Daher sollten Sie Umsicht beim Browsen walten lassen.

6.3.5 Eepsites einrichten

I2P liefert alle Voraussetzungen, um selbst Informationen anonym anzubieten. Dies geschieht über sogenannte Eepsites, netzinterne Webseiten, die über die Top-Level-Domain `.i2p` zu erreichen sind. In der Regel besteht kein Zugang von außerhalb des I2P-Netzwerks, jedoch bietet einer der I2P-Nutzer einen Übergang an. Durch das Anfügen von `.to` an den Domainnamen lassen sich Eepsites damit ohne installierte I2P-Software aufrufen.

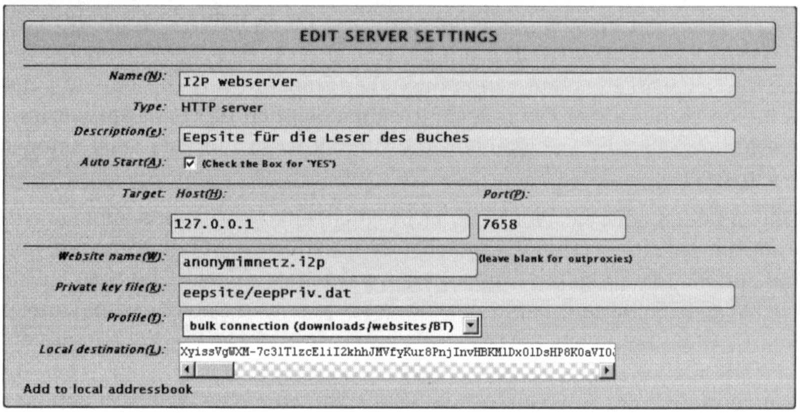

Abbildung 6.3: Ausschnitt aus der Konfiguration einer Eepsite

Für die Einrichtung der Eepsite in I2P sind zunächst einige Einstellungen über die Webseite `http://127.0.0.1:7657/i2ptunnel/edit.jsp` vorzunehmen. Tragen Sie in das Feld **Description** eine Beschreibung für Ihre Eepsite ein. Dieses Feld kann beliebigen Text enthalten. Falls Ihre Eepsite bei jedem Start von I2P erreichbar sein soll, aktivieren Sie das Kästchen bei **Auto Start**. Der wichtigste Punkt ist die Vergabe eines Namens für Ihre Seite. Die Identifikation einer Eepsite erfolgt intern über eine Base64-kodierte Zeichenkette. Ein Adressbuch[12] erledigt die Übersetzung zwischen dieser Zeichenkette und dem Namen der Seite. Tragen Sie den Namen Ihrer Seite in das Feld **Website name** ein. In Abbildung 6.3 wurde der Name `anonymimnetz.i2p` gewählt. Damit sind alle Grundeinstellungen getroffen und können mit **Save** bestätigt werden.

In einem zweiten Schritt erfolgt eine Aktualisierung des Adressbuchs. Der Konfigurationsdialog enthält ein Textfenster mit der Aufschrift **Local destination**. Darin ist die eindeutige Zeichenkette enthalten, die Ihre Eepsite identifiziert. Diese muss in das zentrale Adressbuch übertragen werden. Die I2P Router Console (Abbildung 6.2) hat links oben den Menüeintrag **Adressbuch**. Damit gelangen Sie auf die Seite von susidns,[13] dem Adressbuch von I2P. Über den Menüpunkt **master** öffnet sich das Hauptadressbuch und in der unteren Hälfte der Seite bei **Add new destination** wird der Name der Seite eingetragen. Achten Sie darauf, dass der Wert, den Sie bei **Hostname** eintragen, genau dem bei der Konfiguration der Eepsite verwendeten entspricht. Im Feld **Destination** ist die eindeutige Zeichenkette Ihrer Eepsite enthalten. Mit einem Klick auf **Add** bestätigen Sie Ihre Änderungen und können die Seite im Browser öffnen.

Im Browser sehen Sie vorerst eine Standardseite und müssen Inhalte ergänzen. Im I2P-Verzeichnis gibt es das Unterverzeichnis `eepsite/docroot` mit HTML-, CSS- und einigen anderen Dateien. Sie können in dem Verzeichnis weitere Dateien anlegen oder die bestehenden ändern. Alle in dem oder in Unterverzeichnissen befindlichen Dateien sind über die Eepsite abrufbar.

Nachdem die Eepsite nach Ihren Wünschen eingerichtet ist, sollte Sie dem Netzwerk bekannt gemacht werden. Die bisherigen Änderungen betrafen Ihren Router, und andere Nutzer können Ihr Angebot bisher nicht nutzen. Dazu muss deren Adressbuch um Ihren Eintrag erweitert werden. Dies kann einerseits geschehen, indem Sie den Namen Ihrer Eepsite und die eindeutige Identifikation weitergeben. Eine komfortablere Möglichkeit besteht über ein zentrales Adressbuch. Nutzer können eigene Adressbücher veröffentlichen und anderen Nutzern die Möglichkeit geben, über neue Eepsites zu erfahren. Die Seite `http://stats.i2p/` ist eine vertrauenswürdige Quelle für derartige Veröffentlichungen und bietet eine Anmeldeseite für neue Eepsites an.[14] Dort tragen Sie den Namen Ihrer Seite und die eindeutige Identifikation (siehe **Local destination** in Abbildung 6.3) ein. Die weiteren Felder sind optional. Nach Bestätigung der Eingaben wird Ihre Eepsite in das Adressbuch der Seite übernommen, und andere Nutzer, die das Adressbuch beziehen, erfahren davon. Das I2P-Forum[15] besitzt ebenfalls einen Bereich, in dem neue Eepsites angekündigt werden können. Damit sind die Voraussetzungen geschaffen, dass andere Nutzer Ihre Eepsite besuchen.

12 `http://127.0.0.1:7657/susidns/addressbook.jsp`
13 `http://127.0.0.1:7657/susidns/`
14 `http://stats.i2p/i2p/addkey.html`
15 `http://forum.i2p/`

6.3.6 E-Mail mit I2P

Eine weitere wichtige Anwendung im Internet ist E-Mail. Da I2P ein in sich geschlossenes Netzwerk ist, kann eine bisher existierende E-Mail-Adresse nicht genutzt werden. Innerhalb von I2P hat sich Postman HQ[16] als E-Mail-Anbieter etabliert. Auf dieser Seite können Sie einen Namen registrieren lassen. Daraus resultiert eine E-Mail-Adresse nach dem Muster `<name>@mail.i2p` für I2P-interne Kommunikation und `<name>@i2pmail.org` für Kommunikation von beliebigen anderen E-Mail-Konten.

Sie können E-Mails über eine Weboberfläche verwalten oder ein E-Mail-Programm benutzen. Im ersten Fall finden Sie in der Seitenleiste der I2P Router Console den Eintrag **Webmail**. Nach einem Klick öffnet sich ein neues Fenster. Dort geben Sie den Nutzernamen sowie das Passwort ein. Nach kurzer Wartezeit öffnet sich ein Fenster mit einer Übersicht über vorhandene Nachrichten. Am oberen Ende der Seite finden Sie Schalter zum Verfassen, Beantworten und Löschen von Nachrichten. Das Programm ist einfach und intuitiv zu bedienen.

Daneben kann eine E-Mail in einem herkömmlichen E-Mail-Programm verfasst werden. Hierfür muss in der Regel ein neues Konto in der Software angelegt werden. Die Adresse des Posteingangs- (SMTP) bzw. Postausgangsservers (POP3) ist `127.0.0.1` mit dem Port `7659` für SMTP und `7660` für POP3. Beim erstmaligen Abruf der Nachrichten fragt die Software nach einem Passwort. Hier ist das beim Einrichten verwendete anzugeben. Nun können Sie bequem E-Mails über die Software versenden und empfangen. Das Postman HQ bietet Ihnen weitere Informationen zu dem Dienst wie auch einen Vergleich der verschiedenen E-Mail-Programme nach deren Sicherheit.[17]

6.3.7 Weitere Anwendungen

Neben den oben vorgestellten gibt es eine stattliche Zahl weiterer Anwendungen, die sich mit I2P benutzen lassen. Insbesondere zählen Programme zum Tausch von Dateien und zum Chat dazu. Allein für BitTorrent[18] gibt es zehn Programme. Die Auswahl reicht vom eingebauten I2PSnark[19] bis zu bekannten Programmen wie Vuze[20]. Eine Kommentierung aller verfügbaren Programme können wir hier nicht leisten und wäre auch wenig sinnvoll. Probieren Sie diese selbst aus, und Sie werden schnell die Vor- und Nachteile kennenlernen und sich für eine Software entscheiden.

[16] `http://hq.postman.i2p/`
[17] `http://hq.postman.i2p/?page_id=9`
[18] `http://bittorrent.com/`
[19] `http://127.0.0.1:7657/i2psnark/`
[20] `http://www.vuze.com/`

Rund um die Software hat sich ein Diskussionsforum gebildet. Das ist sowohl über eine herkömmliche Internetverbindung[21] wie auch über das interne Netzwerk[22] abrufbar. Dort treffen Sie Nutzer und Entwickler in einer freundlichen, konstruktiven Atmosphäre. Bei Wünschen oder Problemen ist es daher empfehlenswert, diese dort zu veröffentlichen.

[21] `http://forum.i2p2.de/`
[22] `http://forum.i2p/`

Anhang

Anhang

A

Die JonDo Live-CD

In den vorangegangenen Kapiteln haben Sie die theoretischen und praktischen Hintergründe zur Anonymität im Internet kennengelernt. Viele der vorgestellten Programme lassen sich nicht immer reibungslos installieren, zeigen unter verschiedenen Betriebssystemen jeweilige Besonderheiten und verlangen vor der Nutzung eine aufmerksame Konfiguration. All das kann von einem „schnellen Ausprobieren" der Software abhalten.

Was liegt also näher als ein vorgefertigtes System, das auf Knopfdruck startet und einsetzbar ist? Ein Live-System auf CD oder USB-Stick bietet genau das. Sowohl bei Tor (Kapitel 4) wie auch bei JonDonym (Kapitel 5) wurden verschiedene Systeme vorgestellt. Die *JonDo Live-CD* vereint die wichtigsten Programme, und in der Version 0.9.12 ist nun auch Mixmaster enthalten. Darum scheint uns dieses Live-System für den Einstieg bestens geeignet, und darum liegt es auch diesem Buch bei. Wenn Sie später Vorlieben für eine andere Lösung entwickeln, kann der Wechsel zu einer anderen Live-CD sinnvoll sein.

A.1 Systemvoraussetzungen

Die wichtigste Voraussetzung ist natürlich ein funktionierendes CD- bzw. DVD-Laufwerk, von dem der Rechner auch ein System starten („booten") kann. Gegebenenfalls müssen Sie dafür die Startreihenfolge der angeschlossenen Hardware im BIOS Ihres Rechners anpassen.

Zudem benötigt das System einen Prozessor aus der 386er Reihe. Das heißt, alle modernen Intel- und AMD-Prozessoren werden unterstützt. Bei einem älteren Apple-Rechner mit PowerPC wird die Software ihren Dienst versagen. Darüber hinaus empfiehlt die Webseite von JonDos[1], die Regensburger Firma hinter dem JonDonym-Projekt, 1 GB RAM.[2] Das Testsystem des Autors verfügte nur über 512 MB. Dort ließ sich die CD aber ebenfalls problemlos betreiben. Die der CD zugrundliegende Distribution Debian verlangt sogar nur 64 MB. Mit dieser Ausstattung dauern aber selbst einfache Arbeiten sehr lange.

Zusammenfassend lässt sich sagen, dass jeder handelsübliche PC der jüngeren Vergangenheit die CD problemlos starten sollte. Um die Live-CD sinnvoll nutzen zu können, sollte Ihr Rechner natürlich auch einen Internetanschluss besitzen.

A.2 Vorbereiten der CD oder des USB-Stick

Dem Buch liegt bereits eine vorbereitete CD bei. Sollten Sie sich später entscheiden, eine eigene CD zu brennen oder einen USB-Stick vorzubereiten, sind im Folgenden die notwendigen Schritte kurz beschrieben.

Die JonDos GmbH stellt die JonDo Live-CD in den Sprachen Deutsch, Englisch, Französisch und Spanisch zum Download als ISO-Datei zur Verfügung.[3] Auf der Webseite finden sich zudem MD5-Prüfsummen. Damit können Sie nach dem Download prüfen, ob die Datei fehlerfrei auf den eigenen Rechner gelangt ist.

Danach ist die ISO-Datei auf CD zu brennen. Achten Sie darauf, dass die Datei als *Image* gebrannt wird. Damit steht dem Computer ein Abbild des Betriebssystems zur Verfügung. Andernfalls legt das Brennprogramm nur eine Datei auf die CD, mit der der Rechner beim Start nichts anfangen kann. In den verbreiteten Brennprogrammen (z. B. *Nero*) finden Sie einen entsprechenden Menüpunkt wie **Image brennen**. *CDBurnerXP* erkennt eine ISO-Datei unmittelbar und fragt, ob diese als Image gebrannt werden soll. Unter Linux erkennen die meisten Programme das ISO-Format und brennen die CD ebenfalls korrekt.

[1] `http://www.jondos.org/`
[2] `https://www.anonym-surfen.de/help-live-cd/jondo-live-cd.html`
[3] `https://www.anonym-surfen.de/jondo-live-cd.html`

Daneben lässt sich das Abbild auf einen USB-Stick laden und von diesem starten. Hierzu benötigen Sie das Programm *Unetbootin.*[4] Auf der Seite von JonDos finden Sie dazu eine ausführliche Anleitung.[5]

A.3 Start der JonDo Live-CD

Legen Sie zunächst die CD in das CD/DVD-Laufwerk Ihres Rechners ein und starten Sie den Rechner (neu). Nach einer kurzen Wartezeit erscheint ein Startbildschirm (Abbildung A.1). Wenn Ihr Rechner das installierte Betriebssystem von der Festplatte startet, ist wahrscheinlich im BIOS der Start von CD deaktiviert. In dem Fall sollten Sie die Einstellungen anpassen.

Abbildung A.1: Startbildschirm der JonDo Live-CD

Sie können sowohl den Menüpunkt **Live** wie auch **Live 686** auswählen. Bestätigen Sie die Auswahl mit der Enter-Taste; die CD wird dann den Bootvorgang starten, und es erscheinen verschiedene Meldungen auf dem Bildschirm. Zumeist sind dies Informationen, welche Programme im Hintergrund gestartet werden. Nach ein bis zwei Minuten ist der Startvorgang beendet und Sie sehen eine Desktop-Oberfläche (Abbildung A.2). Die CD mit all ihren Anwendungen steht damit schon zur Benutzung bereit!

4 `http://unetbootin.sourceforge.net/`

5 `https://www.anonym-surfen.de/help-live-cd/live-cd-2-usb-stick.html`

Abbildung A.2: Desktopoberfläche nach dem Start der Live-CD

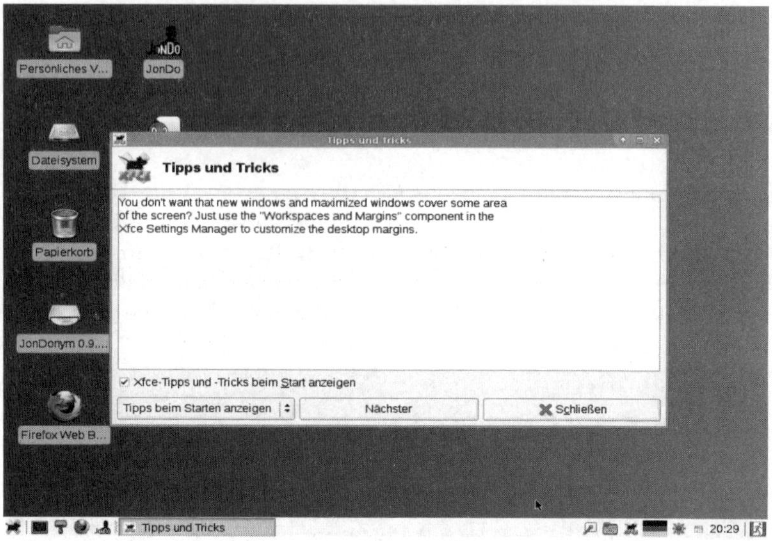

Bei manchen PC-Systemen kann es beim Startvorgang Probleme geben. Meist äußern sie sich darin, dass statt des Desktops Fehlermeldungen zu lesen sind oder der Bildschirm schwarz bleibt. Eventuell bietet die Startansicht Hilfe: Ganz unten ist der Menüpunkt **Help** zu finden, der auf einigen Unterseiten etwaige Lösungen beschreibt. So lassen sich der CD verschiedene Boot-Optionen mitgeben. Diese beheben eventuelle Grafikprobleme oder Probleme mit ACPI-Funktionen. Leider lässt sich kein allgemeingültiger Rat geben. Sollten bei Ihnen Probleme auftauchen, können Sie einerseits versuchen, auf den Seiten von JonDos Hilfe zu finden, oder mit verschiedenen Boot-Optionen experimentieren.

Für Nutzer linuxbasierter Systeme sei an dieser Stelle auf die Software *qemu* verwiesen.[6] Das Programm ist in den Softwarearchiven der meisten Distributionen enthalten und stellt eine Virtualisierungsumgebung dar. Darin lässt sich die JonDo Live-CD booten und gut benutzen. Das untenstehende Listing zeigt einen einfachen Aufruf des Programms. Dabei werden 512 MB RAM reserviert, und das System benutzt das CD-Laufwerk. Wenn sich darin die CD befindet, so startet diese. Mit qemu lässt sich sehr einfach die Live-CD innerhalb der gewohnten Umgebung benutzen. Das Programm verfügt über eine reichhaltige Dokumentation und kann vielfältig an die eigenen Wünsche angepasst werden.[7]

```
user@linux:~ $ qemu -m 512M -k de --enable-kvm -cdrom /dev/cdrom
```

[6] http://www.qemu.org/
[7] http://wiki.qemu.org/Manual

Natürlich kann die CD auch mit anderen Virtualisierungsumgebungen benutzt werden, allerdings fehlen dem System einige Optimierungen bei Virtualisierung. Die Meldung `Der Datenträger konnte nicht ausgeworfen werden. Cannot open /media/.hal-mtab` weist darauf hin. Es genügt aber, die Meldung mit **OK** zu bestätigen.

A.4 Benutzung der Live-CD

Wenn der Desktop wie in Abbildung A.2 erscheint, stehen alle Programme zur Benutzung bereit. Die CD ist so eingestellt, dass zu Beginn die Tipps und Tricks des Fenstermanagers XFCE angezeigt werden. Selbst wenn Sie hier **XFCE-Tipps und -Tricks beim Start anzeigen** deaktivieren, wird beim nächsten Start der Live-CD diese Fläche wieder angezeigt, denn die CD kann diese Einstellungen nicht speichern und nutzt daher die festgelegten Standardwerte.

Der Desktop der JonDo Live-CD enthält Icons für wichtige Anwendungen. So können Sie direkt JonDo oder Vidalia starten. Aber auch Mozilla Firefox, Thunderbird[8] und Pidgin stehen bereit.

Ein Doppelklick auf das Icon **JonDo** öffnet JAP/JonDo in Version 00.17.001 mit der voreingestellten Kaskade SpeedPartner–Cyrax. Sie können nun den Browser öffnen oder JonDo weiter konfigurieren. Die Benutzung des Programms ist im Abschnitt 5.2.5 genau beschrieben.

Weiterhin stehen Tor und Vidalia zur Benutzung bereit. Hierfür reicht ein Doppelklick auf **Vidalia (Tor GUI)**. Danach startet Vidalia und sorgt dafür, dass Tor im Hintergrund aktiviert wird. Eine genauere Beschreibung der praktischen Aspekte von Tor finden Sie in Abschnitt 4.3.

Die beiden Anonymisierungslösungen werden schließlich noch um I2P ergänzt. Sie starten die Software, indem Sie unten links auf den XFCE-Menü-Startknopf klicken und dann **Netzwerk | I2P Router starten** auswählen. I2P startet im Hintergrund. Sie können die Software so benutzen, wie in Abschnitt 6.3 beschrieben.

Der Vorteil der JonDo Live-CD ist die Vereinigung aller drei großen Anonymisierungslösungen. Diese stehen Ihnen auf einen Klick bereit. Schließlich ist der Browser JonDoFox so vorbereitet, dass Sie einfach zwischen den drei Alternativen wählen können.

A.4.1 JonDoFox

Abschnitt 5.2.3 hat das Programm JonDoFox bereits kurz vorgestellt. Die Live-CD enthält die Software. Diese ist zur Benutzung mit JonDo, Tor und

[8] In der beiliegenden Variante wird das Icon mit **thunderbird.desktop** bezeichnet.

I2P vorkonfiguriert. Standardmäßig versucht JonDoFox mit JonDo Kontakt aufzunehmen. Sie können diese Einstellungen ändern, indem Sie auf **Proxy: JonDo** klicken. Es öffnet sich ein Menü mit den Auswahlpunkten **Kein Proxy**, **I2P**, **Tor** und **JonDo**. Falls Sie einen der drei letztgenannten wählen, wird die Auswahl sofort übernommen. Stellen Sie sicher, dass die gewählte Software aktiv ist. JonDoFox startet die Programme nicht selbstständig. Wenn Sie entscheiden, keinen Proxy zu verwenden, wird JonDoFox Sie warnen, denn ohne einen zwischengeschalteten Proxy ist die IP-Adresse für fremde Seiten sichtbar.

JonDoFox bringt eine Reihe von Plugins zur Stärkung Ihrer Anonymität mit. Viele davon wurden im Kapitel 2 besprochen. Unten finden Sie eine Liste aller Erweiterungen mit einem Verweis auf den entsprechenden Abschnitt im Buch:

- Abblock Plus 2.0.3 (Abschnitt 2.2.1)
- Cookie Monster 1.1.0 (Abschnitt 2.2.4)
- HTTPS Everywhere 2.0.1 (Abschnitt 2.2.8)
- JonDoFox 0.2.19 (Abschnitt 5.2.3)
- NoScript 2.3.4 (Abschnitt 2.2.9)
- ProfileSwitcher 1.4
- UnPlug 2.050

Die beiden letztgenannten Erweiterungen fanden bislang noch keine Erwähnung im Buch. Daher soll an dieser Stelle kurz darauf eingegangen werden.

ProfileSwitcher[9] erleichtert den Wechsel zwischen verschiedenen Profilen innerhalb des Firefox. Ohne diese Erweiterung muss der Firefox entweder geschlossen oder der Profilmanager erneut gestartet werden. Der ProfileSwitcher stellt neue Menüeinträge im Firefox zur Verfügung. Einerseits lässt sich über **Firefox | Anderes Profil laden** ein weiteres Profil auswählen und aktivieren. Sollten Sie ein Profil angelegt haben, das bislang nicht angezeigt wird, so hilft **Firefox | Anderes Profil laden | Liste aktualisieren**. Der zweite neue Eintrag öffnet den Profilmanager des Firefox. Hier lassen sich neue Einträge anlegen, alte löschen oder bestehende Profile starten.

UnPlug[10] wendet sich an Nutzer, die insbesondere Flash-Inhalte sperren. Die Erweiterung lädt die Inhalte herunter. Somit kann der Nutzer diese anschauen, ohne JavaScript oder Flash im Browser zu aktivieren. Dies schützt

9 `https://nic-nac-project.org/ kaosmos/`
10 `http://unplug.dbatley.com/`

gegebenenfalls die Privatsphäre, da eventuelle Spionage-Techniken nicht aktiv werden.

Sobald Sie eine Webseite öffnen, die entsprechende Inhalte bereitstellt, können Sie auf das grüne Symbol in der rechten unteren Ecke des Browsers klicken. Dies öffnet ein neues Fenster und UnPlug zeigt die zum Download verfügbaren Inhalte an. Ein Klick auf **Download** rechts neben dem Eintrag startet die Übertragung. Die Datei kann später mit dem Programm vlc[11] angeschaut werden. vlc starten Sie entweder, indem Sie direkt auf die Datei klicken oder über **XFCE-Menü | Multimedia | VLC Video Manager**. Dabei steht XFCE-Menü für das Symbol unten links.

Beide Erweiterungen erleichtern den Umgang mit dem Firefox und steigern im Falle von UnPlug die Anonymität ein wenig.

Sie können auch andere Erweiterungen installieren. Dabei sollten Sie im Falle der Live-CD bedenken, dass diese Informationen nach einem Neustart der CD wieder zurückgesetzt werden.

A.5 Mozilla Thunderbird

Neben dem JonDoFox befindet sich weitere nützliche Software auf der CD. Die Software *Mozilla Thunderbird* wurde bereits im Abschnitt 4.3.8 vorgestellt. Dort ging es um eine Verwendung zusammen mit Tor. Die JonDo Live-CD bringt ein vorkonfiguriertes E-Mail-Programm mit.

Das Programm lässt sich über das Icon auf dem Desktop oder über das Menü starten. Danach präsentiert Thunderbird eine Auswahl der verfügbaren Profile. Die Live-CD bringt drei Profile mit. Die standardmäßig aktivierte Auswahl nutzt keine Anonymisierung, um sich mit Mailservern zu verbinden. Die beiden untenstehenden Profile jedoch verwenden entweder JonDo oder Tor, um Verbindungen nach außen aufzunehmen.

Nachdem Sie eines der Profile ausgewählt haben, können Sie Angaben zu dem E-Mail-Konto machen. Dort sind der Name, der als Absender bei E-Mails erscheinen soll, die E-Mail-Adresse sowie das Zugangspasswort einzugeben. Im nächsten Schritt versucht Thunderbird automatisch die Posteingangs- und -ausgangsserver zu erkennen. *Achtung: Dies geschieht unter Umgehung eines eventuell ausgewählten Anonymisierungsservers.*

Falls Sie Wert auf größere Anonymität legen, so wählen Sie bei der Eingabe der Benutzerdaten **Abbrechen** und geben anschließend Ihre Kontodaten selbst ein. Thunderbird präsentiert anschließend die gefundenen Server. Unter Umständen können Sie zwischen POP und IMAP zum Abruf von E-Mails wählen. Haben Sie die Wahl getroffen, erstellen Sie Ihr Konto.

[11] `http://videolan.org/`

Nun können Sie wie gewohnt E-Mails verfassen und abrufen. Jeder Abruf erfolgt über den im Profil eingestellten Anonymisierungsserver. Wie schon beim JonDoFox startet auch der Thunderbird die Dienste nicht selbst. Das heißt, bevor Sie E-Mails senden oder empfangen, sollten Sie sicherstellen, dass JonDo oder Tor aktiviert sind.

A.6 Weitere Programme

Neben den oben aufgeführten Programmen enthält die JonDo Live-CD eine Vielzahl weiterer nützlicher Software. Die Verschlüsselungssoftware *TrueCrypt*[12] kann innerhalb des Dateisystems verschlüsselte Container erstellen. Dabei bedient sich das Programm sicherer Algorithmen zur Verschlüsselung, wie AES, Blowfish und anderen. TrueCrypt legt eine so genannte Containerdatei ab. Diese kann in das Dateisystem eingebunden („gemountet“) und benutzt werden. Diese Containerdatei können Sie auch auf einem USB-Stick mitführen und auf einem anderen Rechner öffnen. Da TrueCrypt für verschiedene Plattformen erhältlich ist, erleichtert dies die Benutzung enorm. Insgesamt bietet TrueCrypt eine ausgefeilte Lösung für die Verschlüsselung von Daten.

KeePassX[13] ist eine Passwort-Datenbank. Viele Nutzer machen heute den Fehler, ein Passwort für alle Logins zu nutzen. Sobald ein Angreifer das Passwort erraten hat, stehen ihm alle Zugänge dieses Nutzers offen. Will der Nutzer andererseits für jeden Zugang ein eigenes, sicheres Passwort festlegen, so scheitert das schnell an der schieren Menge. Die Zuordnung von Passwort zum korrekten Login fällt schwer. Hier bietet KeePassX eine Lösung. Die Software verwaltet eine Datenbank mit Passwörtern. Dazu wird nach dem Start des Programms eine neue Datenbank angelegt und mit einem sehr starken Passwort versehen. Dieses soll vor unberechtigtem Auslesen schützen. Innerhalb von KeePassX lassen sich nun neue Einträge mit URL, Nutzername, Passwort und anderen Informationen ablegen. Sollen diese Informationen später wieder benutzt werden, lassen sich diese in die Zwischenablage kopieren und einfach in die entsprechenden Felder einfügen. Insgesamt ist das Programm sehr benutzerfreundlich und hilft, starke Passwörter zu verwenden.

Zu den mitgelieferten Programmen gehören des Weiteren:

- Abiword und Gnumeric als Office-Lösung
- Shotwell zur Fotobearbeitung
- gFTP zur Übertragung von Dateien auf einen FTP-Server

[12] `http://truecrypt.org/`
[13] `http://keepassx.org/`

- Twinkle als Programm für VoIP-Telefonie
- Transmission für Bittorrent

Damit sind Sie beim Einsatz der CD nicht auf den reinen Online-Einsatz beschränkt, sondern können auch andere Aufgaben mit dem System erledigen. Die zugrundeliegende Linux-Distribution steht Ihnen in vollem Umfang zur Verfügung. Falls Ihnen also ein Programm fehlt, das in Debian enthalten ist, können Sie es mit `apt-get` oder `aptitude` installieren.

A.7 Abmelden von der JonDo Live-CD

Während der Benutzung der JonDo Live-CD ist das CD- oder DVD-Laufwerk in der Regel gesperrt. Das heißt, der Auswurfknopf reagiert nicht.[14] Um also Ihre Sitzung zu beenden, klicken Sie auf das grüne Symbol rechts unten. Ein Menü bietet Ihnen verschiedene Optionen an. Die Einträge **Herunterfahren** oder **Neustarten** sorgen dafür, dass die CD ausgeworfen wird. Damit können Sie Ihr installiertes Betriebssystem wie gewohnt nutzen.

Insgesamt bietet Ihnen die JonDo Live-CD eine reichhaltige Auswahl gut eingestellter Software. Gerade wenn Sie die Systeme testweise verwenden wollen, ist diese Variante unbedingt zu empfehlen. Die Live-CD wird kontinuierlich verbessert. Sollten Sie Fehler oder Unzulänglichkeiten bei der mitgelieferten Variante feststellen, schauen Sie auf die Webseite von JonDos; eventuell gibt es eine neue Version, die die gewünschten Verbesserungen bereits enthält.

[14] Wenn mehr als 2 GB RAM verfügbar sind, lässt sich die CD mit der Option `toram` booten. Alle Inhalte werden dann in den RAM geladen, und die CD kann anschließend ausgeworfen werden.

Index

N

O

Q

R

S